Inhalt

Orte

P

S

T

U

W

Z

Vorbemerkungen des Herausgebers

„Spatzensuppe“ ist in diesem Buch ein Beitrag überschrieben, der 1933 im thüringischen Mühlhausen spielt. In der Erinnerung der damals elfjährigen Autorin stehen am Beginn der listenreichen Spatzenjagd mit einem Kompostsieb die Not und der Hunger nach Fleisch. Später beteiligt sich die ganze Familie daran, der Vater verbessert die Fangtechnik, und es gibt eine gute Nudelsuppe mit ein paar Fettaugen für alle.

„Elf Jahre arbeitslos und nur ein paar lumpige Mark als Lebensunterhalt. Zum Leben zu wenig und zum Sterben zu viel“, so beschreibt Bruno Schmidt das Elend seiner Familie Anfang der dreißiger Jahre, das sie mit sieben Millionen Arbeitslosen teilte. „Doch weil die Menschen von Parteiparolen nicht satt wurden, ließen sich die Nazis etwas einfallen. Sie schickten ihre braunen SA-Staffeln von Haus zu Haus, um Lebensmittel zu sammeln, wenn es auch nur kleine Tüten mit Hülsenfrüchten, Mehl oder Kartoffeln waren. Die Schlachter gaben Fleisch, Knochen und Speck dazu. An den Wochenenden postierten sich die SA-Leute dann mit Gulaschkanonen an Straßenecken und Plätzen und verteilten den herrlich duftenden Eintopf. Nach anfänglichem Zögern ließen sich die hungrigen Menschen eine Portion aufschöpfen, später trugen sie ganze Kochtöpfe voll davon nach Hause. Das gab Wählerstimmen, die durch den Magen gingen.“

Spatzensuppe kenne ich auch. Als Neunjähriger erlebte ich 1952 in Sachsen einen eigenbrötlerischen Bekannten meiner Eltern, Bahnbeamter mit Siedlerhaus, Garten und Ziegen im Stall, wie er mit derselben Methode Spatzen fing und sie zur Beilage einer guten Suppe machte. Meine Eltern schüttelten damals den Kopf, die Frau des Eigenbrötlers schimpfte auf ihren Mann und verbot ihm, mir, dem kleinen Besucher, etwas von der Suppe aufzutun. (Ich hätte sie übrigens gegessen.)

Heute verursacht das Wort „Spatzensuppe“ gespielte oder echte Übelkeit, Entrüstung und Peinlichkeit. Sich Regenwürmer oder Spatzen einzuverleiben, wird allenfalls noch dem Überlebens-Abenteurer zugestanden, der sich damit in den Talkshows präsentieren darf. Wohlstand hat die Empfindungen verändert. Wir haben Mühe, uns mancher Wirklichkeit von vor 65 Jahren zu nähern.

Wie bitter nötig wir aber den Blick in die Vergangenheit haben, wird schlagartig klar in dem Beitrag „Des Depperl-Sepperl Leben und Sterben“. Die Schilderung macht betroffen und zeigt, wohin Totalitarismus führt.

Die Beiträge in diesem Buch beginnen mit der Machtergreifung der Nationalsozialisten am 31. Januar 1933. Sie führen hin zum Beginn des Zweiten Weltkrieges durch den Überfall Deutschlands auf Polen am 1. September 1939. Die dazwischen liegenden sechs Jahre und sieben Monate hatten unser Land „führertreu“, blind und „kriegsreif“ gemacht. Wie systematisch und zielstrebig dies geschah, lesen wir zwischen den Zeilen der Erinnerungen der damaligen Kinder – seien sie Pimpfe gewesen, Mädel oder andere Kinder.

Jürgen Kleindienst
Dezember 1998

[Hamburg;
1933–1939]

Willi F. Blaudow

Achterstrootler

1933 bekommen wir in Altona eine neue Wohnung zugewiesen, und zwar in einer „Achterstroot“, einer Hinterstraße. Es ist nicht das beste Wohnviertel, die Achterstrootler sind nicht gut gelitten. Das macht uns – Vater, Mutter, Bruder, Schwester und ich – zunächst nichts aus. Wir sind froh, daß wir von der Reeperbahn wegziehen können. Der Krach dort bis tief in die Nacht hinein ging uns doch ziemlich an die Nieren, wie meine Mutter zu sagen pflegte.

Nun sind wir also Achterstrootler. Die Blumenstraße ist eine Hauptverkehrsstraße. Das Vorderhaus ist mit einem tunnelartigen Durchbruch zur Achterstroot versehen. Für LKW und PKW ist die Einfahrt gesperrt, nur Pferdefuhrwerke, Karren und Radfahrer dürfen passieren. Die Fahrbahn besteht aus uraltem Kopfsteinpflaster. Die Häuser sind zweistöckig, nicht unterkellert und auf etwa 300 Meter aneinandergereiht. Ursprünglich als Wohnsiedlung für Arbeiter der Hamburger Werften gedacht, werden neuerdings auch Angehörige anderer Berufsgruppen, wie mein Vater als Musiker, mit ihren Familien hier eingewiesen. Aber ganz so ruhig, wie wir zuerst gedacht haben, ist es hier auch nicht.

Retter in der Not

Ich bin sieben Jahre alt. Nach kurzer Eingewöhnungszeit komme ich mit den Nachbarn gut zurecht. Bisweilen werde ich gerufen, wenn eine Frau, die im zweiten Stock wohnt, vom Einkaufen zurückkehrt und feststellen muß, daß sie ihre Wohnungstür zugeschlagen und den Schlüssel innen stekkengelassen hat. Meist weint drinnen ein kleines Kind ganz jämmerlich und ruft nach der Mutti.

Ich klettere dann vom Treppenhausfenster hinaus auf den Sims und taste mich vorsichtig bis zu den Fenstern ihrer Wohnung vor. Steht eines der Fenster offen, steige ich ein und mache die Türe von innen auf.

Kritisch wird es allerdings, wenn alle Fenster geschlossen sind. Dann muß ich eine Scheibe einschlagen, hineingreifen und den Riegel lösen. Anschließend darf ich zum Glaser laufen, der mir eine kleine Provision gibt. Und über die Pfennige oder die Schokolade von der Nachbarin, der ich geholfen habe, bin ich nicht böse.

Der Braten brennt!

Kurz vor Ostern 1934. Die Konfirmation meines Bruders Werner steht bevor. Größere Feiern kann sich kaum eine Familie leisten, denn das Geld ist knapp. Vater ergatterte durch seine Beziehungen in Musikerkreisen ein Stück saftiges Fleisch für einen Braten, womit das Festessen gesichert scheint.

In Vorfreude darauf stellt Mutter die große Pfanne mit dem Fleisch auf den Gasherd, zündet das Gas an und reguliert die Flammen. Dann verrichtet sie am Küchentisch andere Arbeiten. Ich sitze derweil auf einem Hocker in der Ecke und mache Schulaufgaben. Vorerst tut sich nichts Besonderes, der Braten schmurgelt langsam vor sich hin und nimmt schon ein bißchen Farbe an. Mutter unterbricht ihre Arbeit, geht zum Gasherd und wendet den Braten. Ein Deckel für die Pfanne ist nicht vorhanden, da braucht der Braten wohl etwas länger zum Garen.

Nach einer Weile werden die Gasflammen plötzlich unruhig. Es zischt und brodelt plötzlich, mal sind die Flammen kleiner, mal größer. Ich denke, das kommt wohl von dem umherspritzenden Fett. Auf einmal schlagen die Flammen über den Braten hoch und bringen ihn zum Brennen. Mit einem Deckel hätte man sie schnell ersticken können, aber es ist ja keiner zur Hand. Der schöne Braten, jetzt verbrennt er! Wir werden nichts zu essen haben zum Fest!

Meine Mutter ruft mir hastig zu: „Los, Willi, mach die Tür auf und auch das Fenster im Flur!"

Ich renne wie ein Wilder los, öffne die Wohnungstür ganz weit und sause zum Treppenhausfenster, das schon offensteht. Mutter kommt angerannt, ein kurzer Blick runter auf die Straße, und schon kippt sie den brennenden Braten aus dem Fenster!

Ich flitze sofort nach unten. Der Braten liegt in voller Schönheit, nur ein bißchen schwärzlich geworden, im Rinnstein. Wenn man die schwarze Kruste abschabt, müßte man ihn noch essen können, überlege ich.

Mutter kommt mit der leeren Pfanne und hat Tränen in den Augen. Ich bücke mich, um den Braten aufzuheben, verbrenne mir dabei aber die Finger, denn er ist noch sehr heiß. Schluchzend meint Mutter: „Lat em man lingn, dat hei kold ward, un denn holn wi em. Ick bliev bi em, go man no boben", was auf Hochdeutsch heißt: Laß ihn man liegen, damit er kalt wird, und dann holen wir ihn. Ich bleibe bei ihm, gehe man nach oben.

Eine Nachbarin kommt hinzu, die das Malheur beobachtet hat. Sie bringt ein Schlachtermesser mit. Zusammen heben die Frauen den Braten in die Pfanne.

Ich laufe schon mal hoch. Als ich die Wohnung betrete, entdecke ich mit Entsetzen, daß aus dem Gaszähler im Flur kleine Flämmchen züngeln. Wahrscheinlich hat es durch das schnelle Abschalten des Herdes im Zähler einen Flammenrückschlag gegeben. Geistesgegenwärtig will ich den Hebel herunterziehen, um die Gaszufuhr für die Wohnung zu sperren, aber der ist so heiß, daß ich ihn nicht anfassen kann.

In dem Moment kommt Mutter zur Tür herein. Als sie sieht, wie die Flamme jetzt richtig hochschlägt, läßt sie vor Schreck die Pfanne samt Braten fallen. Entsetzt schreit sie: „Ne, ne, ne, dat kann nich wohr sin!“

Mutter versucht nun ebenfalls, den Hebel herunterzuziehen. Aber sie verbrennt sich dabei die Hand. Zunächst Ratlosigkeit auf ihrem Gesicht. Dann holt sie entschlossen einen nassen Feudel, einen Lappen, aus dem Waschbecken und drückt ihn auf die Flamme, die immerhin fast bis an die Dekke hochschießt.

Dabei fällt mir ein, daß ein Monteur von den Gaswerken bei einer Inspektion einmal erzählt hat, daß ein Gaszähler in der Nachbarschaft explodiert sei, weil man unsachgemäß daran hantiert hätte, und es habe dabei Tote und Verletzte gegeben. Mir wird himmelangst um Mutter, die jetzt allem Anschein nach die Flamme erstickt hat, aber den Sperrhebel immer noch nicht herunterziehen kann. Schnell hole ich einen Hocker und einen nassen Waschlappen, steige hoch und hänge mich mit dem nassen Lappen in der Hand an den heißen Hebel. Tatsächlich, jetzt bewegt er sich endlich nach unten!

Die Flamme ist zwar erstickt, aber der Zähler ist noch heiß. Mutter kühlt ihn mit dem erneut in kaltes Wasser getauchten Feudel, dabei sagt sie zu mir: „Willi, Willi, da haben wir aber noch mal Glück gehabt! Lauf schnell zu Petersens, sie möchten das Gaswerk anrufen, damit die uns einen Monteur schicken!“ Telefon hat in der Achterstroot noch keiner.

Als der Monteur kommt, bestätigt er uns, daß der Gaszähler tatsächlich hätte explodieren können. Aber wir hätten das einzig Richtige getan, die Flamme erstickt und die Gaszufuhr gesperrt.

Später wird der Braten, nachdem die schwarze Kruste abgeschabt worden ist, serviert. Alle am Tisch sind des Lobes voll über Mutters Kochkunst. Daß das Fleisch im Rinnstein gelegen hat, haben wir niemandem erzählt.

Hunger

Im Jahre 1933 herrscht insbesondere unter der ärmeren Bevölkerung durch die große Arbeitslosigkeit bittere Not. Jede Familie versucht zwar, durch entsprechende Einschränkungen, so gut es geht, über die Runden zu kommen, aber wir Kinder erfahren doch in der Schule, daß es bei diesen und jenen sehr schlecht ums Essen bestellt ist. Auf dem Schulhof sehe ich oftmals, wie Kinder traurig und ratlos herumschleichen oder in den Ecken sitzen, wenn andere ihr Frühstücksbrot essen. Zwar gibt es ab und zu Schulspeisung, aber die muß auch bezahlt werden. Nicht alle Kinder haben ausreichend Geld dabei, weil die Eltern selbst diese relativ geringe Summe nicht aufbringen können.

Auch unsere Familie macht dabei keine Ausnahme. Da mein Vater als Musiker immer noch keine Festanstellung hat, ist er auf „Ständeln“, das heißt auf Straßenmusik, sowie auf das Spielen auf Feierlichkeiten, Hochzeiten, Betriebsveranstaltungen oder neuerdings Parteiveranstaltungen der

Ständelmusiker in Altona 1933. Stehend, erster von rechts, mein Vater.

KPD, SPD und anderer angewiesen. Daraus ergeben sich aber leider keine regelmäßigen Einkünfte. Sparsamkeit ist angesagt. Es wird alles eingeteilt: Oft nur ein Apfel für die Schule, das Mittagessen besteht aus viel Suppe mit wenig Fleisch, das Abendessen oftmals aus Brot mit Margarine ohne Belag. Das führt dazu, daß man versucht ist, außer der Reihe ein Stück Brot zu nehmen, wie ich es einmal getan habe.

Nach der Schule habe ich für gute Bekannte Kohlen, Briketts und Brennholz geschleppt und lange nach Back- und Wurstwaren angestanden. Ich bekomme dafür immer ein paar Pfennige, aber davon kann ich meinen Kohldampf auch nicht stillen. Mit dem Abendessen ist dann auch kein Staat zu machen, und so muß ich noch hungrig ins Bett.

Ich kann aber vor Hunger lange nicht einschlafen. Und dabei kommt mir die Idee, wenn meine Eltern schlafen, mir ein Stück Brot aus der Speisekammer zu holen. Dort liegt ja das Frühstücksbrot für den nächsten Morgen.

Als es in der Wohnung endlich ruhig geworden ist, schleiche ich im Dunkeln zur Speisekammer. Dort nehme ich von den Brothäufchen wahllos eine Schnitte und verschwinde damit eiligst in mein Bett. Als ich das Brot verdrückt habe, schlafe ich, ohne weiter darüber nachzudenken, ein.

Am nächsten Morgen sitze ich meiner Mutter beim Frühstück allein gegenüber. Mein Vater und meine Schwester schlafen noch, mein Bruder ist schon zur Schule. Mir fällt auf, daß Mutter nur eine einzige Schnitte auf ihrem Teller hat. Sie hat bestimmt auf mich gewartet, damit ich nicht allein frühstücken muß. Ich frage sie trotzdem: „Mama, warum hast du denn heute weniger Brot als ich?“

Traurig sieht sie mich an und antwortet auf Hochdeutsch, obwohl wir zu Hause sonst fast nur Platt reden: „Da fragst du noch? Du hast doch meine zweite Schnitte heute nacht gegessen!“

Ich will mich entschuldigen, setze zum Sprechen an: „Aber – Mama – entschuldige bitte – ich hatte doch ... !“

Sie unterbricht mich: „Kein Wort mehr! Denk mal nach, was du getan hast! Und jetzt geh zur Schule!"

Ich bin wie vor den Kopf geschlagen. Daß sie mich gar nicht anhören will! Ich will ihr doch nur erklären, wie mich der Hunger dazu gezwungen hat! Hat sie denn beim Abendessen nicht bemerkt, wie ich immer wieder nach der Brotkiepe geschielt habe? Noch viel schlimmer finde ich es, daß Mutter nicht mit mir redet, daß ich Luft für sie bin. Im stillen Kämmerlein, wenn ich allein bin, lasse ich meinen Tränen freien Lauf. Soll ich für sie einkaufen gehen, schiebt mir Mutter wortlos einen beschriebenen Zettel zu und legt das abgezählte Geld daneben.

Erst nach zwei langen Tagen nimmt sie mich endlich in den Arm. „Es tut mir leid, Willing, daß ich dir wehgetan und nicht mit dir gesprochen habe. Aber ich habe auch viel weinen müssen deinetwegen. So etwas darf nie wieder vorkommen! Und jetzt wollen wir es vergessen, die anderen wissen nichts davon, auch Vater nicht!" Ich umarme meine Mutter unter Tränen, sagen kann ich nichts. In diesem Moment schwöre ich mir, nie mehr anderen etwas wegzunehmen.

Parteienstreit 1933

Auch hier in der Achterstroot macht sich der Streit der Parteien bemerkbar. Nachdem wir die Nachbarn bald näher kennengelernt haben, erfahren wir auch, daß ein großer Teil mit der KPD oder SPD sympathisiert. Dieser Umstand ist sicher darauf zurückzuführen, daß der Anteil der Werftarbeiter im Viertel immer noch hoch ist, und die „Werftjonnies", wie sie scherzhaft genannt werden, hängen nun mal an der Tradition.

Bei einigen Familien tauchen ganz plötzlich dunkel gekleidete Gestalten auf und nehmen die Männer mit. So nach und nach spricht es sich herum, daß man sie in sogenannte Umerziehungslager bringt. Dort würden sie mit dem „neuen Gedankengut" vertraut gemacht, so jedenfalls lautet die

Antwort eines Lehrers auf die Frage eines Schülers, was sein Vater in diesem Lager soll. Über den Inhalt des „neuen Gedankenguts“ äußert er sich jedoch nicht weiter, das würden wir noch früh genug erfahren.

Nicht alle Männer werden abgeholt, auch wenn sie als KPD-Anhänger bekannt sind. Einige gehen sogar wieder zur Werft, obwohl sie dort entlassen worden waren. Manche von ihnen tragen jetzt ein neues Abzeichen, das ein Hakenkreuz in der Mitte hat.

Für die Frauen, deren Männer sich in den „Umerziehungslagern“ befinden, ist es schwer, sich und ihre Kinder zu ernähren, denn sie bekommen keinerlei Unterstützung. Manche Frauen gehen putzen. Die Kinder sind sich in der Zeit der Abwesenheit ihrer Mütter selbst überlassen, und da viele nichts mit ihrer Freizeit anzufangen wissen, rotten sie sich zusammen und bilden unter Führung der älteren Jungen Straßenbanden. Diese Banden liefern sich zum Teil erbitterte Schlachten, bei denen es oftmals zu schweren Verletzungen kommt. Ich halte mich von ihnen fern, bleibe neutral. Ich treibe lieber Sport, gehe zum Schwimmen oder zur Leichtathletik. Natürlich sprechen mich in der Schule oft Jungen an, ob ich nicht mitmachen wolle, aber ich lehne jedesmal ab.

Dann passiert in der Achterstroot etwas, was mir und auch meinen Eltern zu denken gibt. Eines Tages überquere ich die Straße, um meinen Freund Günther im gegenüberliegenden Haus zu besuchen. Als ich im ersten Stock gerade an seine Tür klopfen will, höre ich plötzlich von der Straße her Geschrei und Pferdegetrampel. Im nächsten Moment fallen sogar Schüsse! Da sich meine Mutter in unserer Wohnung allein aufhält, will ich sofort zu ihr eilen. Ich sause die Treppe hinunter, renne auf die Straße und laufe sechs Polizeipferden fast vor die Hufe. Sofort werfe ich mich hin, weil mir Kugeln um die Ohren fliegen! Die aufgeregten Pferde sind kaum zu zügeln, springen einfach über mich hinweg.

Ihre Hufe rutschen auf dem glatten Kopfsteinpflaster und treffen mich. Es tut weh! Ich bleibe liegen, weil immer noch geschossen wird. Die Polizisten sind mit ihren Pferden schon ein Stück Richtung Lohmühlenstraße geritten, da höre ich von den Eckhäusern her eine Frau kreischen: „Da liegt ja ein Kind auf der Straße!“

Eine Männerstimme befiehlt: „Feuer einstellen! Laßt die Udels*) abhauen, die kommen bestimmt nicht wieder!“

Erleichtert stehe ich auf, befühle meine Glieder und gehe mit wackligen Knien in Richtung unseres Hauses.

Da ruft die Frauenstimme: „Das Kind lebt! Es ist eben in das Haus Nr. 8 gelaufen! Gott sei Dank!“

Jetzt gucken auch die Nachbarn neugierig aus den Fenstern und wollen wissen, was los gewesen sei. Aber als geschossen worden ist, waren alle Fenster geschlossen, niemand hat sich sehen lassen. Meine Mutter kommt die Treppe heruntergerannt, nimmt mich in die Arme und stammelt unter Tränen: „Ich habe dich liegen gesehen und schon gedacht, du bist tot, mein Junge! Tut dir was weh? Komm, wir gehen gleich zum Arzt!“

„Nein, nein, Mama, mir tut nichts weh, ich brauche keinen Doktor! Aber wer hat da bloß geschossen? Da war doch eine Frau dabei!“ – Mutter ist ziemlich verstört wegen meiner Frage. „Laß man, mein Junge, ich weiß das auch nicht. Hauptsache, dir ist nichts passiert!“

Später munkelt man, es sei eine Funktionärin gewesen, die aus Rache auf die Polizisten habe schießen lassen, weil man ihren Mann eingesperrt hat.

Diphtherie

Eines Tages komme ich von der Schule heim und erfahre, daß in der Achterstroot einige Kinder schwer erkrankt sind. Am nächsten Morgen fehlen etliche Mitschüler im Unter-

*) Ausdruck für Polizisten, in erster Linie von Kriminellen so gebraucht.

richt. Dann kommt auch Günther Uhl, mein Freund vom Haus gegenüber, nicht zur Schule. Am Nachmittag will ich gleich nachfragen, was mit ihm los sei. Ich gehe rüber und höre, daß Günther, Hella und die kleine Rita auch krank sind.

Aufgeregt und ratlos erzählt Günthers Mutter: „Ich bin bei mehreren Ärzten gewesen und habe sie gebeten, meine Kinder zu untersuchen, sie haben doch hohes Fieber und Halsschmerzen und atmen schwer. Die Ärzte haben mich jedoch weggeschickt, da sie ständig unterwegs seien, weil so viele Kinder in dieser Gegend Diphtherie hätten. Aber Willi, das ist nicht der wahre Grund, denn als ich den Sprechstundenhilfen sagte, mein Mann sei zur Zeit in einem Lager, und ich könne deshalb den Arzt nicht bezahlen, wiegelten sie gleich ab. Was soll ich bloß machen? Kannst du nicht Dr. Becker, der immer zu euch kommt, um Hilfe bitten?“

„Das will ich gerne tun! Sagen Sie Günther und seinen Schwestern, ich wünsche ihnen gute Besserung!“

Gleich am nächsten Tag gehe ich zu Dr. Becker, treffe ihn aber nicht an. Die Schwester meint, es werde einige Tage dauern, bis er wieder Sprechstunden halten könne, er sei mit einer Gruppe von Ärzten laufend wegen der Diphtherie-Epidemie unterwegs. Ich bleibe hartnäckig: „Können Sie mir nicht wenigstens ein paar Tabletten gegen Halsschmerzen geben? Mein Freund Günther und seine Schwestern haben sicher auch Diphtherie!“

„Um Gottes Willen! Wie lange haben sie denn schon Halsschmerzen? Haben sie auch Fieber und Schluckbeschwerden?“

„Ja! Helfen da Tabletten überhaupt noch?“

„Ich glaube, da helfen nur noch Spritzen, und die darf ich dir nicht geben! Es tut mir leid!“

„Na, das ist vielleicht ein schwacher Trost!“ Zornig ziehe ich von dannen. Da es schon ziemlich spät geworden ist, möchte ich bei Uhls nicht mehr stören, zumal ich nichts erreicht habe bei Dr. Becker.

Als ich am nächsten Tag nach der Schule zu Mutter sage, daß ich gleich zu meinem Freund rübergehen würde, schaut sie plötzlich so bedrückt. Später wird mir klar, daß sie es gewußt haben muß.

Hinter der Wohnungstür meines Freundes ist es merkwürdig still, kein Lachen, kein Streiten. Na ja, drei der fünf Kinder sind krank. Aber Trudi und Leni sind doch noch gesund, oder?

Mir wird bange. Zögernd klopfe ich dreimal, das ist mein Zeichen. Zunächst tut sich gar nichts. Dann öffnet Frau Uhl mit Tränen in den Augen zögernd die Tür.

„Willi – Willi! Du kannst nicht reinkommen! Günther und Hella sind letzte Nacht gestorben. Ich habe noch versucht, sie mit Urin gurgeln zu lassen, wie Frau Talke mir geraten hat. Aber es war vergebens. Rita wird wohl auch sterben."

Ich erstarre. Kein Wort kommt über meine Lippen.

Dann berichtet sie weiter: „Ich habe die Polizei angerufen und gemeldet, daß hier zwei tote Kinder liegen. Sie haben einen Polizeiarzt geschickt. Der hat bloß die Totenscheine ausgeschrieben, um Rita hat er sich nicht gekümmert. Dafür sei er nicht zuständig."

Mir laufen Tränen die Wangen runter. Ich bestehe darauf, die kleine Rita zu sehen. Sie ist eineinhalb Jahre alt. Sie hat mich immer von weitem „Illi – Illi!" gerufen, Willi kann sie noch nicht sagen. Ich habe oft beim Spazierengehen ihre Windeln gewechselt, weil Günther es nicht machen wollte. Soll sie etwa auch noch sterben?

Ich drängle mich an Günthers Mutter vorbei und gehe direkt in das Zimmer, wo Rita liegt. Frau Uhl will mich zurückhalten: „Nein, nein! Geh nicht, Willi! Du darfst nicht zu Rita, du steckst dich auch noch an!"

Doch da stehe ich schon in dem Raum und sehe die kleine Rita im Bettchen liegen. Sie erkennt mich sofort, streckt ihre Ärmchen nach mir aus. Mit müder, kratziger Stimme will sie „Illi – Illi!" rufen.

Mein Gott, was ist in der kurzen Zeit bloß aus ihr geworden? Rita ist immer ein kleines Pummelchen gewesen, lebhaft und fröhlich. Wie sie abgemagert ist! Mühsam schnappt sie nach Luft. Ich kann nicht anders, ich hebe sie aus dem Bettchen, sie schlingt ihre dünnen Ärmchen um meinen Hals und schmiegt sich an mich.

„Ritachen, es wird schon wieder gut werden! Du wirst wieder gesund, und dann schiebe ich dein Wägelchen, nicht wahr?“ Sie sieht mich mit ihren blauen Augen an, drückt sich fest an mich und legt ihr Köpfchen auf meine Schulter.

„Illi – !“ Und dann noch einmal ganz leise und langgezogen: „Illliii!“ Ihr Gesicht verfärbt sich blau. Durch den kleinen Körper geht ein Zittern, dann ein Aufbäumen. Sie reißt den Mund weit auf, röchelt. Als sich der Mund wieder schließen will, entweicht ein kurzer Hauch, dann atmet sie nicht mehr. Nun ist auch Rita tot. Heulend lege ich sie zurück ins Bettchen. Frau Uhl steht wie abwesend da. Ich drücke ihre Hand, sagen kann ich nichts.

Nach einer ganzen Weile sagt sie schluchzend: „Willi, du bist wenigstens bei ihr gewesen und hast ihr das Sterben ein bißchen leichter gemacht. Günther und Hella sind in der Nacht gestorben. Ganz allein! Ich war gerade erschöpft eingeschlafen, ich hatte fast die ganze Nacht bei ihnen gewacht. Als sie mich am meisten gebraucht haben, habe ich geschlafen. Das werde ich mir ein Leben lang nicht verzeihen!“

Es würgt mir im Hals. Schließlich bringe ich doch hervor: „Es tut mir so leid, daß ich nicht helfen konnte!“

„Aber du hast Rita geholfen und dafür danke ich dir. Hoffentlich hast du dich dabei nicht angesteckt!“

Das ist nicht der Fall. Aber acht Tage später muß meine Schwester ins Krankenhaus. Diagnose: Diphtherie. Nach vier Wochen wird sie Gott sei Dank geheilt entlassen.

(Weitere Erinnerungen dieses Autors finden Sie im Band „Stöckchen-Hiebe“. Kindheit in Deutschland 1914–1933 der Reihe ***ZEITGUT****.)*

[Wiesedermeer, Kreis Wittmund, Ostfriesland; 1933]

Johannes Oldenettel

Neue Stiefel

Schöne, blanke Schaftstiefel waren in den zwanziger und dreißiger Jahren ein Zeichen für Ansehen, wie heute ein Stern vor dem Auto; stattlich sah so ein Kerl aus in roten Stiefeln und braunen Hosen.

Meinen Vater kenne ich nur in Klumpen (grobe Pantinen) und Manchesterhosen, immer arbeitend, immer sorgend. Tagsüber arbeitete er in einer Großgärtnerei, und danach hackte und grub er im wilden Moor, welches unser Haus umgab. Er arbeitete sieben Tage in der Woche und zwölf Stunden am Tag. Wir wohnten in einem kleinen Bauerndorf und waren eine kinderreiche Familie.

Eines Abends brachte Vater etwas ganz Besonderes mit. Stolz legte er den großen Karton auf den Küchentisch und packte ihn aus, während wir gespannt zusahen. Schöne, rote Schaftstiefel kamen zum Vorschein. Er zog sie an und stolzierte durch das Haus. Gut standen sie ihm, schick sah er aus mit seinen zweiunddreißig Jahren. Woher er die Stiefel hatte, wollte er nicht so gern sagen.

Eigentlich war Vater in dem neuen Großbetrieb als Betriebsrat gewählt und daher in der Gewerkschaft. Aber, so entschuldigte er sich, sein Direktor hätte ihm die Stiefel gegeben und ihm geraten, beim nächsten Fackelzug mitzumarschieren. Er selber sei in der Motor-SA und führe im Zug vorneweg – und so schlecht sei „die Sache“ ja auch wieder

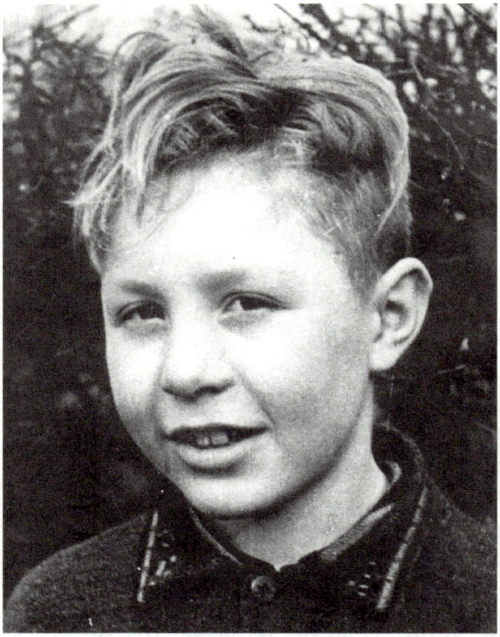

Wiesedermeer in Ostfriesland: Ich war acht Jahre alt und besuchte die einklassige Dorfschule, als 1934 ein reisender Fotograf durch unser Dorf kam und diese Aufnahme entstand.

nicht. Und jeder, der einen Arbeitsplatz habe, solle froh sein und sehen, daß er ihn behalte. Und solche Stiefel, gab Vater zu, habe er sich schon immer gewünscht, werde sie sich aber niemals kaufen können, und, nun ja, so ein bißchen marschieren sei auch nicht ungesund. Der Direktor trüge seine Stiefel sogar tagsüber in seinem Büro.

Nun mußte Vater noch eine Fackel bauen: Er nagelte die Büchse einer ausgedienten Thermosflasche auf einen Besenstiel, steckte ein Torfstück hinein und tränkte es in Petroleum. Das wird brennen, meinte er.

Als es dunkel wurde, stellte ich mich an den Straßenrand. Schon von ferne hörte ich den Marschtritt und im Takt dazu das Lied „Die Fahne hoch! Die Reihen dicht geschlossen! SA marschiert mit mutig festem Schritt..." Andere Leute standen neben mir und sahen schweigend zu, nur eine ältere

Nachbarin hüpfte wie ein Huhn von einem Fuß auf den anderen und schrie: „Da kommen sie, die braunen Affen."

Ihr Mann zog sie immer wieder zurück und schaffte es schließlich, sie zum Schweigen zu bringen. Zackig und stramm marschierte die Kolonne vorbei. Vaters Fackel fiel mir schon von weitem auf. Sie qualmte und stank.

Bald war das Spektakel vorbei, und ich ging nach Haus und ins Bett. Es mußte aber noch etwas passiert sein, denn am anderen Morgen lag die Fackel verbeult in der Waschküche, und Vaters Stiefel lagen geputzt und gewienert wieder im Karton.

Am Abend fragte ich ihn. Ich sah, daß Vater traurig war, und er antwortete mir: „Die Stiefel hätte ich gern behalten, aber dafür meine Kameraden von der anderen Seite zu verprügeln, das mache ich nicht mit."

Und er ging wieder in Manchesterhosen und Klumpen zur Arbeit. Die allerdings durfte er behalten, Gott sei Dank.

Zwei Jahre später, Sommer 1936: Mein erstes Hemd schenkte mir ein HJ-Führer und junger Lehrer in einem Dorf, 20 km entfernt, für die Bereitschaft, Pimpf zu werden und an einem Zeltlager in Haselünne teilzunehmen. Obwohl etwas dick und körperlich schwerfällig, war ich stets unternehmungslustig. Und Vater wollte mir nicht im Wege stehen...

[Berlin-Neukölln;
1932–1933]

Elisabeth Siemionow

Die Freistelle

Ganz allmählich schien eine andere Zeit zu beginnen. Der Vater meiner neuen Freundin trug eine braune Uniform. Er war Pferdehändler im alten Stadtteil Rixdorf. Im Hof und in den Ställen ließ es sich herrlich spielen. Zwischen uralten Laubbäumen hing eine Schaukel, auf der wir ganz andere Höhen erreichten als im Garten von Onkel und Tante 1*), bei denen ich als Waise lebte. Als Lisa und ich einmal durch die Straßen gingen, fiel mir auf, daß sie immer die rechte Hand erhob, wenn ein SA-Mann an uns vorüberging. Da mußte ich den Onkel um Rat fragen. Er erklärte mir die Buchstaben NSDAP, und mir kam es vor, als schüttelte er verdrießlich den Kopf. Also nix mit Arm hochheben, soviel konnte ich aus seiner Rede erkennen.

Eines Tages fragte die „Politische" unserer Klasse, welche Zeitung unsere Eltern lesen. Lisa antwortete ganz stolz: „Meine lesen den ‚Angriff'." Annelene, die Altkluge, über die wir immer spöttisch grinsten, wenn sie montags von ihren Opern-Besuchen schwärmte, meinte ziemlich von oben herab: „Meine Eltern lesen den ‚Lokalanzeiger'." Der wurde von der Politischen sogar akzeptiert. Die kleine Katholikin wollte oder konnte keinen Namen nennen und wurde ausge-

*) Nach dem Tod meiner Mutter lebte ich bei den Schwestern meiner Mutter. Zur Unterscheidung nannte ich sie Tante 1 und Tante 2.

lacht. Gisela kam mit der „Morgenpost“ nicht gut an. Die Mädchen brachen in schallendes Gelächter aus und riefen: „Mottenpost, Mottenpost, haha!“

Als ich an der Reihe war, merkte ich erst, daß bisher noch niemand unsere Zeitung genannt hatte. Ich sagte frei heraus „Vorwärts“.

Einige Mädchen, darunter auch meine beste Freundin, riefen im Chor: „Sozis, Sozis, ihr seid Sozis.“’

Die kleine Pause war vorüber. Das Sozi-Geschreie ging mir während der nächsten Stunde durch den Kopf. Was fanden die Mädchen daran so Abfälliges? Ich dachte an die Nesthäkchen-Bücher, in denen so vieles drinstand – aber Sozis? Nein. Else Ury hätte bestimmt darüber geschrieben.

Der Onkel wußte genau Bescheid, er zögerte eine Weile, aber dann erzählte er mir doch von seinen Stadtverordneten-Versammlungen, an denen Sozis, nein, Sozialdemokraten teilnahmen. Er erklärte mir so verständlich wie möglich, welche Vorstellungen sie in der Regierung hatten. Ich hielt den Onkel für klug und tapfer, er war auch im Krieg gewesen und sogar kriegsbeschädigt. Manchmal fuhr er in die Schweiz zu Konferenzen. Ich verglich ihn mit meinem Vater, denn jetzt erfuhr ich einiges aus dessen Leben.

Mein Vater war kurz vor dem Weltkrieg mit einem norwegischen Frachtschiff nach Südamerika gesegelt. In Chile oder Argentinien hatte man ihn bei Ausbruch des Krieges interniert. Von dort war er geflohen und bis nach Brasilien gekommen. Anfang der 20er Jahre sei er heimgekehrt, nicht in seine Geburtsstadt Frankfurt/Main, sondern nach Berlin. Seit Mutters Tod galt er als „verschollen“.

In den letzten zehn Jahren hatte sich die Großstadt sehr verändert. Es gab immer mehr S-Bahn- und U-Bahnlinien. In Neukölln wurde ein riesengroßes, hohes Kaufhaus eröffnet, Karstadt, und es gab nichts Schöneres, als sich dort die Schaufenster anzuschauen. Tante 1 nahm mich nicht mehr so oft in die Innenstadt mit, weil sie meinte, die Zeiten wären zu unruhig. Einmal wurde sie überfallen, ihr wurde die Handtasche geraubt. An allem wäre das neue, große Arbeitsamt in der Sonnenallee schuld. Die vielen Arbeitslosen, das wären alles Kommunisten, und die hassen die Reichen. So redeten die Leute in unserer Siedlung.

„Und wie sind die in den SA-Uniformen?“ wollte ich vom Onkel wissen. Vor ihnen schien auch der Onkel richtige Angst zu haben. Anfang des neuen Jahres 1933 wurde bei uns von Tag zu Tag mehr Rundfunk gehört, bis am 30. Januar laute Marschmusik aus dem Lautsprecher dröhnte. Alle saßen wie gebannt vor dem Apparat. „Was ist denn los?“ fragte ich ein paarmal, aber die Antwort hieß einfach: „Pst, pst.“

Im Lyzeum erfuhren wir viel über Hitler. Ein Lehrer pries Horst Wessel und die SA-Männer, die die Roten verjagt hatten. Und überhaupt sollten wir alle stolz sein, in dieser großen Zeit dabeisein zu können.

Daheim wollte mir keiner mehr zuhören, wenn ich von meinen Erlebnissen in der Schule sprach. Es fiel auch schon mal der kurze Satz: „Kind, halt' deinen Mund!“ Vielleicht hatten die Pflegeeltern Sorgen und waren deshalb oft nervös? Warum eigentlich? Ich konnte es mir nicht erklären.

Lisas Vater strahlte Zufriedenheit aus. Ich war gern dort.

In diese schlechte Stimmung zu Hause platzte eines Tages ein Besuch herein, ein Mann in einem blauen Anzug, gutaussehend, braungebrannt, mit schwarzem, welligem Haar. Er stand etwas unbeholfen in der Mitte des breiten Korridors. Ich bat ihn: „Bitte, treten Sie näher“, und: „Nehmen Sie bitte Platz. Ich rufe meine Tante.“

Da schaute mich der Mann traurig an: „Du darfst nicht ‚Sie‘ zu mir sagen. Ich bin doch dein Vater.“

Ich schüttelte den Kopf. „Nein, nein, mein Vater ist mit dem Schiff untergegangen, er ist verschollen.“ Das Wort „verschollen“ fand ich sehr geheimnisvoll und interessant. Nun war ich damit rausgeplatzt und fühlte mich wie erlöst, als Onkel und Tante im Zimmer erschienen.

Beide waren ungehalten über den Besuch, und es hagelte Vorwürfe: „Du hast deine kranke Frau verlassen, hast dich nicht um deine Tochter gekümmert. Was willst du jetzt? Das Kind bleibt bei uns. Es ist jahrelang ohne Vater ausgekommen. Außerdem hat es einen Vormund."

Ich wußte nicht, was in diesem Moment passierte. Der Onkel hatte so eine böse Stimme, daß ich mich fürchtete. Aber mein Vater verstand sie wohl sehr gut und verließ todtraurig unsere Wohnung. Ich glaube, er hat sogar geweint. Dennoch überwog die Freude, bei meinen Pflegeeltern bleiben zu können. Ich drückte beide ganz heftig an mich. Solche Gefühlsäußerungen kamen bei mir eher selten vor.

Als der Frühling nahte, die Menschen sich am Sonnenschein erfreuten, blieb es bei uns zu Hause kalt. Seit kurzem war der Onkel arbeitslos. „Postenjäger" nannte er den Parteigenossen, der nun an seiner Stelle Geschäftsführer der Wohnungsbau-Genossenschaft war. Zu allem Übel war der Onkel auch noch ein Duzfreund seines jüdischen Direktors gewesen. Schon bald bestellte die Tante ihren Klavierunterricht ab, meinen gleich mit, was mich im Innern nur freute. Ich war nämlich felsenfest davon überzeugt, nie so schön spielen zu können, wie die Pianisten im Rundfunk.

Es änderte sich noch viel mehr. Die Gäste, die früher zum Abendessen eingeladen wurden und herrliche Delikatessen serviert bekamen – dann fuhr so ein Lieferwagen vom KaDeWe bei uns vor –, diese Gäste schauten nur noch einmal vorbei, um sich für immer zu verabschieden. Das tat auch die Schwester meines Vaters, die mit ihrem Mann nach Polen übersiedeln wollte. Später flüsterte mir Tante 1 ins Ohr: „Onkel Max ist Jude." Immer wieder tauchte das Wort „Jude" auf, nicht nur in der Schulklasse. Eines war mir klar: Über Onkel Max durfte ich in der Schule nicht sprechen, auch nicht mit meiner Freundin.

Einmal hörte ich zu, wie Tante und Onkel sich unterhielten. „Stell dir vor, den Anselm hat man inhaftiert." Anselm war der jüngere Bruder meines Vaters. Ziemlich kritisch fuhr der Onkel fort: „So ein typischer Salon-Kommunist. Morgens im Tiergarten ausreiten, danach für die KPD Artikel verfassen." War das alles kompliziert für mich ...

Es sollte das letzte Osterfest werden, an dem ich im Garten die im Versteck liegenden Nester mit Osterhasen und Ostereiern suchte. Es waren weniger Nestchen als sonst, der Inhalt war kleiner. Es gab nun öfter Enttäuschungen als früher, auch am Geburtstag. Dafür freute ich mich um so mehr über das schöne Zeugnis und die Versetzung in die Quinta.

In der Schule veränderte sich immer mehr. Sie trug nun nicht mehr den Namen von Käthe Kollwitz. Die Malerin besuchte uns nicht mehr in der Schule mit ihren Zeichnungen. Der Direktor war abgesetzt worden, auch unsere Klassenlehrerin wurde entlassen. Die neue Deutschlehrerin mochte mich nicht, das spürte ich. Darum mußte ich mich anstrengen und noch mehr lernen.

Während ich oben, in meinem kleinen Dachzimmer, Schulaufgaben machte, wurde eine Etage tiefer im Herrenzimmer über Verkäufe gesprochen. Manchmal lauschte ich an der Tür, denn das alles war für mich sehr aufregend. Zuerst wurden das Wassergrundstück in Hessenwinkel und das Motorboot verkauft. Als meine Pflegeeltern beim Abendessen darüber sprachen, glaubten die beiden Söhne und ich, wir hätten nun wieder viel Geld. Dem war gar nicht so, wir hatten uns zu früh gefreut. Das Geld aus den Verkäufen mußte für die Schulden herhalten, die durch den Kauf des Grundstücks entstanden waren.

Tante 1 fuhr längst nicht mehr so oft in die Innenstadt zum Friseur und nahm mich nicht mehr mit. Die Belohnung für das lange Warten war immer ein Besuch im Café, wo ich am liebsten Windbeutel mit Schlagsahne aß. Diese Zeiten waren vorbei. Ich wuchs sehr schnell aus meinen Kleidern heraus und trug nun die abgelegten Sachen einer Cousine auf ... bis sie nach England geschickt wurde.

Schulausflug im September 1933 nach Potsdam. Noch ahnte ich nicht, wie bald ich das Lyzeum verlassen mußte. Ich stehe ganz oben links, rechts von mir, in der Mitte, die „Führerin" in Jungmädel-Kluft. Vorn, in der hellen Bluse, steht die einzige Katholikin in der Quinta.

Eines Tages wurde ich ins Lehrerzimmer gerufen und mit mir alle Schülerinnen der Schule, die eine Freistelle hatten. Wir stellten uns auf und waren sehr neugierig.

„Hört also zu! Ihr habt euren arischen Nachweis zu erbringen, wenn ihr weiterhin eine Freistelle haben wollt. Oder eure Eltern müssen monatlich 20 Mark Schulgeld bezahlen. Verstanden?"

„Ja", riefen wir wie aus einem Munde. Aber als wir auf dem Korridor waren, fragten wir Jüngeren die Älteren: „Wie macht man sowas?"

Einige kannten sich aus und erklärten uns die notwendigen Schreibereien für diesen Nachweis. „Hauptsache ist, daß keiner jüdisch ist und lauter evangelische Großeltern hat."

Zurück in der Klasse tuschelte meine Nachbarin: „Was war denn? Sag's schon." Aber mit dem „arischen Nachweis" konnte sie auch nicht viel anfangen.

Der Heimweg fiel mir an diesem Tage schwer. Wie würden sich die Pflegeeltern verhalten?

Zögernd fing ich damit an, daß Briefe geschrieben werden müssen an Standesämter, um Geburtsurkunden anzufordern, und darin durften keine Juden sein. Alles bis zu den Großvätern und Großmüttern. Ich sah mir die Mienen von Tante und Onkel an und ahnte: Sie machen keine „Ahnenforschung“ für mich.

Wie gut, es gab ja noch die Tante 2, die sich für alles aufopferte. Sie lebte schon eine Weile wieder in Berlin und war Säuglingsschwester bei wohlhabenden Leuten im Westen Berlins. Tante 2 wurde gerufen, kam sofort, schrieb sogleich und erhielt die gewünschten Dokumente. Alle Urkunden aus der Neumark bezeugten: Mütterlicherseits war ich eine reinarische Brandenburgerin und die Vorfahren evangelische Handwerksmeister.

Kurz darauf traf der Brief aus Frankfurt/Main ein, und der 8. Oktober 1933 wurde der Tag, der meine Zukunftsträume zunichte machte. Da stand schwarz auf weiß:

„Der Privatlehrer Dr. Marcus Joel, israelitischer Religion, und seine Ehefrau Rosa, geb. Wöhrn, reformierter Religion...“

Damit hatte mein Ahnennachweis einen Fleck bekommen. Ich war doch nicht rein arisch, und diese Tatsache mußte ich in der Schule preisgeben.

Im Lehrerzimmer suchte ich mir meine geliebte Französisch-Lehrerin aus, der ich die Schriftstücke zeigte. Im letzten sah sie die „mosaische Religion“. Das zierliche Persönchen nahm mich in die Arme, ohne etwas zu sagen.

Plötzlich stand der neue Lehrer vor uns, am Revers steckte das Parteiabzeichen, das für mich auf einmal etwas Bedrohliches hatte. „Na und?“ fragte er bloß. „Wieder eine erwischt?“

Am selben Tag hatten wir bei diesem Lehrer Unterricht. „Hört mal zu!“, rief er in die Klasse und blieb am Katheder stehen. „Ihr habt eine Mitschülerin unter euch, die einen jüdischen Großvater hat, das wollte sie uns verheimlichen."

Eine Schülerin, die „Politische", stand blitzschnell auf und antwortete dem Lehrer: „Wir wollen nicht mit jüdischem Blut in einer Klasse sitzen." Ich hörte Gemurmel, mir klopfte das Herz. Noch wußte niemand, wer damit gemeint war.

Der Lehrer half nach: „Sie hat einen jüdischen Namen. Na, wie heißen denn die kleinen Propheten im Alten Testament? Habt's doch gerade gelernt."

„Osee, Joel, Amos, Abdias, Jonas ..." zählten die Mädchen auf. – Ich erschrak, als ich meinen Nachnamen hörte, die Mitschülerinnen schauten auf mich. Ich legte meinen Kopf auf die Bank und heulte los. Nur die kleine Katholikin auf ...ski, die vor mir saß, versuchte, mich zu trösten. Kurz darauf, mitten im Herbst, mußte ich das Lyzeum verlassen.

Zur gleichen Zeit zogen meine Pflegeeltern von der Köllnischen Heide in eine Siedlung nach Adlershof. Die neue Wohnung hatte zwei Zimmer weniger, dafür war sie viel billiger, sie hatte auch einen kleinen Garten. Wir waren nur noch zu dritt. Der ältere Sohn meiner Pflegeeltern verzog nach Studienabschluß nach Hamburg, der jüngere meldete sich irgendwo freiwillig – später wurde daraus der Arbeitsdienst.

Tante 2 ließ nicht locker wegen einer Freistelle. Sie schwor auf den alten Hindenburg: „Ich schreibe einen Bittbrief an unseren Reichspräsidenten."

Zehn Tage, nachdem ich die Schule verlassen mußte, schrieb sie endlich. Ein letzter Versuch war meine Anmeldung im Dorotheen-Lyzeum in Köpenick, wieder stand ich als „Neue" vor einer fremden Klasse.

Einen Monat später traf die langerwartete Antwort auf das Gesuch an den Reichspräsidenten ein. Kein Hindenburg hatte geschrieben, nur eine Kanzleiangestellte der Schulabteilung der Provinz Brandenburg und Berlin:

„Schülerinnen, die von von jüdischen Eltern und Großeltern abstammen, kann eine Schulgeldermäßigung nicht gewährt werden."

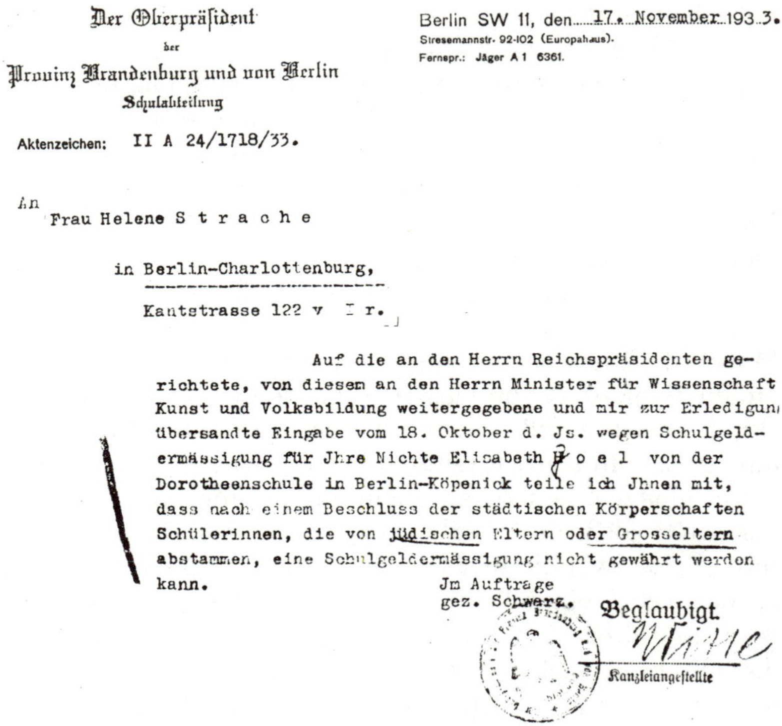

Der Oberpräsident
der
Provinz Brandenburg und von Berlin
Schulabteilung

Berlin SW 11, den 17. November 1933.
Stresemannstr. 92-102 (Europahaus).
Fernspr.: Jäger A 1 6361.

Aktenzeichen: II A 24/1718/33.

An
Frau Helene S t r a c h e

in Berlin-Charlottenburg,

Kantstrasse 122 v I r.

Auf die an den Herrn Reichspräsidenten gerichtete, von diesem an den Herrn Minister für Wissenschaft Kunst und Volksbildung weitergegebene und mir zur Erledigung übersandte Eingabe vom 18. Oktober d. Js. wegen Schulgeldermässigung für Jhre Nichte Elisabeth R o e l von der Dorotheenschule in Berlin-Köpenick teile ich Jhnen mit, dass nach einem Beschluss der städtischen Körperschaften Schülerinnen, die von jüdischen Eltern oder Grosseltern abstammen, eine Schulgeldermässigung nicht gewährt werden kann.

Jm Auftrage
gez. Schwarz.

Beglaubigt.
[signature]
Kanzleiangestellte

Die Antwort des Schulpräsidenten vom 17. November 1933 auf das Freistellengesuch meiner Tante 2. Weil ich einen jüdischen Großvater hatte, mußte ich den Traum vom Besuch einer höheren Schule begraben.

Meine Pflegeeltern machten mir noch einmal verständlich, daß ihnen die Zahlung von Schulgeld unmöglich war. Und Tante 2 hatte gerade ihre Anstellung in Dahlem verloren, weil die jüdische Familie mit ihrem Baby emigriert war. Mein Lyzeumbesuch in Köpenick blieb also nur eine Episode. Die Rückkehr zur Volksschule war beschlossene Sache.

„Du mußt doch zur Schule gehen“, forderte der Onkel streng, „es gibt eine Schulpflicht!“

Eines Tages, mitten im Winterhalbjahr 1933/34, befand ich mich also in einer 6. Klasse der 17. Volksschule in Adlershof. Tante 1 hatte mich in die Schule gebracht, mich im Sekretariat angemeldet und dann gewartet, bis ich im Klassenzimmer verschwunden war. Zum x-ten Male während meiner Schulzeit sagte wieder eine Lehrerin: „Das ist eure neue Mitschülerin.“ Diesmal fügte sie hinzu: „Sie kommt aus einem Lyzeum.“

Ich bekam einen roten Kopf und hätte mich am liebsten in ein Mauseloch verkrochen. In der Pause fragten mich ein paar Mädchen neugierig aus – warum? weshalb? Ich schämte mich sehr, das weiß ich genau.

Dann waren endlich die ersten Schulstunden vorüber. Ich packte meine Sachen zusammen, Schulbücher hatte ich noch nicht, und ging allein aus dem Schulgebäude. Es stammte noch aus Kaisers Zeiten, und im Klassenzimmer roch es scheußlich nach einer öligen Paste auf dem Fußboden.

Eine Gruppe von Mädchen kam aus einem Versteck, ein Mädel rief mir hinterher: „Bist wohl zu doof für's Lyzeum gewesen und jetzt mußte in unsere Schule, haha!“

Da packte mich die Wut und ich schrie zurück: „Gar nicht, ich hab' bloß 'n jüdischen Großvater.“

An der Straßenkreuzung wartete ich auf das Mädel und gab ihr eine Ohrfeige. Von der anderen Straßenseite kamen die vom Jungvolk anmarschiert und übertönten unser Geschrei mit ihren Landsknechttrommeln und Fanfaren.

(Den 1. Teil dieser Geschichte finden Sie in dem Band „Stöckchenhiebe. Kindheit in Deutschland 1914–1933“, weitere Erinnerungen dieser Autorin in „Wir wollten leben. Jugend 1939–1945“ der Reihe **ZEITGUT***.)*

[Falkenberg/Elster;
1933]

Heinz Weiß

Die rechte Hand am Peitschenknauf

Als Hitler an die Macht kam, änderten sich schlagartig einige Gewohnheiten an der Schule. Bis dahin begrüßten sich Lehrer und Schüler morgens mit „Guten Morgen!"

Am 30. Januar 1933 aber sprang eine starke Jungengruppe von den Plätzen und grölte den Lehrer mit „Heil Hitler!" an. Der Lehrer Henri Holz schien überwältigt, ließ sich aber nichts merken und grüßte gelassen mit „Heil Hitler!" zurück. Von diesem Tage an blieb das so. Fortan nannte man das den deutschen Gruß. Außerdem führte man vor und nach den Ferien Fahnenappelle ein. Die gültigen Fahnen wurden gehißt, wobei Lehrer und Schüler mit erhobenen Armen das Deutschlandlied und das Horst-Wessel-Lied sangen.

Postwendend waren auch einige Lehrer wegen ihrer abweichenden politischen Gesinnung entlassen worden, ohne daß die Personallücken sofort geschlossen werden konnten. Die Klassenstärken stiegen überall dort, wo das möglich war, an. Das reichte aber nicht aus. Deshalb führte man sogenannte Bummelstunden ein, in denen die betroffenen Schüler ohne Lehrer waren. Sie durften tun, was sie wollten, nur nicht stören.

Anfangs waren die Bummelstunden bei uns Schülern beliebt. Wir dachten, es sei schön, die Freiheit zu genießen, merkten aber bald, daß viele mit der leeren Zeit nichts anzufangen wußten. Ich war zehn Jahre alt und besuchte die

3. Klasse. Da wir unweit der Schule wohnten, ging ich regelmäßig nach Hause, um zu meinem Frühstück ein Glas Milch zu trinken. So verging beim Bummeln die Zeit. Das sollte auch am 10. Mai 1933 so ablaufen. Merkwürdig, an diesem Tag stand die Werkwohnungstür offen. Wir wohnten im Überlandwerk, in dem meine Eltern arbeiteten. Viel dachte ich mir nicht dabei und ging hinein.

Meine Mutter stand im Rahmen der Küchentür, sah mich an und hielt sich den rechten Zeigefinger vor den Mund. „Sprich nicht!“ bedeutete das.

Trotzdem fragte ich naiv tolpatschig: „Warum soll ich ruhig sein?“

Geheimnisvoll zeigte die Mutter auf die offene Wohnzimmertür. Da sah ich die Bescherung. Gendarm Schilling stand, mir einen unaussprechlichen Schrecken einjagend, vor den Bücherschränken. Hinter ihm sah ich den Buchhalter Heitkamp, den alle nur mit einer großen Glatze kannten. Heute hatte er sie mit einer SA-Mütze bedeckt. Auch sonst war er uniformiert. In der rechten Hand trug er eine lederne Reitpeitsche, mit der er lässig gegen seine schwarzen Schaftstiefel klatschte.

Ich wollte losheulen, aber meine Mutter hielt mir den Mund zu. SA-Männer rissen Bücher aus den Schränken und Regalen und warfen sie achtlos in bereitgestellte Waschkörbe. Jetzt erst merkte ich, daß sie jeden Titel laut lasen und auf den Befehl Heitkamps warteten.

„Thomas Mann?“ wiederholte der eine gerade. – „Weg!“

„Tucholsky?“ – „Weg!“

„Brachvogels Friedemann Bach?“ – „Lassen.“

„Feuchtwanger? – „Weg!“

„Heine?“ – „Weg!“

„Bibeln und religiöse Schriften?“ – „Weg!“

So ging das Buch für Buch. Heitkamp klatschte jedesmal, wenn ein neuer Titel kam, mit der Lederpeitsche gegen seinen schwarzen Stiefelschaft, als langweile ihn das Ganze.

1932: Beschäftigte des Überlandwerkes Falkenberg, Bezirk Halle, vor dem Haupteingang des Verwaltungsgebäudes (ohne Arbeiter). Meine Eltern (zweite Reihe von oben, dritter von rechts, mein Vater, obere Frauenreihe, die dritte von links, die kleine Frau, meine Mutter) waren hier als Hausmeister beschäftigt. Links, verdeckt, unsere Wohnung im Parterre.

Ängstlich verzog ich mich zurück in die Schule, konnte aber der nächsten Unterrichtsstunde nicht folgen. Mein Herz klopfte rasend. Was war geschehen? Womit hatten meine Eltern Unrecht getan? Ich verstand die Welt nicht mehr.

Ängstlich fragte ich zu Mittag die Mutter: „Haben sie die Märchen und ‚Nesthäkchen' auch mitgenommen?"

„Nein", kam es erleichtert über ihre Lippen, „sogar Brachvogels ‚Friedemann Bach' und einige andere Bücher ließen sie liegen." – Ich atmete auf.

Im Vorraum unserer Werkswohnung hing ein großer gläserner Schlüsselschrank an der Wand. Als Hausmeisterin hatte meine Mutter sämtliche Schlüssel des Werkes zu verwalten. Darunter stand ein Tisch mit dem schwarzen Telefon und den täglich oder wöchentlich ankommenden Zeitungen für das Werk. Von hier aus wurden sie in die einzelnen Büros der 150 Beamten gebracht. Vorher blieb mir meist genügend Gelegenheit, in den reich bebilderten Zeitschriften „Der gemütliche Sachse", „Kladderadatsch" und „Simplicissimus" zu blättern.

In diesen Tagen bildete der „Simplicissimus" auf der Titelseite eine Trödlerin ab und legte ihr die Worte in den Mund: „Dös san die neuesten Antiquitäten, sicherns Eahna a Stück!" Dahinter sah man unter altem Gerümpel Pfaffenhüte und Abzeichen mit Hammer und Sichel.

„Kladderadatsch" veröffentlichte auf der ersten Seite einen riesigen Adler mit ausgebreiteten Flügeln, in einem Feuer stehend, das aus Büchern gespeist wurde. Auf einigen konnte man die Namen der Autoren erkennen, so Emil Ludwig, Lion Feuchtwanger, Karl Marx, August Bebel, Thomas Mann. Die Brust des Adlers trug die rote Handschrift:

„Deutsche Dichtung".

Darunter stand dick gedruckt: „Der neue Phönix".

Ich wußte nicht, was das bedeutet und fragte meine Mutter. Sie erklärte mir, als Phönix bezeichne man in Helden- und Göttersagen einen Wundervogel, der sich selbst verbrenne und dann wieder auferstehe.

„Und was sind Antiquitäten?", wollte ich wissen.

„Olle Sachen", antwortete sie kurz und bündig.

Bald darauf mußten wir aus der Werkswohnung ausziehen. Am 27. September 1933 hatte mein Vater die Kündigung erhalten. In dem Schreiben hieß es:

„Es sind in der letzten Zeit wiederholt von der zuständigen Behörde bei Ihnen Haussuchungen abgehalten worden. Bei diesen Haussuchungen wurden stets Bücher und Schriften beschlagnahmt, die als staatsfeindlich anzusprechen sind..."

[Lokstedt / Niendorf bei Hamburg; 1932 / 1933]

Trudi Pätz

Mein Vater – arbeitslos

Meine Eltern wohnten mit meiner kleinen Schwester Ilse und mir in Lokstedt in einer schönen, hellen Vierzimmerwohnung. Für eine Hafenarbeiterfamilie war unser Zuhause fast zu anspruchsvoll. Mein Vater, der als Schauermann oft drei Schichten hintereinander arbeitete, wurde täglich vom Hafenbetriebsverein vermittelt. Er verdiente gutes Geld und konnte seine Familie ausreichend versorgen.

Eines Abends wartete meine Mutter vergeblich, daß Vater nach Hause käme. Von der Polizei hörte sie, daß die Kommunisten die Hafenzugänge blockiert hätten und keine Leute hinein- und herausließen. Es sei auch zu Prügeleien und Schießereien gekommen. Streikende und Arbeitswillige würden sich erbittert bekämpfen. Es hätte schon Verletzte gegeben. Mutter war in heller Aufregung und fand in der Nacht keinen Schlaf.

Nach drei Tagen voller Angst und Bangen traf Vater abgemagert, müde und erschöpft, aber unverletzt bei uns ein. Mit einigen Kollegen hatte er sich im Zollgebiet verschanzt. Nachdem die Aufsässigen von der Polizei vertrieben und zum Teil in Haft genommen worden waren, gab es für meinen Vater vorerst keine Beschäftigung mehr. Er ging stempeln. Die paar Kröten, die er als Arbeitsloser für seine vierköpfige Familie bekam, reichten weder hinten noch vorn. Damals gab es kaum Zuschüsse für Bekleidung oder Hilfe vom DRK.

Ich kann mich aber erinnern, daß die einfache Margarine für uns verbilligt zu haben war, Brot gab es wenig. Fleisch und Aufschnitt waren für uns von nun an Fremdwörter. Damals war ich zehn, elf Jahre alt. Brauchte Mutter Eier, lief ich über 20 Minuten, um von einem Höker, der in Eppendorf auf dem Hinterhof hauste, Ausschlageier zu holen. War der Händler beim Aufschlagen der Eier zu lässig, plumpste schon mal ein verdorbenes Ei in mein Gefäß. Mit einer angerosteten Kelle versuchte er dann, das stinkende Hühnerprodukt herauszuangeln, was ihm meistens nicht ganz gelang.

Gegenüber unserer Wohnung hatte Frau Albers ihr Brotgeschäft. Ein bunter Papagei saß jeden Sommer im kleinen Vorgarten. Flügelschlagend schaukelte er in seinem hängenden Messingkäfig hin und her. Herr Albers hatte ihn als junger Mann von seinen Seereisen mitgebracht. Lora ließ sich nur von seinem Herrchen anfassen und füttern. Wenn die Brotfrau oder ein Gast in die Nähe des Käfigs kam, wurden sie mit einer unflätigen Schimpfkanonade empfangen. Ging eine Hausfrau mit ihren Einkäufen eilig aus dem Laden, krächzte Lora in bestem Plattdeutsch: „Hest ok all betahlt?" Oder er rief: „De hett dat Broot grapscht, wo is de Udel?"

Frau Albers hatte ein dickes Anschreibebuch unter ihrer Tonbank liegen. Viele Kundinnen konnten das Gekaufte nicht sofort bezahlen. Geduldig stundete Frau Albers das Geld und trug die schuldige Summe in ihr Buch ein. Sie kannte ihre Kundinnen gut und brauchte nie zu mahnen. Erschien ihr die Not der kinderreichen Arbeiterfrauen gar zu groß, schob sie manch altbackenes Brot über den Ladentisch und legte ab und zu noch 1/2 Pfund Margarine dazu. Zum Wochenende durfte ich mir die abgeschnittenen Ränder des frischen Butterkuchens oder ein einen Tag altes Sahnestückchen mit nach Hause nehmen. Oft fand ich in meinem Korb ein heimlich hineingelegtes Tütchen meiner Lieblingsrahmbonbons.

Ein Festabendbrot gab es, wenn Vater ab und zu aus der nahen Fischräucherei zwei bis drei Abfall- oder Bruchbücklinge mit nach Hause brachte. Mein fleißiger, immer zuversichtlicher und gutmütiger Vater verlor nie den Mut. Er hatte in unserem Schrebergarten in Niendorf reichlich Bohnen angepflanzt. Als die Arbeitslosenzeit begann, waren Erbsen und Wurzeln fast abgeerntet, aber die Bohnen waren gerade pflückreif. Zuerst war es für mich gar nicht so schlimm, zum Frühstück Brechbohnen, in Wasser gekocht, mittags Schneidebohnen in Milch und abends wieder Bohnen, gewürzt mit Bohnenkraut und Petersilie, aber fettlos, in den leeren Magen zu befördern. Später konnte ich jahrelang keine Bohnen mehr sehen, geschweige denn essen.

Manchmal tastete Vater mit seinen Händen vorsichtig die unter der Erde liegenden Kartoffelknollen ab. Einige größere Kartoffeln, die er dabei abgrabbelte, legte er in seinen Korb. Die kleinen Erdäpfel ließ er unter dem Kartoffelkraut weiterwachsen. Wir freuten uns über die Abwechslung unseres so eintönigen Mahls. Morgens, wenn Milchmann Schühmann auf der nahen Wiese den Kühen die Milch abzapfte, kippte er mir manchen Liter unentgeltlich in die zerbeulte Kanne.

Oft zog Vater mit mir in den nahen Wald. Nur er wußte, wo die gelben Himbeeren, die hellen Johannisbeeren und die Hallimasche standen. Von dem Obst kochte er im Garten Marmelade. Die Pilze durfte er allein verspeisen. Mutter und ich verzichteten großzügig.

Ich wurde ein Armeleutekind, zart, blutarm und unterernährt. Jedes Jahr fehlte ich vier bis sechs Wochen in der Schule, um an der Nordsee oder im ländlichen Mittelgebirge in einem Kinderheim wieder aufgepäppelt zu werden. Bei Klassenreisen, Fahrten mit dem Turnverein oder dem „Bund Deutscher Mädel" übernahm der Schulverein die Kosten oder begüterte Eltern sammelten für mich einen Teil des Reisegeldes. Manchmal stand ich auf dem Pausenhof in einer Ecke, um mein bescheidenes Zuckerbrot zu essen. Als eine Mitschülerin bemerkte, daß mein Brot nicht belegt war, tauschte sie es unter einem Vorwand und gab mir ihr leckeres, mit

Mein Vater vor unserer Schrebergartenlaube in Niendorf. Sie diente der Familie später, nach der Ausbombung, als Wohnraum.

Butter beschmiertes und dick mit Wurst oder Käse belegtes Schulbrot. Sie aß dafür mit Appetit meine ärmliche Margarine-Zucker-Schnitte.

Vater war nun viel in unserem Schrebergarten. Auf dem Steg bei der Gartenpforte errichtete er einen kleinen Verkaufsstand. Wenn reichlich Obst und Gemüse gereift waren, stellte er die vollen Körbe mit Sauerkirschen, Stachel- und Johannisbeeren, die Schalen mit Bohnen und anderem Gemüse darauf. Spaziergänger, die auf dem Weg nach Waldeslust oder ins Niendorfer Gehege waren, kauften die billige, ganz frische Ware. Und wenn die Blumen üppig blühten, schnitt Vater sie ab und band sie zu bunten Sträußen. Mit dieser Blumenpracht fuhr er dann zur U-Bahn. Am Eingang der Haltestelle Kellinghusenstraße bot er seine Sträuße den Passanten an. Manche Mark floß auf diese Weise der Haushaltskasse zu. Ab und an brachte er ein halbes Pfund Bruchschokolade mit, das durfte ich dann für uns vier teilen.

Eines Tages kam ein Schupo und ging auf Vater zu. Verschmitzt lächelnd, sagte er leise zu ihm: „Herr Schröder, wir kennen uns nun schon so lange. Ich habe immer ein Auge zugedrückt. Jetzt sind Sie aber von jemandem angezeigt worden. Sie haben ja auch keinen Gewerbeschein. Packen Sie schnell ihre Sachen zusammen und gehen Sie. Ich habe nichts gesehen!“ Er drehte sich um und verschwand.

Als diese kleine Einnahmequelle versiegt war, sammelte mein Vater noch intensiver als sonst Eicheln sowie alte Zeitungen und Altmetall. Die Eicheln wurden im Blockwagen nach Hagenbeck gefahren. Es waren immer sehr lange Wege. Ich durfte auf dem schwer beladenen Wagen sitzen. Meistens hatte Vater das beste Sammelergebnis und wurde sogar in der Zeitung abgebildet. Für einen Zentner Eicheln gab es zwei bis drei RM.

Von dem Altmetall brannte Vater die Kupferdraht-Umwicklungen im Garten über einer kleinen, offenen Flamme ab. Alle Metallteile wurden in die Hecke gelegt. Lohnte sich eine Fuhre mit dem Blockwagen, gingen Vater und ich zum Altwarenhändler. Der hatte sein Lager an der damals leicht abfallenden, heutigen Kümmelstraße. Während die gesammelten Metalle und Zeitungen gewogen wurden, trieb ich mich auf dem großen Gelände herum oder entzifferte auf dem schräg gegenüberliegenden, alten Eppendorfer Friedhof die Grabinschriften.

Die zusätzlichen Einnahmen wurden gespart. Mußten unsere Schuhe besohlt werden, kaufte Vater davon eine ganze Seite Schusterleder und passende Gummihacken. Abends saß er dann in der Küche vor seinem eisernen Schusterleisten und flickte geduldig unsere alten, zerlatschten Kinderschuhe. Wir Kinder bemerkten es nicht, wie unsere Eltern mit jedem Pfennig rechnen mußten, wir waren mit allem zufrieden. „Kleinvieh gibt auch Mist“, hieß es bei Vater.

Wie lange er arbeitslos war, kann ich nicht mehr sagen. Es dauerte aber noch einige Zeit, bis wieder geregelte Verhältnisse eintraten.

*(Weitere Beiträge dieser Autorin finden Sie in den Bänden „Stöckchen-Hiebe. Kindheit in Deutschland 1914–1933“ und „Lebenserinnerungen 1939–1945“ der Reihe **ZEITGUT**.)*

[Dülmen bei Münster,
1. Mai 1933]

Liesel Hünichen

Die Ohrfeige

Unseren Kindern und Enkeln scheint es so, als sei der 1. Mai schon immer ein Feiertag gewesen. Wer weiß schon, daß Adolf Hitler 1933 eine Tradition der Arbeiterbewegung aufgriff, um sie für seine Zwecke zu nutzen? Er erklärte den 1. Mai zum „Tag der nationalen Arbeit“ und münzte ihn damit zum nationalen Feiertag des deutschen Volkes um. Aber das habe ich erst nachträglich gelesen; damals interessierte mich das überhaupt nicht.

Trotzdem ist mir jener 1. Mai im Gedächtnis geblieben, der Ohrfeige wegen, die ich an diesem Tag von meinem Vater „bezogen“ habe. Es war die einzige väterliche Ohrfeige, die ich je bekam, und daher unvergeßlich. Mein Vater war ein für die damalige Zeit moderner Pädagoge, der körperliche Züchtigung für Mädchen ablehnte.

Um den neuen Feiertag unter der neuen Regierung festlich zu begehen, hatte die SA, die Sturmabteilung der NSDAP, einen Fackelzug angekündigt. Fackelzüge waren damals sehr aktuell und auch eindrucksvoll: die blakenden Pechfackeln, die im Dunkel die roten Hakenkreuzfahnen und Standarten leuchtend hervortreten ließen; die in Reih und Glied marschierenden SA-Männer in ihren braunen Uniformen, mit über dem Kinnriemen martialisch und asketisch aussehenden Gesichtern, dazu zackige Marschlieder schmetternd. – Ja, das war schon sehr aufregend für uns. Schließlich gab es damals noch kein Fernsehen. Ins Kino durften wir ab vierzehn Jahren, und das auch nur in Ausnahmefällen. – Und ich war erst dreizehn.

Selbstverständlich waren wir alle erpicht darauf, „Geschichte live“ zu erleben, wenngleich es diesen Begriff damals noch nicht gab. Mein Bruder Hans, ein Jahr jünger als ich, und ich bestürmten unseren Vater, uns zu erlauben, am Abend den Fackelzug anzusehen. Mein Vater aber kniff die Lippen zu einem dünnen Strich zusammen und sagte mit seiner Kommandostimme kurz und bündig: „Nein!“

Wenn er so sprach, war nichts zu machen; das wußten wir. Natürlich waren wir sauer. Das war mal wieder typisch für die Erwachsenen, besonders für Lehrer wie meinen Vater. Immer, wenn es spannend wurde, hieß es: „Für Kinder verboten!“

Hans und ich hatten in der Stadt aufgeschnappt, daß auch die „Sozis“ eine Demonstration vorhatten. Ob die Sozis nun Kommunisten oder Sozialdemokraten waren, die die SA nicht ausstehen konnten, davon hatten wir keine Ahnung. Es interessierte uns auch nicht. Aber es bestand die faszinierende Aussicht, daß sich die abendlichen Fackelzugteilnehmer miteinander „kloppen“ würden, wie es schon öfter der Fall gewesen war. Was sie dann wohl mit den Fackeln machten? Aber die Lösung solch spannender Probleme sollten wir natürlich mal wieder nicht miterleben dürfen. Typisch!

Nun ja, wenigstens konnte ich den ganzen Nachmittag aufgabenfrei bei Eva verbringen. Eva war meine allerbeste Freundin. Und allerbeste Freundinnen waren damals wie heute die wichtigsten Menschen. Und Eva durfte auch nicht zum Fackelzug. Ihr Vater war noch autoritärer als meiner und außerdem strikt gegen die Nazis.

Mein Vater hatte mir mittags noch aufgetragen: „Punkt sechs bist du heute Abend zu Haus, verstanden!“

Bei Eva war es fast so spannend wie bei einem Fackelzug. Rudis Kaninchen hatten nämlich Junge. Rudi war Evas jüngerer Bruder. Und junge Kaninchen finde ich auch heute noch unwiderstehlich drollig. Der Stall befand sich hinter dem Haus im Winkel von Haus und Nachbarmauer, von einem hohen Drahtzaun großzügig eingezäunt.

Die Tiere wurden, wie wir heute sagen würden, „artgerecht“ gehalten. Das hatte zur Folge, daß sie ihre natürliche Lebensweise beibehalten konnten und unter den Zaun hindurch tiefe Gänge gruben. Irgendwo im großen Garten, hinter den Stachelbeersträuchern oder im Kohlrabibeet, kamen sie dann wieder zum Vorschein. Wenn wir gut aufpaßten, konnten wir sie dabei abfangen. Zur Feier des 1. Mai verschafften uns die Kaninchen mal wieder das Vergnügen. Aber dieses Mal hatten wir den richtigen Zeitpunkt verpaßt. Ehe wir sie bemerkten, hatten sie sich bereits in Beeten, Stauden und hinter Sträuchern häuslich niedergelassen.

Haben Sie schon einmal den Versuch unternommen, in einem großen Garten ein halbes Dutzend Kaninchen einzufangen?

Wir, Eva, Rudi und ich, hatten darin zwar Erfahrung, mußten aber trotzdem Onkel Paul und Tante Elsbeth zu Hilfe rufen. Als wir die Ausreißer endlich wieder in ihrem Geviert untergebracht und den unterirdischen Gang verstopft hatten, hatte sich der Stundenzeiger der Standuhr unten im Hausflur schon bedenklich der Sieben genähert.

Erschrocken machte ich mich eilends auf den Weg. Nun, da ich auf der Straße war, vernahm ich den gedämpften Lärm aus der Innenstadt. Es hörte sich an wie bei einem Fußballspiel. „Was ist denn das?“, dachte ich. Für einen Fackelzug ist es doch noch nicht dunkel genug?

An Vaters Verbot denkend, getraute ich mich aber nicht, den Weg durch die Stadt zu nehmen, sondern trabte im Eiltempo außen herum, an der Stadtmauer unserer kleinen, mittelalterlichen Stadt entlang. Von links, aus Richtung des Marktplatzes, begleitete ein auf- und abschwellendes Getöse meinen Dauerlauf.

Die Kirchturmuhr hatte schon sieben Mal geschlagen, als ich vorsichtig den Messingklingelknopf an unserer Haustür drückte. Augenblicklich wurde die Tür geöffnet, von meinem Vater höchstpersönlich, was durchaus nicht üblich war. Mit festem Griff packte er meinen Arm und zog mich ins Studierzimmer. Dort fragte er zornbebend und mit drohendem Unterton: „Wo warst Du?“

Und als ich erschrocken zu stammeln begann: „Rudis Kaninchen...“, erhielt ich eine schallende Ohrfeige.

Tief beleidigt rannte ich aus dem Zimmer, die Treppe hinauf in meine Schlafstube und ließ mich den ganzen Abend nicht mehr blicken.

Hatte ich nicht kürzlich empört beim Mittagessen erzählt, daß mein Klassenkamerad Heini vom Lateinlehrer eine Ohrfeige bezog, weil er seine Vokabeln nicht gelernt hatte? Und hatte mein Vater nicht daraufhin gesagt, daß es einen Erlaß vom Provinzialschulkollegium gebe, nach dem körperliche Züchtigung von Mädchen verboten sei? Und hatte er nicht hinzugefügt, angesichts des gemeinsamen Gymnasiumbesuchs sei in Kürze damit zu rechnen, daß auch Jungen in Gegenwart von Mädchen nicht mehr gezüchtigt werden dürften?

Und nun schlug er ein Mädchen! Das würde ich ihm nie vergessen – nur weil ich ein Verbot übertreten hatte!

Erst viel später begriff ich, daß die Ohrfeige die spontane Reaktion auf die Angst war, die mein Vater ausgestanden hat, als er mich im Geiste voller Neugier in die „Klopperei“ verwickelt sah.

Am nächsten Morgen wurde dann bekannt, daß etliche Teilnehmer wie auch Nichtteilnehmer des festlichen historischen Fackelzuges ärztlich versorgt werden mußten.

(Weitere Beiträge dieser Autorin finden Sie im Band „Jugend 1933–1939“ der Reihe **ZEITGUT***.)*

[Unterschwaningen, Mittelfranken;
1933]

Elsbeth Backofen

Der Blick von der Mauer

Eine Mauer umschließt den Pfarrgarten, gibt Geborgenheit, schützt vor neugierigen Blicken. Jenseits der Mauer ist die Straße, die Hauptstraße mit den zwei größten Bauernhöfen, dem Lebensmittelladen, in dem es rote Himbeerbonbons gibt, dem Gasthaus „Zum Schwarzen Adler“ und der Schmiede. Der Schmied macht jetzt aus Zehnpfennigstücken Hakenkreuze, die kann man sich an einer Kette um den Hals hängen. Alle meine Freundinnen haben schon ein Hakenkreuzkettchen. Ich hab noch keines. Ich hab mich nicht getraut, meinen Vater um ein Zehnerle zu bitten. Zehn Pfennige sind schließlich viel Geld.

An der Mauer wächst eine riesengroße Rotbuche mit weit ausladenden Ästen. Durch das rötliche Laub schimmert die Nachmittagssonne. Das sieht sehr schön aus. Da, wo die Äste den oberen Rand der Mauer berühren, haben wir uns einen Sitzplatz eingerichtet. Es ist ein bißchen schwierig, dahin zu gelangen, aber lohnend: Hier hat man den gesamten Überblick über die Straße, hier nimmt man am Geschehen der Welt teil.

„Wenn Du auf die Mauer willst, mußt du es so machen“, sagt der Gunther, mein großer elfjähriger Vetter aus Augsburg, „du steigst auf die Stehleiter bis zur höchsten Stufe – die Leiter wackelt nicht, mußt keine Angst haben, – dann kannst du mit den Händen an den oberen Mauerrand grei-

fen, das kannst du schon, so groß bist du mit deinen sechs Jahren, dann ziehst du dich hoch. Das schrappt vielleicht ein bißchen an den Knien, aber das macht nichts, dann bist du oben. Oder..." erwägt der Gunther, „ich steige zuerst hoch und zieh dich dann rauf."

Ich entscheide mich für die zweite Möglichkeit.

Wir sitzen oben und sind glücklich.

„Weißt du, was wir nachher sehen?", fragt der Gunther. „Nein, du weißt es nicht, aber ich weiß es, mir hat es der Wachtler Schorsch gesagt: Nachher marschieren hier die SA-Männer vorbei mit Musik. Sie haben auf dem Hesselberg eine Kundgebung!"

Wirklich? Ich strahle über das ganze Gesicht.

„Bei euch ist ja sonst nichts los", fährt der Gunther fort.

Da protestiere ich. Bei uns ist viel los. Da ist zum Beispiel die Kirchweih.

„Bei uns in Augsburg..." holt der Gunther aus.

Ich will wissen, ob es in Augsburg zweistöckige Häuser gibt (nur die ganz reichen Bauern wohnen bei uns in zweistöckigen Häusern).

„Oh Mädle," stöhnt der Gunther. „du hascht wirklich kei Ahnung." Und er fängt an, mich über die Vorzüge der Großstadt Augsburg aufzuklären.

Ich will mir nicht imponieren lassen, ich will ihn übertrumpfen. „Wir haben den Hesselberg", fällt mir ein. Ich blikke über die staubige, leere Straße bis an das Ende, wo der Schmied wohnt, der die Hakenkreuze aus Zehnpfennigstükken macht. Dahinter beginnen die Felder, und da, wo Felder und Himmel zusammenstoßen, erhebt sich der Hesselberg, ein Klotz im flachen Land. Ich kann ihn von meinem Mauerplatz nicht sehen, aber wenn ich abends aus dem Schlafzimmerfenster gucke, sehe ich den Klotz. Er sieht dann oft blau aus, und der Abendhimmel dahinter ist rotgelb. Das ist schön, und manchmal werde ich ganz ehrfürchtig.

Gegen den Hesselberg hat der Gunther nichts einzuwenden. Er weiß sogar, daß man ihn jetzt den „heiligen Berg" nennt. „Aber das darfst du dem Onkel Karl nicht sagen. Der sagt, das wäre Unsinn." (Der Onkel Karl ist mein Vater).

Wir müssen ganz plötzlich das Gespräch beenden, denn aus der Ferne tönt das gleichmäßige Bumbum, dem wir verzückt lauschen. Und jetzt wehen Klänge her, Melodien. Ich singe mit, schlage mit den Schuhen den Takt gegen die Mauer, dirigiere sogar mit den Armen.

Der Gunther sieht mich schräg an: „Paß auf, daß du nicht das Übergewicht kriegst und herunterfällst. Dirigieren können bloß große Leut. Männer."

Das ärgert mich, aber mir fällt nichts dagegen ein. Zum Glück verfliegt der Ärger rasch, weil jetzt die Musik laut tönt, dazu der ruhig-feste Schritt der Männer.

„Paß auf, gleich kommen sie um die Ecke – ja, jetzt."

So viele SA-Männer biegen um die Ecke – und die Musik. Ach, das sind schon die letzten, nun ist es vorbei. Aber die

Musik kann man immer noch hören. Und jetzt nur noch leise. Aus.

Da ist wieder die leere, stille, staubige Straße, die Hauptstraße. Ob der Gunther doch recht hat, daß bei uns nichts los ist?

Die Mutter mahnt, wir sollen ins Haus kommen, es wird kühl. „Nein“, rufe ich zurück, „jetzt noch nicht.“

Ich bin etwas traurig, und traurig ist man am besten auf der Mauer, wo einen keiner stört. Nach einer Weile marschiert eine andere Kolonne daher. Der Gänsehirt bringt jeden Abend seine Gänse von der Weide zurück. Sie marschieren im Gänsemarsch, krächzen laut, und jede Gans findet ihren Stall.

Die Illustrationen stammen von der Autorin der Geschichte.

[Hamburg;
1933–1939]

Hans Edmund Friedrich

Semis – sieben Schuljahre als Halbwertiger

Im vorpubertären bis in die Pubertät hineinreichenden Alter sind Menschen besonders empfänglich für Eindrücke, weil ihr eigentliches Lebensbild noch nicht geformt ist. Belastende Einflüsse treffen vor allen Dingen denjenigen hart, der im behüteten, umsorgten Elternhaus aufgewachsen ist.

Es sind sicherlich keine weltgeschichtlichen Ereignisse, mit denen sich ein zehn- oder elfjähriges Gehirn beschäftigt. Eltern, andere Verwandte, das Zuhause, Schule, Freunde, die häusliche Umgebung. Doch dann ändert sich etwas im Umfeld. Teils übergangslos, teils sehr langsam, als ob das Schicksal das Kind nicht überfordern und es behutsam an Änderungen heranführen will.

Die Erwachsenen sitzen jetzt öfter vor dem Rundfunktrichter, haben ernste, gewichtige Mienen, aber antworten kaum auf die neugierigen Fragen des Kindes. Eine wesentliche äußere Änderung wird sichtbar: Im Straßenbild der Arbeiterwohngegend prangten bisher sehr unterschiedliche Farben: Fahnen, die aus den Fenstern hängen, zeigen mal gestreifte Muster, haben auf rotem Grund bestimmte Zeichen wie Hakenkreuze, drei Pfeile, Hammer und Sichel oder das bekannte Stadtwappen. Nun jedoch gibt es fast nur noch den weißen Kreis mit dem komischen behakten Kreuz.

Die erste gravierende Änderung tritt in der Schule ein. Am Montagmorgen beginnt der Unterricht zum Glück eine

Was er wohl gerade hört? Semis vor dem Detektorradio im elterlichen Wochenendhaus Anfang der dreißiger Jahre.

Stunde später als an den anderen Wochentagen. Denn in dieser ersten Stunde sind alle Klassen in der Aula zur Morgenandacht versammelt. Der Religionslehrer liest etwas aus der Bibel, bisweilen auch ein Schüler der oberen Klasse. Der Musiklehrer sitzt am Harmonium, und gemeinsam wird „Wir danken alle Gott" gesungen. Diese Prozedur erscheint den Schülern weniger anstrengend, als der Mathematik- oder Französisch-Unterricht.

Das alles wird geändert: Zwar bleibt es bei der ersten unterrichtsfreien Stunde am Montag, aber sie findet nicht mehr in der Aula statt, sondern auf dem Schulhof – bei Sonne, Wind und Regen. Ihre Bezeichnung: Flaggenparade. Ein Lehrer, der den Schülern bisher nur durch seinen dicken Bauch aufgefallen ist, sofern er nicht in einem oder mehreren Fächern unterrichtet, der außerdem ein achtunggebietendes „von" vor seinem Namen trägt, hält jetzt die Ansprache, verkleidet in ein braunes Hemd, über dem ein Querriemen den breiten Koppelgürtel hält, der sonst sicher unter den vorstehenden Bauch gerutscht wäre. „Heiß Flagge!“ brüllt er nach der zackigen Ansprache, in der viel vom Reichskanzler Adolf Hitler, Deutschlands Ehre und ähnliches, nicht gleich Verständliches, im hohen Diskant vorgetragen wurde.

Dieser Uniformierte ist nun an die Stelle des Religionslehrers getreten. Und statt des Chorals wird „Die Fahne hoch“ gesungen. Nicht nur die Fahne, auch der rechte Arm muß hochgehalten werden, wobei einige es sich leicht machen und die Fingerspitzen auf der Schulter des Vordermannes abstützen. Während des Singens wird von zwei Schülern, die inzwischen auch eine braune Uniform tragen, das Fahnentuch an der hochragenden Stange in die Höhe gezurrt. Doch das ist nur der Anfang und durchaus erträglich, vielleicht sogar recht interessant.

Nach und nach erscheint ein neuer Begriff: Jude. So ganz neu ist das Wort eigentlich nicht, denn im Religionsunterricht war ja oft die Rede vom Stamm der Juden. Die Erinnerung reicht nicht soweit, ob in der Familie bisher von Juden gesprochen wurde. Aber jetzt bildet diese Bezeichnung mehr und mehr einen Bestandteil von Gesprächen. Es beginnt mit dem Großvater, der als Jude nun fürchtet, seine gute Position zu verlieren, andere Verwandte überlegen, ob sie auswandern sollen. Dann folgen Unterhaltungen, die das Leben des jungen Menschen zwölf Jahre lang beschatten: Deine Mutter ist Jüdin und du bist folglich ein Halbjude!

Was ist das, ein halber Jude? Was bin ich denn zur anderen Hälfte? Ein Christ? Der bin ich doch sowieso, getauft und auch vorgesehen zur Konfirmation, folglich doch kein halber Christ. Was ist denn die andere Hälfte – ein Halbdeutscher? Kann auch nicht stimmen, ich bin doch ebenso wie die Eltern, Großeltern und wahrscheinlich auch Urgroßeltern in Deutschland geboren. Also einfach nur ein Halber! Semis, die Hälfte!

Aber es bleibt nicht nur bei diesen Begriffen: Die anderen, die Nichthalben und die Nichtjuden, heißen jetzt Arier. Doch Halbjude, es gibt neuerdings auch Vierteljuden, die sind besser dran, ist nicht die einzige neue Bezeichnung, abwechselnd wird er auch „Mischling ersten Grades“ genannt. Ein Wort, das bisher nur in bezug auf Hunde gebräuchlich war. An diesen Vergleich wird sich bald erinnert werden.

Nunmehr treten immer stärker Veränderungen in das Leben des jungen Menschen, nennen wir ihn ruhig Semis. Die Schule und die Schulfreunde bilden den Anfang. Ein häufiges Thema ist der Eintritt ins Jungvolk, eine Art Unterstufe der Hitlerjugend. Es dauert nicht mehr lange, und nahezu die gesamte Klasse ist dabei. Es wird zwar nicht überall positiv darüber gesprochen, manche klopfen ihm auch ermunternd auf die Schulter: „Sei froh, daß du diesen Drill nicht mitmachen mußt“, aber es sind Einzelfälle.

Ist er wirklich froh?

Ein zwiegespaltenes Gefühl, ausgeschlossen zu sein. Dieses Gefühl vertieft sich bis hin zu dem Gedanken, ob da wirklich etwas Minderwertiges dran ist? Gute Freunde verhalten sich nun distanziert. Die Mutter berichtet, daß Schul„freunde“, die vor einem Jahr noch lustig auf dem Kindergeburtstag gespielt haben, sie jetzt nicht mehr auf der Straße grüßen, nicht einmal weggucken, sondern sie feindselig anstarren. Vielleicht auch besser so, denn seit es für die Kinder verboten ist, zum Gruß die Mütze zu heben, muß die recht Hand gestreckt und dazu im zackigen Ton „Heil Hitler“ gerufen werden. Das wäre gewiß keine Freude für die Mutter.

Bei manchen schulischen Veranstaltungen erscheinen auch die Schüler in Uniform. Nun wird das Ausgeschlossensein auch optisch deutlich.

Die Lehrer reagieren unterschiedlich, wie zwei Beispiele zeigen sollen. Im Werkunterricht beteiligt Semis sich am Segelflugmodellbau. Da dieser Unterricht einen Bestandteil der

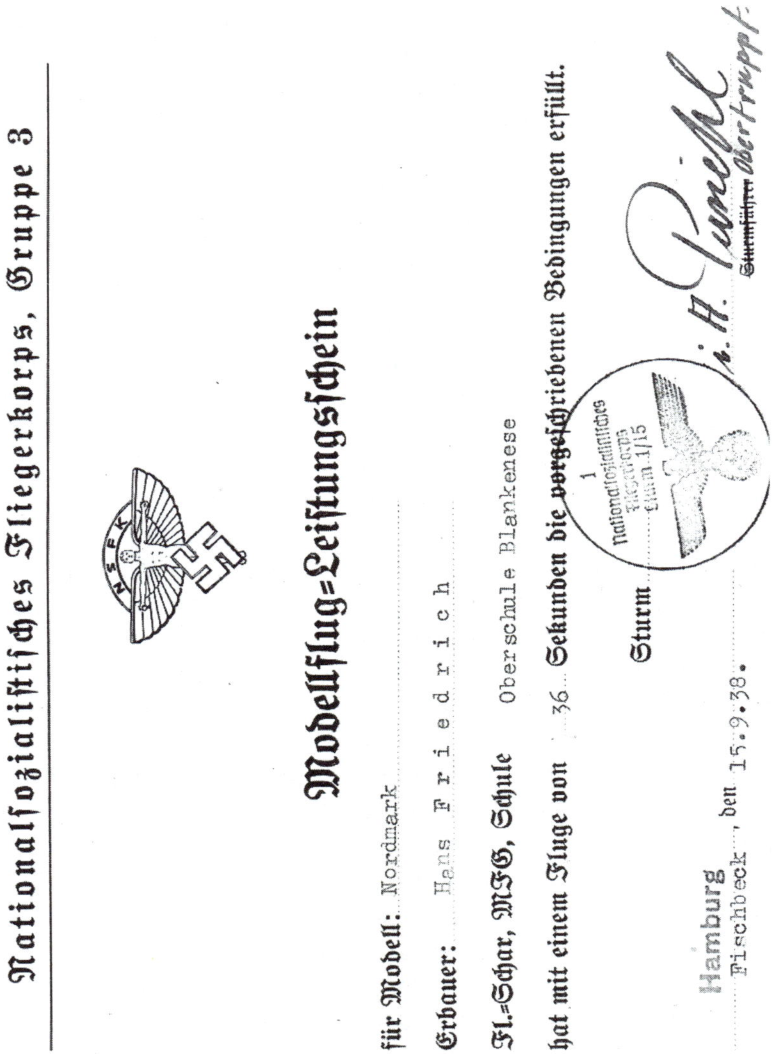

Nationalsozialistisches Fliegerkorps, Gruppe 3

NSFK

Modellflug=Leistungsschein

für Modell: Nordmark

Erbauer: Hans Friedrich

Fl.-Schar, MFG, Schule Oberschule Blankenese

hat mit einem Fluge von 36 Sekunden die vorgeschriebenen Bedingungen erfüllt.

Sturm

1 Nationalsozialistisches Fliegerkorps Sturm 1/15

Hamburg Fischbeck, den 15.9.38.

i. A.

~~Sturmführer~~ Obertruppf.

Urkunde für den Modellflug-Leistungsschein.
Obwohl es sich um einen Wettbewerb der Hamburger Schulen handelt, ist die Urkunde vom Nationalsozialistischen Fliegerkorps ausgestellt.

Schule bildet, ist die Teilnahme auch für den Halbjuden gestattet. Mit viel Mühe – die heutigen Jungen haben es leichter, die kaufen fertige Bausätze – wird geschnitzt, gesägt, geschnitten und lackiert, bis ein hoffentlich flugfähiges Modell vollendet ist, rechtzeitig zu einem Wettbewerb aller Schulen der Stadt. Eine große, festliche Veranstaltung, aber auch hier ist er fast der einzige „Zivilist".

Mühe und Fleiß des Vierzehnjährigen werden belohnt: Das Modell schwebt und schwebt und überschreitet bei weitem die Grenze für eine Ehrung. Die erfolgt dann auch im feierlichen Rahmen. Ein uniformiertes „hohes Tier" des Nationalsozialistischen Fliegerkorps ruft die einzelnen Namen auf, um mit Urkunde und Händedruck die Modellbauer zu ehren. Als der Junge als einziger ohne Uniform hervortritt, wird er angeschrien: „Warum trägst du keine Uniform?"

Zaghaft kommt die Antwort: „Ich bin nicht in der HJ."

Das Echo hätte nicht anders sein können, wenn geäußert worden wäre, er sei von der Pest befallen. Die schon hingestreckte Urkunde wird zurückgezogen.

Da aber geschieht etwas Unerwartetes. Der Zeichenlehrer der Schule, zugleich für den Werkunterricht zuständig, rennt nach vorne und tritt dem Häuptling entgegen. Klar und sachlich wird vor versammelter Mannschaft dargestellt, dieses sei keine Veranstaltung der Hitlerjugend, sondern der Schulen. – Und ein Wunder geschieht: Die Urkunde wird ausgehändigt und sogar der obligate Händedruck folgt. Das wäre wohl anders verlaufen, wenn der Grund des Nicht-in-der-HJ-Seins erläutert worden wäre.

Auf der Rückfahrt im Eisenbahnabteil fragt der Zeichenlehrer mitfühlend, ob es andere Schwierigkeiten in der Familie gebe, mit den jüdischen Verwandten. Schließlich klopft er Semis mit den Worten auf die Schulter: „Ich kann mir nicht vorstellen, daß das so weitergeht, mal müssen die doch menschlich werden."

Ein zu dieser Zeit ungewohntes Zeichen von Mut!

Das andere Beispiel: Zur allgemeinen Begeisterung soll der übliche Unterricht am Sonnabend ausfallen, stattdessen erfolgt eine nationalpolitische Ausbildung. Hierzu werden die Schüler aufgefordert, in Uniform zu erscheinen. Ein Lehrer, der in dieser Klasse noch nicht unterrichtet hat, übrigens jener bewußte Adlige von der Flaggenparade, donnert auch gleich los mit der schon gewohnten Frage nach der Uniform.

Die Antwort kommt von einem Mitschüler: „Der ist Jude." Ein anderer ergänzt „Jud Süß", ein beliebtes Schimpfwort, seit der Film gleichen Namens den Antisemitismus beträchtlich angeheizt hat. „Aha", meint nun der Lehrer, „solch einen Jordanplätscherer, man kann auch sagen Ölbergtiroler, habt ihr auch in der Klasse!"

Mehr noch als diese nicht gleich verständlichen Schimpfworte schmerzt das höhnische Gelächter von Klassen„kameraden". Der Betroffene erläutert nun zaghaft, daß er nur ein Mischling sei, worauf der Lehrer den Schülern folgende Lektion in Zoologie erteilt: „Es gibt Schäferhunde, das sind schöne Tiere. Auch ein Dackel ist was Nettes. Aber schlimm ist es, die beiden zu vermischen. Was da wohl bei rauskommt?"

Die Schüler quittieren diese Allegorie mit erneutem Lachen, aber für Semis ist es der Beginn eines Minderwertigkeitsgefühls ohne Maßen. Nunmehr fängt er selbst an zu glauben, die anderen seien was Besseres, mit den Juden müsse irgendwas los sein.

Was sind denn überhaupt Juden? Warum sind sie anders, ist was dran an den überall auftauchenden Behauptungen, es seien „Untermenschen"? Er überprüft in Gedanken das Aussehen der Verwandten, seiner Mutter ... Wer hat denn solche Nase wie auf den Zeichnungen im „Stürmer", an dessen Aushang im Schaukasten er jeden Tag vorbeikommt?

Die Eltern geben keine Antwort, sie schimpfen nur, machen sich Sorgen um die Zukunft und hoffen, es werde alles ein gutes Ende nehmen.

1933: Semis, gerade in die Sexta aufgenommen, und Bruder Klaus (links) als Oberschüler mit Mützen, in der Mitte die Mutter.

In Hochform zeigt sich der bewußte Lehrer, als der Führer-Besuch in der Stadt angekündigt wird. Unter seiner Leitung müssen alle Klassen des Gymnasiums an vorher bestimmten Stellen der Durchfahrtsstraße Stellung beziehen.

SA-Männer verteilen kleine Hakenkreuzfahnen aus Papier und geben dazu die Anweisung, wenn sich die Wagenkolonne nähert, die Fähnchen zu schwenken und laut „Heil!" zu rufen. Unmittelbar am Straßenrand stehen als eine Art Abgrenzung SA-Männer, die Arme fest eingehakt, Spalier, ungefähr jeder Zehnte in umgekehrter Richtung, mit dem Gesicht zur Menschenmenge, wohl um zu prüfen, ob sich die Schüler alle an die Anweisung halten, vielleicht auch aus anderen Kontrollgründen. So erblickt Semis den in der Schule so oft zitierten und verherrlichten Reichskanzler Adolf Hitler mit ausgestrecktem Arm, im offenen Wagen stehend. Neben ihm Göring und andere Größen des Regimes sowie als Gast aus Ungarn der Reichsverweser Horthy.

Im Nachbarhaus ist Nachwuchs angekommen. Ganz beiläufig erwähnt die junge Mutter, am nächsten Tag sei Taufe.

Semis könne gerne hinzukommen, das sei doch sicherlich interessant, zumal der Pastor ihn in Kürze konfirmieren würde. Als gehorsamer Sohn werden die Eltern am Abend gefragt.

„Da bin ich aber gespannt, wie unser Nachbar auf die Predigt reagieren wird. Parteigenossen halten bekanntlich nicht viel von der Kirche“, meint der Vater.

Das weiß wohl auch der Pastor, denn zum Abschluß seiner Predigt erhebt er die Stimme, sieht dem Hausherrn in die Augen und schließt seine Ausführungen mit dem Satz: „Die christliche Religion und damit auch unser Herr Jesus sind so wichtig für unser Leben wie unser Führer Adolf Hitler für den Nationalsozialismus!“

Die Schule wird zur Qual. Immer häufiger sprechen die Mitschüler über die Unternehmungen bei der HJ und über die dortige Kameradschaft. Dadurch verstärkt sich die Isolierung. Um doch irgendwo mitmachen zu können, meldet er sich beim Fußballverein des Vorortes an. Auf dem Anmeldevordruck ist per Stempel unten der Zusatz vermerkt: „Arisch?“ – Zwecklos!

Bei Klassenausflügen werden bis dahin unbekannte Lieder gesungen, wohl in der HJ gelernte. Eines von diesen geht Semis tief unter die Haut:

„Die Juden ziehn dahin – daher
sie ziehn durchs Rote Meer.
Die Wellen schlagen zu –
die Welt hat Ruh’.“

Viel zu verkraften für einen Schuljungen.

(Weitere Erinnerungen dieses Autors finden Sie in dem Band „Wir wollten leben. Jugend in Deutschland 1939–1945“ der Reihe ***ZEITGUT****.)*

[Oberholsten, heute zu Melle im Landkreis Osnabrück; 1933]

Walter Brockmann

Die Luther-Linde

Auf dem Hof der ehemaligen Schule der Landgemeinde Oberholsten steht vor einem kleinen Häuschen, das einst als Toilettenhaus und dem Lehrer als Ziegenstall diente, eine stattliche Linde. Mit diesem Baum hat es eine besondere Bewandtnis: Er wurde am 10. November 1933, anläßlich des 450. Geburtstages von Martin Luther, gepflanzt.

Es war ein kalter Herbsttag mit Frost und Schneeschauern, als Schulnachbar Karl Nienhüser auf dem Schulhof zwei Bäume in die Erde setzte, eine Luther-Linde und eine Hitler-Ulme. In seiner kurzen Ansprache schlug der Schulleiter einen Bogen von Martin Luther und Ulrich von Hutten über Friedrich den Großen, Scharnhorst und Bismarck bis zu Adolf Hitler. Dann wurde die Hakenkreuzfahne gehißt, tags zuvor war zwischen den für die beiden Bäume vorgesehenen Plätzen ein Fahnenmast aufgestellt worden. Wir Schüler sangen „Ein feste Burg ist unser Gott“ und „Die Fahne hoch, die Reihen fest geschlossen“. Ich war acht Jahre alt.

Die Luther-Linde gedieh rasch zu einem schönen Bäumchen. Die Hitler-Ulme hingegen wollte nicht wachsen, sie kümmerte dahin. Wenn wir Schüler uns der Ulme näherten, rief gleich der Lehrer: „Geht ja nicht an den Baum! Der ist sehr empfindlich!“ Eines Tages berieten sogar die Forstfachleute, was zu tun sei, damit die Ulme besser wuchs. Sie kamen zu dem Schluß, daß der Boden des Schulhofes für diese

Art Baum ungeeignet sei, und pflanzten an gleicher Stelle eine Blutbuche. Mit ihr hatten sie aber auch kein Glück, kurz vor Kriegsende ging sie schließlich ein.

Immer wenn ich während der Kriegszeit am Schulhof vorüberkam, warf ich zwangsläufig einen Blick auf die beiden Bäume. Ich machte mir Gedanken darüber, ob ihr unterschiedliches Gedeihen wohl ein Zeichen dafür sei, was auf Dauer von Bestand ist und was nicht.

Aus der ehemaligen Schule ist längst ein Wohnhaus geworden. Ein Raum steht der Feuerwehr und dem Gesangverein zur Verfügung. Nur die Inschrift über dem Eingang erinnert noch an die frühere Bestimmung: „Die Furcht des Herrn ist der Weisheit Anfang“. Von den Personen, die damals beim Pflanzen zugegen waren, leben nur noch wenige. Eines Tages wird es niemanden mehr geben, der sich daran erinnert. Die mächtige Linde aber ist zu einem alle Zeiten überdauernden Andenken an Martin Luther geworden.

Oberholsten.
Am 10. November 1933 wurde auf unserem Schulhof zu Ehren von Martin Luther diese Linde gepflanzt.

[Wachtl bei Konitz, nahe Brünn*), Mähren; 1933]

Leo Schuster

Rinden schälen, Zapfen klauben

Von frühester Jugend an mußten wir Kinder im Haus und auf den Feldern mitarbeiten. Als Jüngster mußte ich zwar auch tüchtig mit zupacken, brauchte aber nicht schon morgens um vier Uhr aufzustehen wie meine älteren Geschwister. Wir wohnten, verglichen mit den meisten Familien unseres kleinen Ortes, recht komfortabel. Im Haus, 1912 erbaut, gab es erst seit kurzem elektrischen Strom. Aber es waren nur wenige Häuser, die einen elektrischen Anschluß bekamen, denn das Geld war knapp in Wachtl. Nun hatte die Petroleumlampe bei uns ausgedient. Einen Elektromotor hatten wir aber noch nicht, unsere Häcksel- und Rübenschneidemaschine mußte weiter per Hand betrieben werden.

Wasserleitung und Abfluß gab es nicht. Das Wasser mußte bis vor kurzem in Butten ungefähr 350 Meter weit aus einem Gemeindebrunnen geholt werden. In diesem Jahr gruben mein Vater und zwei unserer Nachbarn gegenüber unserem Haus einen neuen Brunnen. Es war ein schwieriges Unternehmen, da der Untergrund aus Felsen war. Nun war der Brunnen fertig, und wir brauchten zum Wasserholen nur noch die Straße zu überqueren. Was für ein Fortschritt!

Geheizt und gekocht wurde mit Kachelöfen. Daher bestand immer ein großer Bedarf an Brennstoffen. Kohle war bei uns so gut wie nicht bekannt, deshalb wurde alles Brennbare gesammelt und verwertet.

---

*) heute Skřipov bei Konice, nahe Brno in Tschechien

Eine Möglichkeit, Heizmaterial zu beschaffen, war das Rindenschälen. Im Herbst und Winter wurden im Wald bestimmte Parzellen abgeholzt. Es entstanden sogenannte Kahlschläge. Bei einer Versteigerung durch die Forstverwaltung konnte man eine oder mehrere Parzellen käuflich erwerben. Im Frühjahr dann, sobald die Anbauarbeiten auf dem Felde beendet waren, ging es zum Kahlschlag. Meist lag er an abhängigem Gelände, so daß vor Arbeitsbeginn jeder Stamm nach seiner Lage erkundet werden mußte. Nach dem Abschälen der Rinde waren die Baumstämme sehr glatt, und sobald man sie bewegte, gingen sie im Eiltempo talwärts. Es war üblich, daß wir in der Talsohle begannen und uns nach oben vorarbeiteten.

Zunächst wurde an der Oberseite des Stammes eine Rille von etwa sieben Zentimetern gehackt. Als Werkzeug diente ein Beil. Damit wurden auch um den Umfang des Stammes im Abstand von ungefähr 80 cm Kerben geschlagen. Mit dem Rindenschäler, das war ein gebogenes Flacheisen mit einem Griff und einer angeschärften Gegenseite von etwa 70 cm Länge, wurden erst die parallel zueinander verlaufenden Linien entfernt. Danach ging das Schälen erst richtig los.

Meistens arbeiteten zwei Personen zusammen, es ging einfach besser, als wenn einer allein am Werken war. Die abgezogene Rinde wurde zur Sonne hin gelagert, damit sie austrocknen konnte. Waren die Stücke soweit getrocknet, wurden sie eingesammelt und ineinandergeschoben, um das Volumen zu begrenzen. Am Rande des Waldweges wurden Pfähle eingerammt und dazwischen die Rinden gestapelt.

Im Laufe des Sommers wurden diese Rindenstapel mit Wagen und Kühen abgefahren und in der Scheune untergebracht. Die Rinden waren zum Anheizen und zum schnellen Erhitzen der Feuerstelle sehr begehrt.

Einmal arbeiteten wir an einem Schlag im Höllgraben, von Wachtl aus gesehen, links. Es war ein sehr steiler Abhang. Ich war beauftragt, das Mittagessen zu holen. Mit dem Rennrad meines Bruders war ich unterwegs. Da ich mit dem Rad den Berg nicht hinauf konnte, legte ich es zwischen Bach und Berg ab. Als das Mittagessen verzehrt war, gingen wir wieder an die Arbeit. Viele Stämme wurden umgedreht, auch dafür gab es ein spezielles Werkzeug. Wir hatten unseren Spaß daran, wenn die Stämme bergab rutschten, waren sie doch nach dem Schälen so glatt, als ob sie mit Schmierseife eingerieben wären.

Der Schreck kam nach Feierabend. Als ich das Fahrrad abholen wollte, mußte ich zu meinem Schrecken feststellen, daß einer der herabrutschenden Stämme es berührt hatte. Zum Glück waren nur die Vordergabel und das Vorderrad lädiert. Wie immer im Leben mußte man froh sein, daß nicht ein größeres Übel passiert war.

Eine weitere Möglichkeit der Brennstoffbeschaffung war das Zapfenklauben. In den Sommermonaten, wenn der Unterricht beendet war und wir in der Landwirtschaft nicht gebraucht wurden, machten wir uns, mit einem Jutesack beschickt, auf den Weg in den nahe gelegenen Wald. Zapfen gab es reichlich, man mußte sie nur aufheben und in den Sack stecken. War der Sack gefüllt, wurde er mit einem Seil am eigenen Rücken befestigt und nach Hause getragen. Auch die Zapfen waren ein beliebter und ergiebiger Brennstoff.

Holz wurde dagegen im Winter gesammelt. Wenn der Frost die Äste der Buchen spröde gemacht hatte, gingen die Leute – wir beteiligten uns daran nicht, wir konnten unser Holz kaufen – zum Schloßberg. Mit einer langen Stange, an der ein Feuerhaken befestigt war, rissen sie die spröden Äste der Buchen herunter. In Hucken gepackt, trugen sie die schwere Last auf dem Rücken nach Hause, immer die Angst im Nacken, einem Förster zu begegnen.

*(Weitere Erinnerungen dieses Autors finden Sie in den Folgebänden „Kindheit 1914–1933" und „Kindheit 1933–1939" der Reihe **ZEITGUT**.)*

[Hermsdorf, Riesengebirge*);
1933]

Gertraude Wortmann

In Stellung und Kröten

Wir waren vier Kinder zu Hause, und Vatel hatte keine Arbeit. Ich war sieben Jahre alt und ging das erste Mal zu fremden Leuten in Stellung. Bei uns im Riesengebirge war das nichts Besonderes im Jahre 1933.

„Ein Esser am Tisch weniger und eine Mark in der Woche", meinte Muttel.

Nach der Schule ging ich nicht heim, wo es gut war, ich mußte zu Baumeister König. Herr König sagte nie ein Wort zu mir, nicht mal „Guten Tag". Seine Frau war krank. Sie hatte einen krummen Rücken und an den Händen dicke Knoten. „Wie eine Hexe", dachte ich immer, aber böse war Frau König nicht. Sie schenkte mir sogar einmal eine Schürze, die hatte vorn kleine Pilze an einer Schleife und war sehr hübsch.

Essen mußte ich allein in der Küche, dann abwaschen und einkaufen. Auch die Fenster hatte ich zu putzen. Aber das konnte ich nicht so gut. In den Ecken blieben immer so viele Fusseln hängen.

Wenn ich gewischt hatte, kniete sich Frau König auf den Fußboden, obwohl es ihr sehr weh tat und sie dabei stöhnte, und leuchtete mit der Taschenlampe unter die Möbel. Es war halt immer zu naß dort. Dann schimpfte sie mit mir. Aber der Wischlappen ließ sich so schwer auswringen.

Im Frühjahr, nach der Schneeschmelze, stieg das Wasser im Keller hoch. Es roch modrig. Eine steile Treppe führte

*) heute Sobieszów in Polen

Bereits mit sieben Jahren war ich nach dem Unterricht bei fremden Leuten in Stellung. 1932, ein Jahr zuvor, war ich zur Schule gekommen.

hinunter. Nur eine kleine Funzel brannte dort. Frau König brauchte Briketts und ein Glas Schnittbohnen. Ich mußte sie hochholen. Aber ich hatte in dem Keller einmal eine Erdkröte gesehen. Eine ganz dicke, die überall Warzen hatte. Und nun sollte ich in dieses Wasser gehen! Ich graulte mich entsetzlich.

Zwei Stufen hoch stand es und ging mir bis über die Knie. Ich stopfte mein Kleid hinter den Schlüpfergummi und ging ganz langsam in den Keller hinein. Meine Beine wurden steif vor Kälte. Ich dachte nur: „Lieber Gott, laß mich nicht auf eine Kröte treten!“ und hielt die Luft ganz lange an. Das Wasser sah schwarz aus, und es schwamm allerlei Zeug darin herum.

Vorsichtig griff ich nach den Briketts – es könnten ja Kröten dazwischen sitzen – und tat sie in den Eimer. Bei dem trüben Licht glänzte es in den Ecken. Guckten da die Kröten zu mir?

Ich hatte große Angst, ich konnte kaum atmen, mein Hals war wie zugeschnürt. Ganz langsam stellte ich dann den Eimer auf die Treppe. Es gluckerte beim Gehen.

Frau König rief von oben: „Mär dich aus, das Wasser ist zu kalt, und bring noch gelbe Pflaumen mit aus dem Regal!“

Ich ging zurück, holte die Schnittbohnen und die Pflaumen. Dabei trat ich auf Kohlestücke und Glitschiges, Lumpen berührten meine Beine.

„Kröten!“ vermutete ich, „Kröten!“
Das Glas Bohnen rutschte mir aus dem Arm und plumpste ins Wasser. Da rannte ich einfach los!

Das Wasser spritzte mir ins Gesicht. Ich zitterte. Oben auf der Treppe fiel ich auf die Knie, aber das Glas mit den Pflaumen hielt ich ganz fest.

Vielleicht waren gar keine Kröten im Keller gewesen, trotzdem grauste es mir immer, wenn ich hinuntergehen mußte.

Ich war nicht gerne bei Königs.

[Brüssow, Uckermark; 1933]

Ursula Meier-Limberg

Die ganz große Freude

Mit meinem neunten Geburtstag änderte sich vieles. Ich bekam Klavierunterricht. Die Lehrerin reiste extra aus Prenzlau an. Es war schrecklich, bei schönstem Wetter, wenn die anderen Kinder draußen herumtollten, üben zu müssen. Und das auf einem musealen Klavier aus dem Nachlaß der berühmten Sängerin Adeline Patti. Nachmittags wurde ich – besonders im Fach Deutsch – auf meine Umschulung ins Lyzeum vorbereitet. Diesen Sonderunterricht bekamen alle Umschüler, nur war ich in diesem Jahr die einzige aus unserem kleinen Ort.

In diese Zeit, die mir so sehr zu schaffen machte, fiel ein ganz großes Ereignis, nämlich die Geburt meines Bruders. Ich war bis dahin Einzelkind gewesen und litt sehr darunter, denn alle Familien um uns herum hatten mehrere Kinder.

Es war Anfang Mai. Wir hatten wunderbares Wetter. Die ersten Maikäfer waren schon gesehen worden, und ich war auf der Suche nach ihnen. Das war für uns in jedem Jahr ein besonderer Tag! Wer den ersten Käfer fand, wurde Maikönig oder -königin. Joachim Müller, der netteste Junge aus meiner Klasse, fand den ersten Maikäfer und schenkte ihn mir. Das hatte es noch nie gegeben!

Gerade in diesem glücklichen Augenblick wurde ich nach Hause gerufen. Es hieß, Mutter müsse ins Krankenhaus, es sei aber nicht so schlimm. Ich solle mich sofort frisch machen und ein sauberes Kleid anziehen. Wir fuhren diesmal nicht nach Prenzlau, sondern nach Stettin*). Das hieß eine noch längere Autofahrt. Welche Freude, ich liebte das Autofahren so sehr, es war für mich etwas ganz Besonderes. Für die 30 Kilometer brauchten wir damals eine Stunde.

In Stettin hielten wir in einer Villengegend, die überhaupt nicht nach Krankenhaus aussah. Herr Wallmann, der uns fuhr, stoppte vor einem Haus, an dem „Frauenklinik“ stand. Das Wort hatte ich noch nie gehört. Ich wollte von ihm wissen, was das sei, aber er nuschelte nur in seinen Bart, ich solle lieber meinen Vater fragen. Vater jedoch meinte, er wolle mir zu Hause alles erklären.

Wir fuhren dann zu einer Konditorei. Als Landkind war ich noch nie in einem solchen Laden gewesen, ich konnte nur staunen. Ja, was sollte ich mir von all den Köstlichkeiten nur aussuchen? Wer von meinen Schulkameraden würde mir das später glauben?

Und dann geschah noch etwas Aufregendes: Vater kaufte mir drei, ja drei Kleider auf einmal! Und ich durfte sie ganz allein aussuchen! Das hatte es auch noch nie gegeben. Bisher hatte Fräulein Pfeiffer die alten Kleider länger gemacht, es wurde einfach unten ein Stück Stoff angesetzt. Was war das für ein Tag! Das würde ich meinem Vater nie, niemals vergessen.

Daheim nahm er mich auf den Schoß und sagte zu mir, daß sich mein innigster Wunsch erfüllt und ich ein Brüderchen bekommen habe. Ich schnappte fast über vor Freude! In meinem ganzen späteren Leben habe ich nie wieder eine so tiefe Freude empfunden.

---

*) heute Szczecin in Polen

[Lausen bei Leipzig;
1933–1939]

Gerta Kohlmann

Weihnachtsstollen

Während meiner Kindheit in den dreißiger Jahren lebte ich mit meinen Eltern und vier älteren Geschwistern in einem kleinen Dorf der Leipziger Tiefebene.

Besonders gut erinnere ich mich an die alljährlich wiederkehrende, für uns Kinder schönste und geheimnisvollste Zeit in unserer Familie: die Adventszeit. Alle flüsterten untereinander, viel öfter als sonst sah man ein verschmitztes Lächeln die Gesichter erhellen, und ein Augenzwinkern konnte mehr aussagen als tausend Worte. Für mich als die Kleinste war das alles sehr aufregend, schließlich glaubte ich noch fest an den Weihnachtsmann!

Das Wichtigste für uns alle im Advent war mit Sicherheit das Zauberwort „Weihnachtsstollen". Jeder wirkte an der Herstellung dieses wohlschmeckenden Gebäcks mit, die eine sorgfältige Vorbereitung benötigte.

Bevor wir überhaupt mit unserem Werk beginnen konnten, mußte meine Mutter einige Kilometer ins Nachbardorf zum Bäcker laufen, um einen Backtermin zu vereinbaren. Von dort brachte sie auch gleich die Hefe mit.

Alle anderen Zutaten kauften wir im nächstgelegenen Lebensmittelgeschäft, was genauer Überlegung bedurfte. Wir hatten damals nur sehr wenig Geld, doch Mama wußte sich zu helfen. Das ganze Jahr über sammelte sie die Rabattmarken des Ladens, wir Kinder klebten sie sorgfältig in die dazugehörigen Heftchen, die Mama gewissenhaft nur für den Stolleneinkauf aufhob.

Endlich war es soweit. Mit unserem Handwagen fuhren wir drei Kilometer zum Lebensmittelhändler, und ich war stolz, auf dem Hinweg im Wagen sitzen zu dürfen. Im Geschäft angekommen, bot sich meinen Kinderaugen eine wahre Wunderwelt. So viele große Säcke standen am Boden und alles zusammen duftete so lecker und verwirrend!

Der Kaufmann wußte genau, in welchen Säcken sich die Zutaten für unsere Stollen befanden, nahm seine Schaufel und füllte wunschgemäß alles in Tüten. Süße und auch ein paar bittere Mandeln, in andere Beutel Rosinen, Korinthen, Zitronat, Zucker, Mehl, Staubzucker, ja und die Butter schnitt er von einem großen Block ab. Er wog alles genau ab und füllte schließlich noch eine große Flasche voll Rum. Wir luden dann unseren Einkauf auf den Handwagen und traten den Heimweg an.

Jetzt konnten die Vorbereitungen richtig beginnen. Meine großen Geschwister, die schon mit Messern arbeiten durften, hackten die gebrühten und abgezogenen Mandeln, dann schnitten sie das Zitronat in kleine Würfel. Ich war noch zu jung für den Umgang mit scharfen Klingen und wurde zum Verlesen von Rosinen und Korinthen eingeteilt, denn da waren noch zu viele kleine Stiele dran. Nach allen Mühen füllten wir die Früchte in eine Schüssel, und mein Vater trat in Aktion: Er beträufelte die Mischung mit Rum, bis sie feucht glänzte.

Während wir uns am Abend ausruhten, begann für Mama die Hauptarbeit. Sie bereitete den Teig, was viel Kraft kostete, denn das hieß kneten, kneten und nochmals kneten. Zunächst bereitete sie das Hefestück mit warmer Milch, dann verarbeitete sie es mit rund 15 oder mehr Pfund Mehl, Zukker, Butter, Eiern, Milch und etwas Salz in einem großen Asch (sächsisch für Schüssel, kleine Wanne) zu einem Teig, der zwischendurch immer wieder ruhen mußte, so daß sie viel Zeit dafür benötigte. Endlich war es geschafft, und der Asch mit dem Teig wurde in mehrere Decken verpackt und auf den Handwagen gestellt. Dazu kam die Schüssel mit den rumgetränkten Früchten. Am nächsten Morgen, zwischen vier und fünf Uhr, liefen Mama und zwei meiner Brüder zur Backstube ins nächste Dorf.

Von dem Moment an war unser mühevoller Einsatz vergessen, denn wir warteten jetzt nur noch darauf, daß der Bäcker die fertigen Stollen brachte. Wenn er dann mit seinem von einem Schimmel gezogenen Kastenwagen vorfuhr und uns die Herrlichkeit übergab, durften wir das Gebäck zwar noch nicht anrühren, doch jedes Jahr bereitete er aus dem Rest des Hefeteigs einen großen, viereckigen Butter-Zucker-Kuchen. Das war für uns, die wir an altbackenes Brot gewöhnt waren, eine wahre Köstlichkeit, und wir verspeisten ihn bis auf den letzten Krümel noch am selben Tag.

Nach dem Genuß dieser Delikatesse fiel es uns schon gar nicht mehr schwer, noch die zwei Wochen zu warten, bis der Stollen endlich angeschnitten wurde. Und dann zählte wirklich nur noch der wunderbare Geschmack des Gebäcks, das inzwischen eine weit über meine Heimat Sachsen hinaus bekannte Spezialität geworden ist.

[Langensalza*), Thüringen;
1933]

Betti Qui

Weihnachten bei Großmutter in Thüringen

Wenn es aus der Backröhre des großen Kohleherdes in der Küche nach Bratäpfeln duftete, wenn die Christstollen, die pfundschweren, von Großmutter Bachmann aus dem Keller im Gewölbe der Mauer heraufgetragen wurden, die Mohnkuchen, so groß wie Wagenräder vom Bäcker kamen, dann war es Weihnachten in Thüringen.

Die Mutter meines Vaters hatte aus dem fernen Odenwald, der Heimat meines Vaters, Äpfel geschickt. Diese waren in einem großen, mit Stroh ausgepolsterten Korb, der mit Sackleinen zugenäht war, mit dem Expreßgut der Reichsbahn angekommen, gerade noch zu Weihnachten. Ein Paar Socken aus selbstgesponnener Wolle für Vater hatte sie dazugelegt.

Zu dieser Zeit war ich ein kleines Mädchen mit kurzem Bubikopf und roten Haaren, das Gesicht mit Sommersprossen übersät, immer unterwegs und neugierig.

Mein Bruder Walter, zehn Monate älter als ich, war ein wohlerzogener Junge und der Liebling der Mutter. Artig wie er war, nahm ihn unsere Tante Änne, die Schwester meiner Mutter, die selbst keine Kinder besaß, gern mit ins Café „Ringel" am Marktplatz, wo er seine heiße Schokolade trank. Sicher war ich damals nicht ärgerlich oder gar neidisch darüber. Ich hatte meine eigene Welt mit meinen Spielsachen und einem kleinen Teddybären, den ich über alles liebte.
Meine Oma Bachmann, bei der sich unsere Familie zu Weih-

*) heute Bad Langensalza

nachten traf, hatte sich meiner angenommen. Oft las sie mir aus Grimms Märchen vor. Lange vor der Schulzeit hatte sie mir Häkeln und Sticken beigebracht, so daß ich zu Weihnachten für Mutter ein paar rote Topflappen mit weißen Mäusezähnchen häkeln konnte.

Manchmal erzählte sie mir von ihrer Kindheit und der Zeit vor dem Ersten Weltkrieg oder von der großen Inflation. Sie nahm mich mit zu dem kleinen Kauflädchen in der Brüdergasse, das sie einmal geführt hatte, als Großvater noch lebte. Dieser war von Beruf Küfer und leider an einer Grippe viel zu früh verstorben. Danach zog Großmutter auf die Bergstraße in eine Wohnung, wo die Betten im Schlafzimmer hintereinander standen, weil der Raum so klein war.
Im Schaufenster des Lädchens hatten nach der Inflation sta-

Großmutter Bachmanns kleines Kauflädchen in der Brüdergasse in Langensalza. Hier verkaufte sie bis 1926.

pelweise Geldscheine mit Billiarden- und Milliardenwert gelegen. Nun war es zugemauert. Einmal zeigte sie mir das dicke Buch, in dem sie die Namen von Leuten aufgeschrieben hatte, die nur am Ersten des Monats bezahlen konnten oder nie. Manche Kunden konnten nicht einmal die zwei Pfennige für einen Hering aufbringen und nahmen nur die Heringsbrühe, die kostete nichts. Unser Urgroßvater Hirschmann war noch Leibeigener beim Grafen. Nur der älteste Sohn einer Familie durfte zur Schule gehen, die anderen Geschwister mußten mit auf dem Feld oder im Haus für die Herrschaft arbeiten. Die Familien hatten oft acht und mehr Kinder.

Zu Weihnachten traf sich die gesamte Familie bei Großmutter Bachmann. Meine Mutter hatte noch die Wäsche von der Leine nehmen müssen, denn Oma hielt sich streng an die alten Überlieferungen: „In den heiligen Nächten darf keine Wäsche auf den Leinen hängen, das bringt Unglück." Alle wohnten zu dieser Zeit in dem kleinen Kur- und Badeort Langensalza, das auch Garnisonstädtchen war.

Die älteste Schwester meiner Mutter, Tante Lina, war eine stolze Dame. Wenn sie und Onkel Hugo mit ihrem einzigen Sohn Kurt kamen, mußte dieser auf seiner Violine die Weihnachtslieder spielen, und wir sangen alle mit. „Kurt geht schon auf das Gymnasium" berichtete Tante Lina stolz.

Tante Elsie, die jüngste Schwester meiner Mutter, hatte selbst keine Kinder. Sie hatte mir zum Fest ein wunderschönes Kleidchen genäht und den Rocksaum mit kleinen Vergißmeinnichtkränzchen bestickt.

Tante Änne war die eleganteste von allen. Da ihr Mann Juwelier war und einen Uhrmacherladen besaß, war sie sehr wohlhabend und beschenkte uns Kinder mit wahrhaft herrschaftlichen Dingen. Nie werde ich den wunderschönen Puppen-Biedermeiersalon vergessen, den sie mir einmal schenkte. Dieser war ausgestattet mit kleinen Sesselchen und einem mit gelbem Chintz bezogenen Sofa. Die Möbel hatten winzige Spiegelchen, so klein wie mein Fingernagel. Habe ich den geliebt!

Ehe wir alle am Heiligen Abend in die Kirche gingen, mußten mein Bruder und ich beim Jäger unseren Weihnachtsbraten, einen jungen Feldhasen, abholen. Dieser kostete zwei Reichsmark. Er hatte schon einige Tage ohne Fell in der eiskalten Winterluft gehangen.

Nach dem Kirchgang wurde beschert.

Mein Kaufladen war neu bestückt mit allerlei Zuckerwerk, Marzipanbroten und -würstchen. Aus kleinen Maggiwürfelchen habe ich dann in den Puppensuppentöpfen Brühe mit Fadennudeln auf dem kleinen Spiritusherd zubereitet und den Gästen gereicht. Alle durften probieren. Unter dem Lichterbaum fand ich auch ein hellblaues Steckkissen mit einem Baby, das ein Porzellanköpfchen mit Schlafaugen hatte.

Walter spielte mit der Eisenbahn, die er aufziehen konnte, und einem Hühnlein von Onkel Hugo, das nach Körnern pickte, wenn man den Schlüssel drehte. Die Zinnsoldaten vom Vorjahr waren mit einer Kanone und Rössern ergänzt worden. Der geschmückte Tannenbaum mit den Vögelchen, die lange seidene Schwänzchen hatten, und den Glöckchen, die bimmelten, wenn man in ihre Nähe kam, begleitete mich dann bis in meine Träume. Es war die schönste Nacht des Jahres. Jeder hatte mich beschenkt und lieb gehabt.

Am ersten Feiertag gab es Thüringer Klöße, so groß wie kleine Kindsköpfe, und Rotkohl. Die Herren saßen nach dem Essen beisammen und unterhielten sich über Politik. Onkel Hugo war ein Brauner (was das wohl war?), Onkel Paul, der Bruder meiner Mutter, war Kommunist, und Vater Offizier und Freimaurer. Wir Kinder verstanden das alles nicht und suchten schnell das Weite, wenn sich eine heftige Debatte entspann.

(Weitere Erinnerungen dieser Autorin finden Sie in dem Band „Jugend 1945–1950“ der Reihe **ZEITGUT**.*)*

[Mühlhausen, Thüringen;
1933–1936]

Ingeborg Blank

Spatzensuppe

Als 1933 der Faschismus an die Macht kam, war mein Vater durch Konkurs der Schuhfabrik Schreiber und Hohner schon seit zwei Jahren erwerbslos. Die privaten Reserven waren aufgebraucht, und das wenige Arbeitslosengeld reichte kaum, eine vierköpfige Familie über die Runden zu bringen. Mutter mußte mit jedem Pfennig rechnen.

Ich trug damals meistens abgelegte Kleider meiner älteren Schwester, aus denen sie herausgewachsen war. Für sie nähte Mutter Garderobe aus Omas Truheninhalt. Unser Großvater war Schuhmachermeister und fertigte für uns jedes Jahr in Handarbeit ein Paar neue Schuhe an, die wir selbstverständlich schonen mußten.

Butter stand nicht auf unserem Speiseplan. An die Suppe gab Mutter eine Schmelze aus Rindertalg. War auch der nicht vorhanden, bräunte sie das Mehl trocken im Tiegel. Dabei entstanden im Essen dicke Klumpen, die mich anwiderten. Ich mußte aber immer den Teller leeressen, auch wenn sich mein Magen dabei umkrempelte. Die Brotscheiben wurden mit Margarine beschmiert, mit ein wenig Marmelade oder Senf wurden sie zur Delikatesse. Wenn Vater eine Gelegenheitsarbeit bekam, brachte er anschließend eine große Tüte Weißbrötchen mit nach Hause. Das war ein Festessen. In der Wohnung roch es dann wie zu Weihnachten nach Bohnenkaffee. Das passierte aber sehr selten. Fleisch und Wurst waren Raritäten. Unser großflächiger Garten, der sich am östlichen Stadtrand befand, war in jener Zeit von großem Nutzen. Er deckte unseren Bedarf an Gemüse, Obst und Kartoffeln. Im Sommer weilten wir oft dort und schliefen auch hin und wieder nachts in der Gartenlaube.

Eines Abends, ich war gerade am Einschlafen, schrie meine Schwester plötzlich los: „Ein Gespenst, seht nur, dort am Fenster ist ein Gespenst!“

Erschrocken starrten wir auf eine gräßliche, feurige Fratze, die aus der Dunkelheit in unsere Laube hereinleuchtete. Sie erschien mir wie der Teufel persönlich, der eben dem Höllenfeuer entstiegen war.

„Beruhigt euch“, sagte Vater, „da hat sich jemand einen Scherz erlaubt.“ Er öffnete das Fenster und holte das Ungeheuer herein. Es war ein ausgehöhlter Runkelrübenkopf, in den ein Gesicht eingeschnitzt war, das durch eine im Innern brennende Kerze erhellt wurde. Wie sich später herausstellte, wollte der Nachbarssohn uns einen Schrecken einjagen.

In unserem Garten gab es Scharen frecher Spatzen, sie waren eine reine Plage. Vom Großvater wußten meine Schwester und ich, daß man diese Vögel, ähnlich wie die Tauben, essen konnte. Wir überlegten, wie wir sie wohl fangen könnten. Vaters Gartensieb, durch das sonst die Komposterde geschüttet wurde, brachte uns auf eine Idee. Wir legten es flach auf die Erde und befestigten einen Strick daran, mit dem wir vom Fenster aus durch Ziehen oder Lockerlassen die Falle anheben oder senken konnten. Jetzt streuten wir in den Hohlraum unter dem Sieb Brotkrümel und Graupen. Dann legten wir uns am Fenster auf die Lauer.

Es dauerte nicht lange, und die ersten Spatzen kamen. Die Spannung wuchs. Die Piepmätze merkten bald, daß sie von oben nicht an das Futter gelangen konnten, und versuchten, durch die Seitenöffnung Zugang zu finden. Als einige Spatzen unter dem Sieb saßen, lösten wir mit einem Ruck den Strick, und die Vögel saßen in der Falle.

Wir jubelten über unseren Erfolg. Vater holte die Spatzen mit Tücke hervor und schlachtete sie. Nach dem Rupfen und Ausnehmen kochte Mutter eine gute Nudelsuppe. An der Oberfläche schwammen sogar ein paar Fettaugen. Wir waren sehr stolz auf unsere Erfindung. Natürlich war sie noch verbesserungsfähig. Vater baute später mit engmaschigem Draht eine ähnliche Spatzenfalle, die uns zu mancher Mahlzeit verhalf.

Im Herbst freuten wir uns auf die Kartoffelernte. Nach getaner Arbeit machte Vater aus dem trockenen Kartoffelkraut ein Feuer. Von den kleinsten Kartoffeln warfen wir einige in die Flammen. Mit dem Erlöschen des Feuers konnten wir die gegrillten Kartoffeln aus der glühenden Asche nehmen. Gepellt und mit Salz bestreut, schmeckten sie uns besonders gut. Gerne bauten wir uns aus trockenem Laub, Reisig und Moos eine „Wohnung“. In der Küche wurden für unsere Puppen aus zerrupften Blättern Salat und Gemüse angerichtet, die braunen Früchte des Kastanienbaumes dienten als Fleischklopse. Denn Fleischklopse waren unser Leibgericht, die hätten wir am liebsten jeden Tag gegessen.

Meine Lieblingspuppe sehe ich noch heute vor mir: Sie hatte einen lederartig überzogenen Körper, auf dem ein angemalter Blechkopf saß. Daß der Kopf aus Blech war, konnte man an der blankgestoßenen Nase und den glänzenden, pausbäckigen Wangen erkennen. Die Puppe war von klein auf mein Begleiter gewesen und daher schon arg ramponiert.

Unsere Gartenbank nutzten wir oft als Verkaufsstand für Produkte, die wir in oder außerhalb des Gartens sammelten, Früchte der Linde als Graupen, Steinchen als Würfelzucker, Holzstäbchen als Zigarren, Erdstücke als Schokolade oder Moos als Torte. Vom nahen Weiher holten wir uns Binsen und flochten daraus kleine Körbchen, die wir mit wildwachsenden Blumen verzierten. Gezahlt wurde mit selbstgefertigtem Papiergeld, unsere kindliche Phantasie kannte keine Grenzen.

1933: Meine Schwester Anneliese und ich auf dem Sozius von Onkel Bienerts Motorrad. Es handelt sich wahrscheinlich um eine Zweitakter DKW mit Luftkühlung, Baujahr 1927.

Spielzeug, auch das kleinste, war für uns eine Kostbarkeit. Wie freuten wir uns, wenn wir als Ostergeschenk einen Holzkreisel, einen Ball oder ein Stoffsäckchen voll Tonmurmeln und einige Glaserte – kleine, bunte Glaskugeln – bekamen! Jeweils zwei oder mehrere Kinder murmelten dann um die Wette. Auf glatter Erde wurde ein Loch in der Größe eines Vogelnestes ausgehoben, in das wir von der Startlinie aus abwechselnd je eine Murmel warfen. Die meisten gingen daneben, sie wurden anschließend mit dem Zeigefinger in strenger Reihenfolge ins Loch befördert. Wer das Glück hatte, die letzte Murmel dorthin zu lenken, dem gehörte der ganze Lochinhalt. Welche Freude, mit einem prallgefüllten Säckchen gewonnener Murmeln nach Hause zu gehen!

Mit Begeisterung wurde gekreiselt. Dazu waren ein Holzkreisel und ein Kreiselstock mit langem Strick erforderlich. Wenn der Kreisel aufgezogen war, mußte man ihn peitschen. Wessen Kreisel sich am längsten drehte, der war Sieger.

Eines Tages war ich allein zu Hause und hatte große Lust zum Kreiseln. Leider war mein Stock beim letzten Spiel zerbrochen, und ein neuer mußte erst besorgt werden. Ich stöberte in der Wohnung nach einem brauchbaren Ersatz. Auf dem Kleiderschrank in der Kammer fand ich einen Geigenkasten mit einer Violine darin. In der Annahme, dieses alte Ding würde sowieso niemand mehr brauchen, schnitt ich den unteren Teil der faserhaltigen Streichfläche des Geigenbogens durch und erhielt einen idealen Kreiselstock. Natürlich war die Peitsche bald zerfetzt. Der unbrauchbar gewordene Geigenbogen zog ein mächtiges Gewitter nach sich.

Von klein auf malte ich leidenschaftlich gern. Noch heute könnte ich mir kein schöneres Hobby vorstellen. Als Vorschulkind portraitierte ich einmal meinen Großvater, der dabei geduldig auf seinem Platz saß. Als ich die Sitzung beendete und ihm das Bild zeigte, meinte ich: „Ach, Opa, sei mir nicht böse, es ist ein Affe geworden."

Opa nahm mir das nicht übel, wir lachten herrlich!

Ganz wach in meiner Erinnerung ist folgender Vorfall: Vater hatte die Rahmen des Küchenfensters frisch gestrichen und lackiert. Die weiße Fensterbank aber sah meiner Meinung nach viel zu langweilig aus. Ich wollte ihr deshalb eine Verzierung geben. So holte ich einen langen Nagel und ritzte auf die Fläche eine Gartenlandschaft. Das Gartenhaus umgab ich mit Bäumen, Sträuchern und Blumen, auf denen Schmetterlinge saßen. Auf dem Gartenweg stand ich und hob vor lauter Freude die Arme in die Höhe. Ich könnte dieses Bild, das ich so wunderschön fand, heute noch aufzeichnen.

Am Abend dann Vaters strafender Blick und die drohende Frage: „Wer war das?" Aus Angst log ich und verneinte die Tat. Als meine Schwester ebenfalls beteuerte, das nicht getan zu haben, gab es Senge. Jetzt erst rief ich: „Anneliese hat keine Schuld! Ich bin es gewesen." Meine Schwester hatte aber schon ein paar Watschen abbekommen, und ich fühlte mich deshalb ziemlich miserabel. Obwohl ich mich bei ihr entschuldigte, hat sie mir dies noch lange nachgetragen.

In der Schule hatte sich nach Hitlers Machtübernahme einiges geändert. Immer mehr Lehrer und der Schulleiter kamen in SA- oder in Politischer-Leiter-Uniform zum Unterricht. Viele Lehrerinnen trugen ihr langes, geflochtenes Haar im Nacken zu einem Dutt zusammengesteckt.

Der Unterricht begann und endete mit „Heil Hitler!" Dies war auch der offizielle Gruß, den man in der Öffentlichkeit zu gebrauchen hatte. Am Wochenanfang oder -ende fanden Fahnenappelle statt, wobei die Hakenkreuzfahne gehißt wurde, Leitsprüche bekanntgegeben, aber auch Lob und Tadel ausgeteilt wurden.

In der Schule herrschte eiserne Disziplin. Es wurde viel Wert auf gute sportliche Leistungen gelegt. Wer bei den Reichsjugendwettkämpfen vordere Plätze errang, war hoch angesehen. Wie hieß doch damals die Parole? „Die deutsche Jugend muß flink wie die Windhunde, zäh wie Leder und hart wie Kruppstahl sein." Als Kinder dachten wir kaum darüber nach, was da in Deutschland geschah.

1936 fand mein Vater wieder eine Arbeitsstelle. Eine lange Durststrecke ging für unsere Familie zu Ende. Den Tag, an dem er mit dem ersten „richtigen" Lohn heimkam, vergesse ich nie. Es war ein Freudentag, an dem jedes Familienmitglied einen kleinen Wunsch äußern durfte.

Ich wünschte mir einen „Granatsplitter". Nach diesem Tortenstückchen hatte ich mir so oft an der Schaufensterscheibe von Bäcker Hofmann die Nase breitgedrückt. Jetzt hielt ich es in der Hand! Auf einer Waffelunterlage befand sich ein mit Schokolade überzogenes Buttercremetürmchen. Es schmeckte phantastisch, viel besser, als ich es mir je vorgestellt hatte.

*(Weitere Erinnerungen dieser Autorin finden Sie in dem Band „Stöckchen-Hiebe. Kindheit 1914–1933" sowie in dem Band „Lebenserinnerungen 1945–1950" der Reihe **ZEITGUT**.)*

[Möbisburg bei Erfurt;
1933 / 1934]

Hans Döpping

Knäckerchen

Knäckerchen sind Feuerchen – zum Beispiel solche, wie man sie beim Reisigbrennen erlebt mit Zischen, Knistern und Sprühen. Knäckerchen können auch sehr leise sein: solche Glimmerchen.

An der Gera standen Kopfweiden: Erlenköniggesellen. Weit luden ihre Äste aus wie hängendes Haar vom Wassermann. Viele waren innen hohl, so daß wir uns bequem darin verstecken konnten. Als findige Zweitkläßler schlugen, schnitzten, schnitten wir uns von unten noch eine „Tür" hinein.

Hui! Nun ging es los! Oben schlüpften wir hinein, unten zwängten wir uns hochroten Kopfes wieder heraus, bis wir den Ablauf umkehrten. Nach dem Spiel wurde der Eingang getarnt. Einmal gar gruben wir uns von außen unten durch bis zum Hohlraum und schlossen eine „Geheimnisgrube" an, mit Ästen und Laub abgedeckt wie zur Jagdzeit die Fallgrube. Diese Grube war nur von oben durch den hohlen Baum zu erreichen. Wir flüsterten darin bloß, und unsere Gespräche klangen dumpf.

„Zeigen wir sie Magdalena?"

„Biste verrückt? Einem Mädchen? Die hält doch de Gusche nich!"

Ach ja – „Strichhelzchen", Streichhölzer, gehören noch zu der Geschichte. Es waren die Zündhölzer mit den grünen Köpfchen, im Thüringer Wald hergestellt, mit Tragkörben in die Ebenen gebracht und dort in großen Schachteln verhökert. Die Hölzchen rissen sich überall leicht an: an den Wänden, Stiefelschäften, Manchesterhosen, an Holz, an Eisen – wo immer man hindenkt. So trug man sie auch lose mit sich – und im Hause zugänglich waren sie jedem.

„Haste Streichhölzer mit?"

„Griene."

„Zeiche ma!"

„Da mach'n mir e Knäckerchen en Baume, gälle?"

„Los! Mir brauchen dörres Gras!"

In der Tiefe eines Hohlen wird der Herd mit trockenem Gras und dürrem Reisig bereitet.

Brennende „Strichhelzchen" fallen hinein.

Seht, wie es flammt und knistert!
Wie es jetzt geheimnisflüstert!
Wie es züngelt! Wie es loht!
Wie es prasselt! Wie es droht!
Es brennt der Baum! O Not! O Not !

Egon, Harry, Wolfgang und ich reißen trockenes Gras zu Büscheln, rennen die wenigen Meter zum Ufer der Gera, tränken das Gras wie einen Schwamm und versuchen, damit zu löschen. Als wir der Flammen Herr geworden, glüht der Baum schwer in der Rinde.

Was jetzt?

„Der v'rbrennt!"

„Wenn die ons erwischen!"

„Wenn's bloß Baba nich erfährd!"

Hei! stieben wir davon und jeder heimzu.

Hört man denn kein Feuerhorn? Schreit da kein atemloser Melder? Riecht es in der Nacht nicht nach Moderqualm?

Auf dem Pausenhofe lärmt und tobt es. Da sammeln ältere Jungen Egon, Harry, Wolfgang und Hänschen ein. Sie nehmen sie in die Mitte und tun sehr scheinheilig: „Habt'e ihr was gehört von d'r brennenden Weide an d'r Gere?"

Unsere Schädel lodern wie feurige Ballons auf.

„Was e' fer e' Baum ?"

„Mir ham nischt gehert."

„Has du was gehert?"

„Eche au' nech!"

Und die Schädel der Knäckerleger brennen noch mehr auf.

„So," lächeln die Großen genüßlich. „Mir dacht'n, ihr wißt was. Mir ham das Knäckerchen nämlich gelöscht. Mir ham de Mötzen genomm'n, ham se en der Gere mit Wasser geföllt on ham's Knäckerchen gelöscht. No – wollt 'e ihr nischt saache?"

„Was soll'ne mir saache?"

„No – vielleichd dan-ge."

„Dan-ge" sagt Egon.

„Dan-ge" sagt Harry.

„Dan-ge" sagen Wolfgang und ich.

Befreit! Befreit! Befreit!

Und keine Erpressung!

„Das sind doch anständige Kerle, die Großen, gälle, Egon?" Aber die „anständigen Kerle" hatten nur das Vorgericht gehalten. Sie hatten doch gepetzt.

„Vorkommen!" bellte der Lehrer, und er zeigte mit dem biegsamen Stöckchen auf Egon, Harry, Wolfgang und Hänschen.

„Also – wie war das?"

„De Streichhelzer hadde Egon."

„Du hast au' welche gemausd d'rheime!"

„Hans had's angestift'!"

„Gar nich wahr!"

Der Übermensch Lehrer steht vor uns. Seine Stimme verrät Unheil. Der Stock zielt nacheinander auf jeden von uns.

„Wieviele Streichhölzer waren das?"

„Siemne!"

„Achde!“

„Femfe!“

„Viere!“

„Also“, breitet sich das Lächeln des Riesen aus, und er imitiert jeden der Missetäter: „Siemne on achde on femfe on viere – das sin? Hans!“

Der Stock kommt wie ein Säbelhieb.

„Das sin vier'nzwanz'ch, Herr Lehrer!“

„Stimmt das, Harry?“

„Siemne on achde ..on ..on ... “

„On femfe on viere macht vier'nzwanz'ch, Harry! On die deil'n mir jetzte ma' dorch viere. Gibt? – Eeegon?“

„Viernzwanzch dorch viere is – is – sechse!“

„Genau“, lächelt der Lehrer breit. „Und die kriegt jetzt jeder. Genau sechse – bücken!“

Die Klasse feixt nicht. Sie zittert mit uns. Wir müssen die Hosen strammziehen. Wir schließen die Augen.

Der Übermensch bleibt Mensch. Die Hiebe sind schmerzhaft, aber sie sind erträglich.

„So,“ reibt sich der Richter die Hände. „On jetze?“

Er sieht uns an, und er zieht einen Mundwinkel hoch.

„Mir woll'n uns endschuld'chen, Herr Lehrer!“

Der Stock wird in den Schirmständer gestellt.

„Das machen wir heute nachmittag in meinem Garten. Ihr kommt und helft mir. Um dreie!“

„Um dreie!“

„Um dreie – hm!“

„Mir helfen!“

„Ja!“

„Dan-ge!“

[Hermsdorf, Riesengebirge*);
1934]

Gertraude Wortmann

„Ich kann das aber auch!“

„Die haben Deinen Vater gebracht, los, lauf schnell nach Hause!“ rief jemand auf dem Heimweg.

Vater arbeitete beim Bau der Sudetenstraße mit, im Gebirge, und kam nur selten nach Hause. Es war Notstandsarbeit, wegen Stempelgeld.

Atemlos stürzte ich in die Küche. Vater saß, vom Gesteinsstaub völlig verdreckt, auf einem Stuhl, die Beine lang ausgestreckt. Mutter kniete vor ihm und rollte seine dicken, grauen Socken vorsichtig herunter. Eklige Läuse rannten an Vaters Beinen herum, auch an dem zerschundenen linken Knöchel, der ganz dick und blutig war. Mutter steckte Sokken, Unterhose und das fleckige Hemd schnell ins Ofenloch.

„Is' nicht so schlimm, Tulla, das wird wieder“, ächzte Vater. Aber es wurde lange Zeit nicht gut. Er mußte nach Breslau in eine Klinik, und Mutter hatte wenig Geld.

Erichs Vater, unser Nachbar, und zwei andere Männer, die wir auch gekannt hatten, waren in einer Urne beerdigt worden. Sie waren im Gefängnis gestorben, wegen dem Herzen, wie es hieß. Nachts waren sie abgeholt worden. Danach weinten die Frauen bei Mutter in der Küche.

Und jetzt bekam Erichs Mutter gar kein Geld. Daher arbeitete er mit anderen Jungen nachmittags und in den Ferien auf dem Dominium, dem Grafenbesitz.

„Zehn Pfennige die Stunde und am Samstag wird ausge-

---

*) heute Sobieszów in Polen

zahlt. Guck mal, ich hab’ schon was gespart, und wenn Du meine Freundin wirst, kriegste was ab“, drängte Erich.

Aber ich wollte auch zehn Pfennige die Stunde verdienen.

„Mädchen gibt es da nicht, und wir sind alle viel älter als du“, erklärte er mir. Ich war ja erst neun Jahre alt.

„Das wäre ein Gottesgeschenk, wenn die Dich nehmen würden“, meinte Mutter.

Der Inspektor lag angezogen auf einem Eisenbett, als ich eintrat, vor meinem Gesicht seine Stiefelsohlen, die voller Pferdemist waren. Ich hatte geklopft, aber er rührte sich nicht.

„Mädchen können wir hier nicht gebrauchen“, drang schließlich seine Stimme hinter den Stiefeln hervor.

„Ich kann das aber auch wie die Jungen!“ entgegnete ich trotzig und blieb einfach stehen.

Steine lesen, in einen Korb geben, ein Junge auf der anderen Seite. Der Korb wurde immer schwerer, und wir zogen ihn zuletzt über den Acker. Am Rand jedes Feldes lagen schon Steinhaufen, aber es kamen immer neue hinzu.

„Die wachsen hoch wie die Pilze“, dachte ich.

Die Jungen wollten mich dort nicht haben. Sie stießen mich auf die Erde und wurden ganz frech. Aber der Schreiber Heini, der größte und stärkste, gab’s ihnen mit der Faust.

Auf den Knien verzogen wir Rübenpflanzen. Sie standen hinter uns wie kleine Soldaten, fein aufgereiht. Dabei war ich die Schnellste.

Mein Rechen zum Heuen war ein langes Gerät und hatte einen eingebrannten Stern. In einer Reihe angetreten, wendeten wir im Takt mit einem Schwung das Heu, manchmal sangen wir dabei, das war lustig.

Das reife Getreide wurde mit einer mächtigen Maschine geschnitten. Wir mußten es raffen und mit geknoteten Halmen zu Garben binden, die zu Puppen aufgestellt wurden. Das Getreide war schwer. Abends zog ich mir die dünnen Grannen aus der Haut.

Bald gehörte ich richtig dazu. Samstags standen wir in einer Reihe, und der Inspektor gab jedem seinen Lohn in einer kleinen, gelben Papiertüte. Zu mir sagte er nicht: „Du brauchst nicht mehr zu kommen!“ wie zu drei Jungen. Zu mir sagte er immer: „Na, Du!“ Weiter nichts.

Klee zu laden war am schwersten. Er wurde auf Drahtgestellen getrocknet. Auf hohen Leiterwagen brachten ihn die Männer in den Hof. Sie luden den Klee auf den laufenden Elevator, der ihn hoch in die Scheune beförderte. Oben in der Scheune mußten wir uns beeilen, sonst wurde der Haufen vorn zu hoch und wir bekamen keine Luft mehr. Wir sahen nichts, so dicht war der braune Staub. Beim Nach-hinten-Schleppen sahen wir von den anderen nur ihre Zähne und das Weiße in ihren Augen. Zwei Jungen fielen vor Schwäche um, sie wurden weggebracht.

An einem solchen Tag zogen Männer mit knallenden Stiefeln und großen Fahnen durch den Ort. Wenn wir ihnen begegneten, sollten wir stehenbleiben und mit „Heil Hitler“ grüßen, hatte Mutter uns Kindern immer wieder eingeschärft. Sie war dann sehr ernst. Wir begriffen, daß es mit den weinenden Frauen in unserer Küche und mit den Urnen, in denen jetzt ihre Männer waren, zu tun hatte.

Ich hätte gern gewußt, was KPD-Leute für Menschen waren. Aber wenn Erwachsene redeten, dann mußten wir still sein oder wurden rausgeschickt.

Da stand ich nun in meinen ausgetretenen, zu großen Schuhen an den nackten Füßen. Ich schämte mich, weil mein Gesicht voller Staub und Dreck war. Das war doch keine Ehre für die Fahnen mit dem Hakenkreuz!

Aber ich kam doch aus dem Klee...

[Kannin – Masselwitz, Kreis Schlawe*), Pommern);
Juni 1934]

Waltraud Westphal

Das erste Sportfest

Die deutsche Jugend soll sein: hart wie Kruppstahl, zäh wie Leder und flink wie die Windhunde. So forderte es der erste Mann des Dritten Reiches, es war wohl auf einer Kundgebung am 1. Mai 1933, von uns Heranwachsenden.

Ein Jahr später, im Juni 1934, sollte für die Schüler der Region in Musselwitz das erste Sportfest steigen. Als ich meiner Mutter das bevorstehende Ereignis begeistert mitteilte, war sie entsetzt und versagte mir die Teilnahme. Warum nur?

Um zur Schule zu gelangen, mußten wir täglich eineinhalb Kilometer zurücklegen. Der Weg von unserem Gehöft bis zur Straße war unbefestigt und außerdem noch lehmig. Einmal war mein hoher Schnürschuh bei Regenwetter völlig in dem aufgeweichten Lehm versunken, und wenn sich zu dieser Zeit ein Auto zu uns verirrte, blieb es hoffnungslos stecken.

Warum nur stellte sich meine Mutter gegen die damals allmächtig werdende Schule?

Der Konflikt drohte auf dem Rücken des Schwächeren, auf dem des Kindes, ausgetragen zu werden. Vielleicht hatte meine Mutter den tieferen Sinn von Hitlers Forderung erkannt: uns auf Höchstleistung trimmen zu lassen.

Wie habe ich den Nachmittag über die Mutter gebettelt, geweint, ihr die Unmöglichkeit ihres Verbots deutlich zu machen versucht. Vergeblich, sie blieb bei ihrem Nein.

*) heute Slawno in Polen

Am nächsten Tag mußte ich in Alltagskleidung – wir Mädchen trugen noch Schürzen in der Schule –, mit Tornister und allen Büchern das Haus verlassen. Die Mitschüler unseres Ortsteils waren entsetzt, als sie mich in diesem Aufzug sahen. Um mich vor Schlimmem zu bewahren, machten sie mir deutlich, daß ich so auf keinen Fall dem Lehrer unter die Augen treten dürfe. Ich war damals 11 Jahre alt. Was sollte ich aber tun?

Da hatte einer die Idee, Schürze und Tornister im Kartoffelfeld zu verstecken. Das Kraut war schon hoch genug. Gesagt getan.

Das erste Sportfest wurde zum Erlebnis für mich. Meine Mutter war dann doch erleichtert, als ich ihr schilderte, auf welche Weise wir Kinder den drohenden Konflikt vermieden

Meine Mutter, Bertha Westphal (1886–1966), mit der Nachbarstochter Käthe Lübke bei der Kartoffelernte 1941.
Die Straße im Hintergrund führt nach Kannin. Rechts neben der Straße befand sich jener Kartoffelacker, in dem für die Dauer des Sportfestes meine Schürze und der Tornister verschwanden.

hatten. Sport wurde zu einem meiner Lieblingsfächer, und Sportfeste zählten für mich fortan zu den Höhepunkten des Jahres.

Im Nachhinein muß ich meiner Mutter mit ihrer Verweigerung recht geben. Sie hatte Hitlers Absichten in ihrer ganzen Tragweite durchschaut. Nicht lange nach diesem Sportfest sangen wir beim Fahnenappell mit erhobenen Händen:

„Nun laßt die Fahnen fliegen
in das große Morgenrot,
das uns zu neuen Siegen
leuchtet oder brennt zum Tod.

Denn mögen wir auch fallen
wie ein Dom steht unser Staat.
Deutschland hat hundert Ernten
und geht hundertmal zur Saat."

Dann folgte die inhaltsschwere Strophe, die für wohl zwei Drittel der angetretenen männlichen Schülerschar auf den Schlachtfeldern Europas Wirklichkeit werden sollte:

„Deutschland, wir weihen dir den Tod
als kleinste Tat,
trifft er einst unsere Reihen
werden wir die große Saat."

(Weitere Beiträge dieser Autorin finden Sie in den Bänden „Jugend 1939–1945", „Lebenserinnerungen 1945–1950" und „Deutsch-deutsche Geschichten" der Reihe **ZEITGUT***.)*

[Bad Muskau, Oberlausitz;
1934]

Helga Holler

So viele Blumen ...

Als kleines Mädchen war ich oft in Bad Muskau bei meinen Großeltern zu Besuch. Mein Großvater war ein sensibler, fantasievoller Mensch, schlank und groß, mit einem Schnurrbart wie Kaiser Wilhelm. Er mochte mich besonders und war so liebevoll zu mir wie meine Mutter. Ich hätte nicht sagen können, wer von beiden mir lieber gewesen wäre.

Großvater Gustav Dierig war Landschaftsgärtner und hatte auch in Italien studiert. Er arbeitete als Obergärtner in Parks, Gärten, Gewächshäusern und Orangerien. In Bad Muskau, wohin es meine Großmutter in ihr Elternhaus zog, ergab sich für ihn die Stelle als Stadtgärtner. Er war auch verantwortlich für den Friedhof und die Friedhofsgärtnerei.

Der Friedhof war unser Garten, überall wuchsen Blumen, und in den großen Tonbottichen, in denen sich das Gießwasser befand, tummelten sich Goldfische. Sie verbargen sich schnell unter Steinen, wenn man Wasser schöpfte. Im Winter kamen die Fische ins Gewächshaus.

Ich erinnere mich an ein großes Maiglöckchenbeet, das duftete, daß einem schwindlig werden konnte. Oder ich denke an die roten, prallen Tomaten an der Friedhofsmauer, von denen es hieß, sie hätten den „Erinnerungsduft". Die konnte man essen. Opa nannte mir die Namen der Toten an der Friedhofsmauer. Bekannte Muskauer. Aber was war für mich damals „tot"? Tomaten verstand ich.

1931: Mein kleiner Bruder und ich in der Friedhofsgärtnerei Bad Muskau. Im Hintergrund der Wasserturm, den es heute noch gibt.

Und der Winter mit seinen Blumen ... Wenn die Frauen an den hohen Bindetischen standen und aus Palmwedeln und Wachsblumen Kränze banden, saß ich unter den Tischen und versuchte, aus den Abfällen Sträußchen zu werkeln.

Dann kam der Tag im September, an dem das Haus der Großeltern voll von Blumen war. Ich war sechs Jahre alt. Die Treppe hinauf lagen Kränze. Oben, im großen Zimmer, standen Palmen in Töpfen, und überall waren Blumengebinde. Dazwischen lag Großvater – ganz still, die Hände gefaltet. Dann kamen der schwarze Pferdewagen und die schwarz-goldene Kutsche. Ich sollte nicht mitfahren, aber ich ließ keine Ruhe, bis ich in der Kutsche saß. Wir fuhren mit dem schwarzen Wagen langsam durch die Stadt. Hinter uns gingen viele mit, ein langer Zug.

Auf dem Friedhof spielte eine Blaskapelle von der Schützengilde. Blumen und Kränze wurden ausgebreitet. Viele Menschen standen da – es war wie bei einem richtigen Fest. Jetzt ließ man den Sarg in die Grube und warf Erde darauf.

Da fing ich laut zu schreien an, immer wieder die Frage: „Warum nehmen wir unseren Opa nicht wieder mit?"

Es war ein Schock für mich, woher sollte ich wissen, was „tot" ist? Niemand hatte mir das gesagt! Der Friedhof war doch mein Garten, und Großvater gehörte dazu.

Diese schreckliche Erfahrung trug ich mit mir. Später, in der Schule, stand ich still und allein am Rand des Schulhofs, es gab Schulspeisung. Die anderen Kinder sprangen und lachten. Ich war mit meinem Entsetzen allein und sah ihnen verwundert zu.

Meine Großeltern, wie ich sie in Erinnerung habe. Meinen Großvater mochte ich besonders. Auch von seinen Kindern wurde er heiß geliebt. „Unser Vater war unsere Mutter", sagte meine Muttel oft.

[Unterschwaningen, Mittelfranken;
August 1934]

Elsbeth Backofen

Ein Pfarrerskind trauert

Ich habe Kummer. Gleich muß ich weinen, aber keiner darf sehen, daß ich weine. Wo bin ich ganz allein, wo entdeckt mich keiner? Unschlüssig stehe ich im Garten. Die Johannisbeerbüsche eignen sich nicht als Versteck. Sie stehen mitten im Garten, außerdem sind sie sperrig, nicht kuschelig, bedecken mich nicht richtig. Das Efeupolster an der Hauswand ist recht dicht, und die Zweige von der Fichte hängen tief herab, aber so nah dem Haus...? Bestimmt guckt gleich einer zum Fenster raus. Nein, das geht nicht.

Das Dahliengebüsch an der Mauer hinterm Garten liegt still und verlassen da. Verlassen und traurig bin auch ich. Hier bin ich richtig. Ich krieche in das Gebüsch, lege mich auf den Boden. Stengel und Blätter umschließen mich weich. Und jetzt darf ich weinen. Ach, schon füllen sich zwei Seen, die gleich überquellen werden. Ein Druck mit den Augenlidern, und die Seen quellen über. Ich schluchze, mein Körper wird auf- und niedergeworfen. Das ist schön, aber leider auch ein bißchen laut. Ich darf mich ja nicht verraten. So weine ich eben ein wenig leiser.

Schließlich bin ich ruhig und fange an, Gott zu sagen – nur noch ab und zu durch Schluchzen unterbrochen, – was so schrecklich ist: Hindenburg ist gestorben. Der liebe, alte Mann lebt nicht mehr. Ich weiß – meine Mutter hat es mir erzählt, und sie hat auch geweint, – daß er ein frommer Mann war und so viel für die Deutschen getan hat – wer wird nun das Richtige für sie tun?

Ich sehe die vielen Deutschen wie die irrenden Schafe, von denen in der Bibel steht. Aber bald verlieren sich die irrenden Schafe vor meinen Augen. Ich habe nun eine ganz andere Sorge: Ob Hindenburg in den Himmel kommt?

Eigentlich ist das keine Frage. Er war doch ein so guter Mensch. Aber irgendwie empfinde ich doch ein bißchen Ungewißheit. Ich weiß nicht. Manchmal macht Gott alles ganz anders.

Ich müßte mal einen von den Großen fragen, dann hätte ich schon mehr Gewißheit. Mit wem soll ich reden? Wer hört mir zu? Der Vater ist manchmal ja recht freundlich, aber zuweilen wird er auch so ärgerlich, ich mache oft etwas falsch bei ihm. Was die Mutter sagen wird, weiß ich schon, und wenn ich „aber“ sage, wischt sie es einfach weg. Die großen Schwestern und Brüder sind je sehr nett, nur sie nehmen mich, das kleine Elsbethle, nicht ernst.

Bleibt nur noch die Babett. Die Babett arbeitet bei uns und gehört auch zur Familie. Ich erhebe mich aus meinem weichen, feuchten und sicheren Versteck – oh, leider ist da, wo ich gelegen habe, eine grünbraune Matte aus zerquetschten Blättern, Stengeln und Erde. Ich gehe zu Babett in die Küche. Die Bratkartoffeln brutzeln in der Pfanne. Ob sie glaubt, daß Hindenburg in den Himmel kommt?

Die Babett stochert kräftig in den Bratkartoffeln herum, holt zwei Holzscheite, stopft sie in die Herdfeuerung, haut die Klappe heftig zu und sagt: „Steh mir net im Weg, geh auf d´Seiten.“

Ich drücke mich an die Wand und wiederhole meine Frage. „I denk schon“, sagt die Babett, „geh jetzt rein zum Essen.“

(Weitere Erinnerungen dieser Autorin finden Sie in den Bänden „Stöckchen-Hiebe. Kindheit 1914–1933“ und „Wir wollten leben. Jugend 1939–1945“ der Reihe **ZEITGUT***.)*

[Ludwigshafen;
1933–1939]

Bruno Schmidt

„K“ wie Krieg

Mein Vater war in den zwanziger und dreißiger Jahren elf Jahre arbeitslos. Heute kann man sich kaum noch vorstellen, wie es jenen Familien damals erging, die dem brutalen Kampf ums nackte Überleben ausgesetzt waren.

Meine Heimatstadt Ludwigshafen am Rhein gehörte nach dem Ersten Weltkrieg zum französisch besetzten Rheinland. Die Besatzer demontierten Fabriken und Werkstätten oder verwüsteten sie. Arbeit gab es kaum.

Nach der Inflation, in deren Folge die kleinen Leute fast alle ihre Ersparnisse verloren hatten, stieg das Elend ins Unermeßliche, die Selbstmordrate wuchs. Die Menschen wollten lieber sterben, als auf der untersten Stufe der Gesellschaft zu vegetieren.

Elf Jahre arbeitslos und nur ein paar lumpige Mark als Lebensunterhalt. Zum Leben zu wenig und zum Sterben zu viel. Das Geld reichte gerade mittags für eine Bohnensuppe, ohne Fleisch und ohne Fettaugen, denn sie wurde nur von Knochen gekocht. Im Wechsel gab es Suppe aus Erbsen, Kartoffeln, Graupen oder Gemüse aus Marktabfällen. Zu den Feiertagen vielleicht einmal ein Stück Fleisch von der Freibank, das heißt von kranken oder verunglückten Tieren.

Daß unsere Familie mit fünf Kindern überlebte, haben wir unserer aufopferungsvollen Mutter zu verdanken, die ab und zu mal einen Job als Serviererin ohne festen Lohn bekam, nur das Trinkgeld mit nach Hause nehmen durfte. Damit bezahlten wir dann die Schulden für das tägliche Brot.

Ein weiteres katastrophales Kapitel war die Beschaffung der nötigen Kleidung. An neue Sachen war überhaupt nicht zu denken, dazu reichten die Groschen nicht. Deshalb mußten die kleineren Geschwister immer die abgelegten, für sie viel zu großen Kleider der älteren auftragen, obwohl schon zerschlissen. Die Strümpfe hatten ständig Löcher, manchmal so groß wie Kartoffeln. Meine Mutter verzweifelte fast an der täglichen Strümpfe-Stopferei.

Mit dem Schuhwerk sah es nicht besser aus. Deshalb hatte der Vater das Fußballspielen mit den Klassenkameraden strengstens verboten. Abends kontrollierte er die Latschen, und wenn er sah, daß wir doch „gekickt" hatten, gab es eine gehörige Tracht Prügel.

Wie schwer mußte es ihm gefallen sein, die morschen Schuhe mit Fahrradschläuchen und selbstgeschnitzten Holzstiften wieder zu besohlen, und wie enttäuscht war er, wenn er sah, daß die Reifensohle durch das Fußballspielen immer wieder abgerissen war! Da nützte auch die Notlüge nicht, die Sohle hätte sich durch Stolpern auf der Straße gelöst.

Am meisten schämte ich mich, daß meine Hose an den Knien und im Gesäß ständig mit großen, viereckigen Flikken ausgebessert worden waren. Meine gute Mutter tröstete mich mit den Worten, es sehe zwar nicht schön aus, aber die Hauptsache sei, daß man ordentlich daherkomme.

Bei sieben Millionen Arbeitslosen Anfang 1932 war es kein Wunder, daß die politische Lage in der Weimarer Republik extrem und äußerst explosiv war. Das politische Spektrum war groß. Über ein Dutzend radikaler Parteien warben mit vielversprechenden Parolen um Wählerstimmen. Kommunisten und Nationalsozialisten lieferten sich blutige Saal- und Straßenschlachten.

Doch weil die Menschen von Parteiparolen nicht satt wurden, ließen sich die Nazis etwas einfallen. Sie schickten ihre braunen SA-Staffeln von Haus zu Haus, um Lebensmittel zu sammeln, wenn es auch nur kleine Tüten mit Hülsenfrüchten, Mehl oder Kartoffeln waren. Die Schlachter gaben Fleisch, Knochen und Speck dazu. An den Wochenenden postierten sich die SA-Leute dann mit Gulaschkanonen an Straßenecken und Plätzen und verteilten den herrlich duftenden Eintopf. Nach anfänglichem Zögern ließen sich die hungrigen Menschen eine Portion aufschöpfen, später trugen sie ganze Kochtöpfe voll davon nach Hause. Das gab Wählerstimmen, die durch den Magen gingen.

Einmal besuchte ich einen Schulfreund zu Hause und erlebte eine unglaubliche Überraschung: Seinen Vater hatte ich bisher nur in seinen ausgelatschten Schuhen, einem ausgefransten Anzug und einer „Schlägermütze“ auf dem Kopf gesehen. Diese Typen wurden verächtlich „Platt-Wichser“ bezeichnet.

Jetzt kam plötzlich ein Mann zur Tür herein, der aufrecht und selbstbewußt ging. Er trug eine braune SA-Uniform, blanke Stiefel, Lederzeug mit Schulterriemen, ein gebügeltes Hemd mit Krawatte und diese komische Mütze. Im ersten Moment erkannte ihn niemand, noch nicht einmal sein Sohn oder seine Frau. – Mit etwas Geld aus der Kameradschaftskasse auf der Hand, da ließ es sich schon besser leben.

Seinem Beispiel folgten recht viele Proletarier aus unserem Stadtteil. Nicht aus politischer Überzeugung gingen sie zur SA, vielmehr, um dem Geruch der Armut zu entrinnen. Dabei ahnten sie nicht, daß sie damit ihre Seele verkauften, denn die Nazis päppelten sie nicht aus reiner Nächstenliebe so auf, sondern weil sie sie als Akteure brauchten.

Manchen fiel es später wie Schuppen von den Augen, als sie durch Befehle gezwungen wurden, bei ihren jüdischen Nachbarn Türen und Fenster mit Davidsternen und Parolen wie „Juden raus!“ zu beschmieren, Schaufensterscheiben einzuschlagen und die Läden zu plündern. Und das bei

Geschäftsleuten, bei denen sie mit langen Ratenzahlungen jahrelang in der Kreide gestanden und zu denen sie sogar ein persönliches Verhältnis hatten!

An unserer Straßenecke war ein jüdisches Textilgeschäft. Der Inhaber hatte ein süßes vierjähriges Töchterchen. Sie trug immer ein weißes Rüschenkleidchen und eine schöne Schleife im lockigen Haar. Er setzte sie mitten im Laden auf den Tresen, und das bedauernswerte Kind mußte den ganzen Tag über an einem Schinkenbrötchen knabbern, vermeintlich, damit alle Kunden sahen, daß sie Schweinefleisch aßen und somit keine Juden seien. Aber das bewahrte sie nicht vor der Verhaftung und dem Konzentrationslager.

Eines Abends wurden wir durch einen Feuerschein und lautes Geschrei aufgeschreckt. Unbemerkt lief ich auf die Straße hinunter und rannte zu der Ecke, von der der Lärm herkam. Viele Menschen waren schon herbeigeströmt.

Die Synagoge stand in hellen Flammen. Die SA gebärdete sich wie von Sinnen. Kommandos wurden gebrüllt und die anrückende Feuerwehr zurückgedrängt. Die meisten Menschen standen stumm an der Straße, und die, die forderten, das Feuer zu löschen, wurden mit Stiefeltritten vertrieben oder verhaftet. Der Vater eines Schulfreundes, ebenfalls SA-Mann, trat unauffällig an mich heran und zischelte mir zu: „Junge, hau sofort ab, bevor es zu spät ist!“

Da rannte ich vor Scham weinend nach Hause.

Viele, die zwar mit den brutalen, menschenverachtenden Aktionen nichts zu tun haben wollten, sie aber passiv duldeten, trösteten sich mit dem Gedanken, daß ja vieles besser geworden sei. Die Eckensteher und Herumtreiber waren von den Straßen verschwunden. Sie wurden zum Bau der „Reichsautobahnen“, von Sportanlagen und anderen gemeinnützigen Einrichtungen herangezogen. Die Büros der Kommunistischen Partei, schon immer vielen ein Dorn im Auge, waren geschlossen worden. Da konnte es doch nur aufwärtsgehen, dachten sie.

Unsere Familie hatte zur besseren Versorgung einen Kleingarten zugewiesen bekommen. Einmal im Jahr 1932, ich war zehn Jahre alt, sollte ich unserem Gartennachbarn eine geborgte Schaufel zurückbringen. Seine Laube war verschlossen und das Fenster mit einer Matratze verstellt. Das war sehr merkwürdig. Ich hatte eine böse Vorahnung. Als mein lautes Rufen und heftiges Klopfen keine Wirkung zeigten, trommelte ich einige Nachbarn zusammen. Sie brachen die Laubentür auf.

Der Blick in den engen Raum ließ mich erschauern. Alle Gegenstände lagen verstreut herum, das Bettzeug war zerwühlt. Der Nachbar lag unter dem Bett, den Kopf krampfhaft in ein Kissen gepreßt, und zitterte wie Espenlaub am ganzen Körper. Die Männer hatten große Mühe, ihn hervorzuziehen, da er sich stark wehrte.

Ich erschrak, als ich in sein Gesicht sah. Sein Blick war völlig entrückt, wie aus einer anderen Welt, seine Haare waren über Nacht schlohweiß geworden. Auf die eindringlichen Fragen, was um Himmelswillen passiert sei, schwieg er beharrlich. Erst allmählich brachte er zunächst unverständliche Wortfetzen über die Lippen. In panischer Angst starrte er dabei gen Himmel.

Nach und nach bekamen wir aus ihm folgendes heraus: Am Abend zuvor habe er, wie immer seine Pfeife rauchend, vor seiner Laube gesessen. Plötzlich hätten sich alle Sterne am Firmament von ihren Standpunkten gelöst und seien wie glühender Kohlenstaub zur Erde gestürzt. Wohin er auch geschaut habe, wie tanzende Schneeflocken hätten sie um ihn herumgewirbelt. Er habe sich nicht mehr zurechtgefunden, nicht mehr gewußt, wo unten oder oben sei. Auf allen Vieren sei er dann in seine Laube gekrochen und habe unter dem Bett Schutz gesucht. – Der Mann hatte ein seltene Naturschauspiel als bevorstehendes Weltenende gedeutet. Etwa alle 33 Jahre dringen sogenannte Leonid-Meteoriten in die Erdatmosphäre ein und verglühen dabei.

Als es Abend wurde, wollte er sich wieder unter dem Bett verkriechen. Ein Nachbar blieb bei ihm, um ihm zu helfen, den Schock zu überwinden.

Jahre später hatte ich ein weiteres erschütterndes Erlebnis, das ich als Kind kaum erfassen und begreifen konnte.

Eines Tages ging es wieder einmal in den Garten vor der Stadt. Schon von weitem sah ich, daß die Leute von der Gartenkolonie im Kornfeld aufgeregt hin und her liefen, sich ab und zu einen Getreidehalm abrissen und ihn gegen den Himmel hielten. Ich erkundigte mich, was dies zu bedeuten habe. Da sagte man mir, es gäbe bald Krieg und große Hungersnot käme über uns.

„Aber wieso?“ wollte ich wissen.

Wie ein Wasserzeichen sei in den Halmen ein großes H oder K zu erkennen, wurde mir erklärt. Seit Jahrhunderten sei das so gewesen, wenn Krieg, Hungersnöte oder Pestilenz bevorstanden, lautete die Begründung.

Ich weiß nicht, wer dies aufbrachte, aber der Aberglaube verbreitet sich in Windeseile. Bald waren alle Kornfelder um die Stadt zertrampelt, obwohl die Nazis für volksfeindliche Parolen hohe Strafen vorgesehen hatten. Ein Jahr später brach der Zweite Weltkrieg aus.

Trotz aller Widrigkeiten gab es in meiner Kindheit und Jugend auch Lichtblicke. Zum Beispiel, als wir in der Schule die Biographie der schillernden Persönlichkeit des Grafen Luckner kennenlernten. Als deutscher Seeoffizier hatte er im Ersten Weltkrieg die britische Blockade durchbrochen.

Schon zu Lebzeiten war „Der Seeteufel“ Graf Luckner eine Legende. Er hatte viele Abenteuer hinter sich, die er in Erzählungen, Berichten und Vorträgen packend wiedergab. Ich erlebte ihn 1937 während eines Vortrages im Mannheimer Rosengarten. Dieser Mann reiste viel in der Weltgeschichte herum, und war dabei stets um die Wiederherstellung des Ansehens Deutschlands in der Welt und um Völkerverständigung bemüht. Seine Art faszinierte mich. Ich wollte ihm

Der Fan (links) und sein Idol. Seit ich in frühester Jugendzeit die Übertragung seiner Boxkämpfe im krächzenden Trichterradio verfolgte, ist Max Schmeling mein großes Vorbild. Wir trafen uns etwa 50 Jahre später anläßlich eines Interviews.

nacheifern. In meinem großen Fernweh träumte ich davon, Abenteurer oder Forscher zu werden.

Mein zweites großes Vorbild wurde der Boxweltmeister Max Schmeling. Ich erinnere mich noch genau an den 12. Juni 1930. Die Hungerzeit für unsere Familie war noch nicht zu Ende. Wir hungerten nicht nur nach Brot, sondern auch nach Kultur, Sport und Nachrichten aus der großen, weiten Welt. An diesem Tag kam mein Vater mit zwei unförmigen Paketen unter den Armen nach Hause. Wir platzten fast vor Neugier, doch er schickte uns erst einmal aus dem Zimmer.

Plötzlich hörten wir hohe Pfeiftöne und krächzende Musik. Wir stürmten hinein und sahen einen großen, schwarzen Kasten mit einem riesigen, goldverbrämten und mit Blumenbildern verzierten Trichter. Später erfuhren wir, daß er das Radio von dem Geld gekauft hatte, das er mit dem Schmuggel von Zigarettenpapier verdient hatte.

An diesem Tag saßen wir dicht gedrängt um das ungetüme Trichterradio, um der Übertragung des Boxkampfes zwischen Max Schmeling und dem damaligen Titelverteidiger Jack Sharkey in New York zu lauschen.

Große Enttäuschung und unbändige Wut überkamen uns, als der Amerikaner „unserem" Maxe in der vierten Runde einen mörderischen Schlag unter die Gürtellinie versetzte, woraufhin der Kampf abgebrochen werden mußte. Als Max Schmeling dann doch zum Weltmeister gekürt wurde, brach bei uns ein Indianergeheul aus, daß die Wände wackelten!

Klar, daß wir auch seine Kämpfe gegen Joe Louis, die ihn weltberühmt machten, und ganz besonders seinen Kampf 1936 gegen den „braunen Bomber" gespannt verfolgten. Die zwölf Runden bis zum K. O. waren für uns zwölf Zitterrunden. Sein WM-Kampf 1938 gegen Louis, den Maxe nach zwei Minuten und vier Sekunden verlor, war bereits von unheilvollen politischen Ereignissen überschattet.

Max Schmeling ist infolge seiner Fairneß und Redlichkeit im Sport und im Alltagsleben für mehrere Generationen zum Idol geworden.

Graf Luckner und Max Schmeling wurden meine Vorbilder. Sie verkörpern Aufrichtigkeit, Menschlichkeit und Hilfsbereitschaft. Damit gaben sie mir Orientierung, ohne die mein Leben vielleicht anders verlaufen wäre. Sie lehrten mich, gegen Unrecht anzukämpfen, Vorurteile abzubauen und Menschen zu versöhnen.

[Torgau an der Elbe;
1935 / 1936]

Heinz Weiß

Zug Teja und der Tölpel

Das Jahr 1934 bescherte der Torgauer Evangelischen Volksschule zwei neue, echt nationalsozialistisch denkende Lehrer, den 30jährigen Edmund Moldenhauer aus Eilenburg und den 46jährigen Alfred Leonhardt, den „kühnen Löwen“ aus Erfurt. Ihre Führereigenschaften im damaligen Sinne bewirkten, daß man beide schnellstens zu Rektoren ernannte, Leonhardt an der neuen Knabenvolksschule Torgau, Moldenhauer in Piesteritz bei Wittenberg. Bis dahin war letzterer unser Nachbar, den wir täglich mit Frischmilch belieferten und der unseren Gartenzaun passieren mußte, wenn er in die Stadt wollte.

An einem sonnigen Herbsttag wollte er mit seiner Frau, einer wunderschönen Dame Mitte der Zwanziger, nach Torgau. Sie mußten an unseren Obstbäumen vorbei.

Der Zufall fügte es, daß meine Schwester Maria und ich kurz zuvor Lust verspürten, Äpfel zu pflücken. Sie blieb unten, ich kletterte auf den Baum. In diesem Augenblick ging das Lehrerehepaar vorüber. Mir war das äußerst peinlich, weil damit eine Situation der Grußpflicht entstand.

„Guten Tag!“ durfte ich nicht grüßen. Bei „Heil Hitler!“ war aber zugleich der rechte Arm zu heben. Wie sollte das gehen, solange ich auf einem Ast saß? In meiner Angst versuchte ich, mich hinter den Blättern zu verstecken. Maria las Äpfel auf und sah nichts oder wollte nichts sehen.

Doch Moldenhauers hatten uns bereits entdeckt. Er schnauzte: „Könnt ihr nicht grüßen? Meldet euch morgen bei mir in der Klasse!“

„Laß doch die dummen Gören“, hörte ich die feine Frau Moldenhauer drängeln.

Das Wort Göre war mir völlig neu. Meine älteste Schwester Magda erklärte mir den hier abwertend gebrauchten Sinn für „unartige Kinder“.

Unruhige Träume verscheuchten in der Nacht meinen Schlaf. Maria ging am nächsten Tag zu Lehrer Moldenhauer und entschuldigte sich für mich mit.

Danach zeigte Alfred Leonhardt seine Macht. Während eines Appells warb er uns auf dem Schulhof für die Hitlerjugend und das Jungvolk. Die meisten unterschrieben. Ich nicht, weil ich die Kritik meiner Eltern fürchtete. Sie wollten bei allem vorher gefragt werden.

Woher sollte das Geld dafür kommen? Auf meiner Seite blieben noch sieben Jungen.

Leonhardt trat an mich heran: „Ich bezahle dir den Beitrag und die Jungvolkhose“, bot er mir an. Doch ich sagte nicht zu. Innerlich seufzend ließ ich mir die neue Uniformhose entgehen. Leonhardt drängte nicht weiter.

Bald darauf wurde der Sonnabend zum Staatsjugendtag erklärt. Hitlerjugend-, Jungvolk- und BDM-Dienst waren an diesem Wochentag angesagt. Nur wir acht Jungen unserer Schule mußten zum „Sonderunterricht“. Dabei erfuhren wir vom Marsch auf die Feldherrenhalle in München und von ähnlichen Ereignissen.

Anschließend ging es zum Sportunterricht, denn Körperertüchtigung galt als ein Hauptziel der Schule wie der Jugenderziehung: „mens sana in corpore sano“ oder „einen gesunden Geist in einem gesunden Körper“.

Lehrer Hans Meyer erklärte uns großspurig, das sei von der griechischen Kalokagathie (körperliche und geistige Vollkommenheit als Bildungsideal im alten Griechenland) abgeleitet. Davon verstand ich nichts, wollte aber gesund sein und meinen Körper stählen. Dazu ergaben sich mehrere Gelegenheiten:

Nachmittags und während der Ferien hatte ich zwei Kühe und vier Schafe zu hüten auf einem Gelände, an dessen Rändern mehrere Gemüsearten und auf dessen Mittelstreifen Gras und Obstbäume wuchsen, dort durfte geweidet werden. Am dicksten Birnbaum in der Mitte schlug ich mein Hütelager auf und las mit großem Interesse die bebilderte Zeitschrift „Der gemütliche Sachse“, die ich für Gemüsekunden zum Altstoffhändler bringen sollte. Manchmal wurde es zu kühl. Dann steckte ich zwei Zipfel eines Karftoffelsackes ineinander, damit sich ein Kapuzenumhang ergab, unter dem sich eine erträgliche Wärme ansammelte. Trotzdem wollten die Stunden nur langsam vergehen.

Hin und wieder zog ich mich an dem untersten Ast auf den Baum, kletterte höher und übte an den Ästen Klimmzüge, dabei immer die Tiere im Auge behaltend. Dadurch stärkten sich meine Muskeln.

Am Abend mußten die Kühe zum Melken in den Stall. Alle Tiere wurden eingetrieben. Teile des Stalles hatte der Schlachter Möbius gemietet. Aller paar Tage trieb er sein Schlachtvieh ein, entfernte die Deichsel vom Viehtransporter und hängte sie wie eine Reckstange zwischen zwei Balken unseres großen Schleppdaches für die Erntewagen auf. An dieser dicken Holzdeichsel übte ich ungestört den Aufschwung, den Felgumschwung, die freie Felge, den Knieumschwung und später den Rückenaufzug.

Zur vollendeten Korrektheit brachte ich es nicht, aber unmerklich wuchsen meine Muskeln und mein Mut, mich an das Reck zu wagen. Das dünne stählerne Reck der Turnhalle erschien mir fortan wie ein Spielzeug, obwohl es auf Ungeübte wie ein Folterinstrument wirkte, zum Beispiel auf den dicken Richter, der am Reck hing und die Zunge herausstreckte, als wolle er ersticken.

Ich war mit elf Jahren immer noch der Kleinste in der Klasse. Da mir aber alle Übungen an den Geräten spielend gelangen, setzte mich Turnlehrer Rudolf Scheller als Riegenführer ein. Aber ich konnte nicht kommandieren, weil ich mich schämte. Das hatte einen einleuchtenden Grund: In meiner Mutter steckte die Erinnerung an die harte Winterkälte Ostpreußens. Dagegen halfen knöchellange Unterhosen mit ausgearbeitetem Po und ein Leibchen, an dem die Strumpfhalter für die langen Strümpfe befestigt waren. Die Unterhosen hatten ein Oberteil mit langen Ärmeln. Das ließ sich in der Turnhalle nicht so schnell gegen Turnzeug wechseln. Außerdem hätte das bei den anderen schallendes Gelächter ausgelöst.

Aber die andere Lösung erwies sich auch nicht als besser. In meiner Not behielt ich die Unterhosen mit den langen Strümpfen an und zog nur Turnhose und Turnhemd darüber. Damit sollte ich Riegenführer sein?

Die Scham verschloß mir den Mund. Er brachte die notwendigen Kommandos nicht heraus. Lehrer Scheller konnte nichts machen und übernahm wieder selbst das Kommando oder setzte einen anderen Schüler ein.

Nun beherrschte ich zwar alle geforderten Reckübungen und erklomm als erster die Kletterstangen, überall jedoch quollen die verflixten Unterhosen hervor und machten mir die Turnstunde nur aus diesem Grunde während des Winters zur Qual.

Als der Hitlerjugenddienst – gleich Jungvolkdienst – sonnabends Pflicht wurde, übertrug sich die Misere wie eine unvermeidliche Kettenreaktion auch darauf. Man teilte mich dem Fähnlein drei mit dem Fähnleinführer Mamm zu. Der trug eine korrekte Uniform mit schwarzen Schnürschuhen, Skihose, Uniformbluse, Skimütze, Koppel, Schulterriemen und Dolch mit der Aufschrift „Blut und Ehre“. Die drei Zugführer, die Jungenschaftsführer und die Pimpfe, so wurden alle im Dienst genannt, waren ähnlich gekleidet.

Da für diesen Tag ein Kriegsspiel in Richtung MUNA (Munitionsanstalt) bei Süptitz angesagt war, hatten viele Pimpfe Feldbeutel und Feldflaschen umgeschnallt. Mir war der geplante Tagesablauf bekannt. Aber ich besaß kein einziges Uniformstück, keine Feldflasche und keinen Brotbeutel. Draußen herrschte Februarnässe.

Meine Mutter befahl, lange Unterhosen, lange Strümpfe, geflickte knielange Hosen und die grüne Winterjoppe des ältesten Bruders Hans anzuziehen. Aber Frühstück und die Seltersflasche mit dem Malzkaffee konnte ich in keiner der sechs Taschen unterbringen. Dafür hatte mir die Mutter einen kleinen Rucksack auf ihrer Singer-Nähmaschine genäht und war ganz stolz darauf.

Tante Mariechen aus Berlin hatte mir zu Weihnachten eine Bleylemütze geschenkt, die mit ihren drei Zipfeln an Till Eulenspiegel erinnerte und später in ähnlicher Form bei Olympiaden von Eislangläufern getragen wurde. Weil sie sehr gut wärmte und ich keine andere Mütze besaß, ging ich damit auch zum Jungvolkdienst. Zuerst verschrien die jungen Pimpfe sie als Mädchenmütze, doch mit der Zeit gewöhnten sie sich daran.

Als ich auf dem Horst-Wessel-Platz erschien, war das Fähnlein drei bereits zwischen dem Lyzeum und der Fleischerei Bachmann angetreten. Während ich aus der Fischerstraße auf den Antreteplatz einbog, waren alle Augen auf mich gerichtet. Ein Raunen ging durch die Reihen.

Fähnleinführer Mamm teilte mich dem Zug zwei mit dem Zugführer Heuschkel zu und duldete dabei kein Murren oder Scharren. Ich stellte mich als letzter in die letzte Reihe. Jeder Zugführer mußte dem Fähnleinführer melden.

Ich hörte nur, daß Heuschkel befahl: „Zug Teja, stann!" Das hieß: „Zug Teja, stillgestanden!"

Danach erfolgte die Meldung mit erhobenem Arm.

Nach und nach erfuhr ich den Sinn des für mich seltsamen Befehls. Teja war als Nachfolger des Ostgotenkönigs

Totila vor ungefähr 2000 Jahren in Italien von dem verschnittenen Narses, dem Eunuchen, getötet worden.

Zu Ehren des letzten Ostgotenkönigs hatte sich der Zug zwei den Namen Teja gegeben. In diesem Zug erlebte ich etwa zwei Jahre als der Bauerntölpel, wie ich nach meinem merkwürdigen Aufzug genannt wurde, den Jungvolkdienst.

Es gab in dieser Zeit einen Schlager mit der Zeile „Auf jeden November folgt wieder ein Mai“. Für mich traf das gleichsam zu: In der warmen Jahreszeit akzeptierten alle meine leichte kurze Hose mit dem luftigen Hemd, obwohl das keine Uniform war. Beim Vorturnen trug ich die gleiche Turnkleidung wie alle anderen. Ohne Hemmungen zeigte ich die Übungen an den jeweiligen Geräten und wurde von allen anerkannt, denn es zählte nicht nur die Kleidung, sondern auch die Leistung.

[Enzberg bei Pforzheim, Baden Württemberg;
1933–1939]

Esther Waidmann

Das Klärle

Als ich sechs Wochen alt war, kam ich, da unsere Mutter wieder nach Pforzheim arbeiten ging, zu Familie Mappus. Meine Schwester Irmgard, sechs Jahre älter als ich, war auch schon dort. Die Familien kannten sich gut, weil das Haus im Gäßle zuerst den Mappusens gehört hatte. Morgens sehr früh brachte Mutter uns dorthin, und abends holte sie uns wieder ab.

Was hatten wir für ein Glück in dieser Familiengemeinschaft! Die freundschaftlichen Bande hielten bis zum Tode. Herr Mappus war Mesner. Wir sagten zu Frau und Herrn Mappus Mame und Pape. Unsere Bezugsperson war das Klärle, beider Tochter. Sie liebte uns, als wären wir ihre eigenen Kinder. Die anderen Familienmitglieder waren der Alfred, der Arthur und die Martha. Alfred war Schuhmachermeister und hatte seine Werkstatt unten links vom Eingang. Dort gab es so viele Werkzeuge, Hämmer, Nägel usw. Zeitweise hatte er auch einen Gesellen.

Ganz oben war eine Schneiderwerkstatt, da residierte der Adolf Alber. Er gehörte insofern zur Familie, als er hier Kost und Logis hatte. Also kamen die Männer zum Mittagstisch zusammen. Martha und Arthur trafen erst am Abend ein.

Ich fand es immer herrlich, wenn ich beim Läuten der Glokken dabei sein durfte. Geläutet wurde um 11, 15 und 18 Uhr. Am schönsten war es sonntags, wenn mit allen Glocken ge-

Ein Ausflug mit Familie Mappus. Das Klärle mußte immer in einem Rollstuhl geschoben werden. Ich bin drei Jahre alt und sitze mit ihr auf einer Decke.

läutet wurde, dann waren zwei Männer für das Ziehen der Seile erforderlich. Wenn Mame oder Pape nicht aufpaßten, zog ich noch einmal an einem Seil, was ich eigentlich nicht durfte. Es war aber nicht zu überhören, meine Mutter pflegte dann immer zu sagen: „Da war Meine wieder dabei!“

Tagsüber hatten wir Klärle ganz für uns allein. Die Arme war seit ihrem zweiten Lebensjahr an den Beinen gelähmt. Es hieß, sie habe im nassen Sand gespielt und sich dabei das Leiden zugezogen; vielleicht war die Krankheit auch nicht richtig erkannt worden. Etliche Jahre hatte sie in Ludwigsburg, in den Wernerschen Anstalten, verbracht.

Auch später, als wir nicht mehr ständig bei ihr waren, konnten wir mit unseren Sorgen immer zu Klärle kommen, wenn wir Kummer hatten oder uns mit unseren Eltern nicht ganz einig waren. Sie übte große Nachsicht, wenn wir Kinder etwas angestellt hatten. Klärle war einfach eine Perle! Sie war sehr fromm, betete immer bei Tisch. Das Essen bei Mappusens war sehr einfach, aber es schmeckte uns. Es gab oft Brotsuppe oder Dampfnudeln. Ich durfte die anderen zum Essen rufen.

Das Klärle konnte wunderbare Handarbeiten anfertigen, das Sticken übte sie sogar professionell aus. Sie stickte für die Leute Namen in die Wäsche. Im Winter lernte sie Bauerntöchter in dieser Handarbeit an. Alles, was sie machte, war so akkurat, ich sah seither nie eine schönere Stickerei. Von ihr konnte man alles in puncto Handarbeiten lernen. Leider hat es bei mir nicht viel geholfen.

Es war immer ein glücklicher Tag, wenn Kundschaft kam und bezahlte. Dann wurde ich ins „Waldhorn" geschickt, wenn dort Schlachttag war, um Hausmacherwurst zu holen. Die Wirtin war die Tante vom Klärle. Was roch doch die Leberwurst verführerisch! Im „Waldhorn" wußten sie, daß ich Leberwurst für mein Leben gern aß, deshalb gaben sie mir ein kleines Stück für den langen Heimweg auf die Hand. Das regte aber meinen Appetit noch mehr an. Ich konnte nicht widerstehen, und so kam es dann, daß ich, bei Klärle eingetroffen, nur noch einen Rest von der Wurst in der Tasche hatte. Trotzdem schimpfte sie nicht mit mir, das Brot wurde einfach dünner mit Wurst bestrichen.

Da Klärle mich wie ein eigenes Kind behandelte, durfte ich auch mit ihrer Porzellanpuppe spielen. Eigentlich hätte sie es sich denken können, daß eines Tages mit ihrer geliebten Puppe etwas Schlimmes geschehen würde. Wie es passierte, weiß ich nicht mehr: Die Puppe war kaputt. Hoch und heilig versprach ich dem Klärle, daß ich die Puppe, wenn ich einmal Geld verdienen würde, ganz bestimmt reparieren ließe. Das tröstete sie. Aber es blieb bei dem Versprechen. Mit der Zeit vergaß ich die Puppe. Klärle jedoch nicht, noch lange bewahrte sie die Teile in einer Schachtel auf. Ich denke, sie wird es mir verziehen haben, ich war ja noch ein Kind.

Als ich drei oder vier Jahre alt war, mußte ich wegen einer Drüsenoperation nach Pforzheim in den Siloah. Dort gab es einmal Rotkohl, den ich einfach nicht essen wollte. – Es gibt eben immer Speisen, die man als Kind nicht mag, mein Vater aß zeitlebens keinen Rosenkohl.

An diesem Tag kam der Pape zu Besuch, und er brachte mir auch ein Geschenk mit, ein Struwwelpeter-Buch. Ich war so glücklich, denn nur wenige Kinder besaßen ein solches Buch. Kranksein war manchmal schön, waren doch die Erwachsenen dann sooo freundlich und verständnisvoll! Aber – oh weh – bevor ich den Struwwelpeter bekam, mußte ich erst das Rotkraut essen, einen Löffel nach dem anderen. Pape war jedoch nachsichtig, ich mußte nicht alles aufessen.

Viele Jahre später, Mame war schon verstorben und wir waren nicht mehr bei Mappusens, da mein Bruder Manfred zur Welt gekommen war und unsere Mutter deshalb zu Hause blieb, ging Pape Mappus wieder auf Freiersfüßen. Wir durften ihn auf der Straße jetzt nicht mehr Pape rufen. Das war sehr schlimm, wir waren gekränkt. Wie sollten wir ihn denn sonst nennen?

Wenn ich an meine Kindheit zurückdenke, gehört die Familie Mappus immer dazu. Ihr verdanken wir viel, auch unsere Eltern waren ihr sehr verbunden. Unsere Mutter und das Klärle waren 40 Jahre befreundet. In dieser langen Zeit fiel nicht ein einziges böses Wort zwischen ihnen.

Als das Klärle im Seniorenheim bei Pforzheim lebte, besuchten wir sie jedesmal, wenn wir nach Enzberg fuhren. Dann sagte sie froh zu ihren Mitbewohnern. „Heute kommen meine Kinder!“ Sie freute sich immer so sehr, und wir freuten uns auch. Bevor wir dann wieder gingen, sprach Klärle mit uns noch ein Gebet. Jede ihrer Äußerungen, jede ihrer Regungen kamen aus tiefstem Herzen. Sie gab uns ihre innere Ruhe und ihre Zuversicht mit auf den Weg.

[Möbisburg bei Erfurt;
1935]

Hans Döpping

Die Knackwurstfahne

Knackwurst – anderswo auch „Polnische“ oder „Feldkiker“ oder „Grobe“ geheißen – Knackwurst war der Inbegriff der Wurstseligkeit. Und eine Wurststange ist ein durch Ruß und Rauch geheizter und geschwärzter Knüppel, an dem man Würste zum Räuchern aufhängt. Das sei erst einmal geklärt.

Die Knackwurstfahne wurde nur ein einziges Mal gehißt: von dem vierjährigen Geri (Koseform von Gerhard) Korn aus Möbisburg, einem kleinen Jungen, den alle kannten, wie man sich – jedenfalls damals – auf den Dörfern kannte und viel voneinander wußte. Das geschah just zu der Stunde, da man Geris Urgroßmutter in ihrem Sarge vor dem Wege „auf die Burg“ einsegnete.

Der Sarg stand auf dem Bock, den sechs Männer mit seiner Last durch das Dorf auf die „Burg“ zu tragen hatten, vor dem Hause der Verblichenen.

Die Trauergemeinde wogte wie ein dunkles Meer. Die Frauen umkrampften ihre weißen Tücher und die Zitronen in ihren Händen. Das war ein überkommener Brauch, den niemand mehr recht zu deuten wußte.

„Im Erinnern an Karfreitag“, sagten manche, „als Christus der Essigschwamm gereicht wurde.“ – Andere senkten die Stimme: „In der Sommerglut dringen oft Verwesungsgerüche der Toten aus dem Sarge, bevor er in die Grube gesenkt und zugeschaufelt wird. Das ist ein schlimmer Gestank.

Da ist es gut, die Nase an einer Zitrone zu reiben. – Bei der Beerdigung von Kaspar war das so. Der Geruch war nicht auszuhalten, wirklich.“ Auch andere Namen wurden noch genannt. „Aber ich will nichts gesagt haben, gelle?“

Also hielten sich die Frauen an ihren Zitronen fest. Die Männer jedoch standen mehr ratlos und drehten ihre Hüte vor den Bäuchen.

Wir älteren Schulkinder standen verlegen und dicht gedrängt bei unserem Lehrer Schäfer, „d’r Kant’r“ (der Kantor) genannt, dicht bei dem Sarge. Auf des Lehrers energisches Zeichen zitterten unsere heiseren dünnen Stimmen in den Sonnennachmittag: „Geh nuun hiin graabt main Graab, deen iich biin dees Waanders müüde...“

In die folgende Stille schnitt die Stimme des Pastors: „... denn wir haben hier keine bleibende Statt, sondern die zukünftige suchen wir!“

Der Kreuzesträger schob sich vor den Sarg, die Träger spuckten verhohlen in die Hände. Die Frauen nestelten an ihren Tüchern. Ein Räuspern und Raunen ging durch die Reihen. Einer der Träger flüsterte sein „Zugleich!“

Da erschallte oben vom Himmel eine helle Knabenstimme: „E’ne Fahne! E’ne Fahne!“

So reckten sich alle Gesichter hoch auf zum Giebel des Hauses. Dort war ein Wurstknüppel herausgestreckt worden. Eine Knackwurst hing daran. Und beides wurde geschwenkt, wie man eine Fahne schwingt. Wie eine Glocke taumelte die Wurst, die, sonnenbeschienen, wie Gold leuchtete. – Was war geschehen?

Geri, der nicht mit zum Friedhof sollte, war, einer Aufsicht entwischt, in die Wurstkammer geraten, und dort hatte er sich seine Fahne gebastelt.

Die aber mußte nun auch gezeigt werden. So schwang es, so klang es aus der Bodenluke: „E’ne Fahne! E’ne Fahne!“

Manche behaupteten später, der Sarg habe gewackelt, so habe die Uroma lachen müssen.

[Lausen bei Leipzig;
1933–1940]

Gerta Kohlmann

Hausschlachtung

Als kleines Mädchen erlebte ich alljährlich das große Ereignis unserer Hausschlachtung. Meine Mutter hatte das jeweilige Schwein von seinem Ferkeldasein an gefüttert und gehegt, damit eine richtige Schlachtsau daraus wurde, dennoch oder gerade deswegen tat es ihr im Herzen jedesmal ein wenig weh, wenn es ans Schlachten ging. Für unsere große Familie bedeutete es auf jeden Fall, reichlich Essen zu haben, und schließlich wurden die Tiere nunmal dafür großgezogen.

Die Hausschlachtung fiel entweder in die Zeit zwischen Ende Oktober bis Anfang Dezember oder Februar/März, und immer führte derselbe Metzger sie durch. Schlachttag war der Samstag, damit keiner aus der Familie zuviel Arbeitszeit einbüßte, denn alle machten mit, weil an so einem Tag gar nicht genug fleißige Hände zupacken konnten.

Am Tag zuvor erledigten meine Eltern alle Vorarbeiten in der Schlachtküche, im Hof und im Schuppen, damit es am Morgen um Punkt sechs Uhr losgehen konnte. Alle Familienmitglieder und auch die vier Geschwister waren anwesend, dazu gehörte auch unsere Heyer-Mutter, die zu dieser frühen Stunde extra aus dem Nachbarstädtchen zu Fuß in unser Dorf gekommen war. Sie war die Mutter meines Vaters, wollte aber von keinem ihrer zahlreichen Enkelkinder Oma oder Großmutter genannt werden. So hatten wir uns auf ihren Familiennamen und Mutter geeinigt, und alle bei uns im Dorf kannten sie als Heyer-Mutter.

Auch unser Metzger kam pünktlich und ging gleich forsch zur Sache. Sein Zuruf: „Baul, bring ä ma den Schlachbolsen un ä Holzhammer!" galt unserem Vater. Zusammen gingen sie dann zum Schweinestall, um das Tier zunächst zu betäuben. Und schon rief Mama mich: „Gomm meene Gleene, mir gehn Semmeln holen beem Bägger!"

Für uns zwei hieß es jetzt, nichts wie weg!

Gleich würde alles sehr schnell gehen. Das Schwein würde beim Einfangen schrecklich quieken, und damit meine Kinderaugen nicht noch schlimmere Dinge sehen müßten, gingen Mama und ich lieber rasch los, denn auch sie fürchtete diesen Moment. Das Schwein mußte nämlich gleich nach dem Betäuben abgestochen werden, dann floß sein Blut in eine große Schüssel, und unsere Heyer-Mutter mußte es fleißig umrühren und quirlen, damit es nicht gerann.

War diese ungeliebte Arbeit erledigt, kam das Schwein in einen Brühtrog, eine Holzwanne, in der es mit sehr heißem Wasser übergossen wurde. Danach legten wir es auf die Seite und schabten seine Sauhaare ab – fast wie eine erstklassige Rasur. Gleich danach befestigten es die Männer mit einem Hängeholz an einer Leiter, um es dann zu öffnen, die Innereien zu entnehmen und alles zu säubern. Das war der Zeitpunkt, auf den Trichinenschauer zu warten, der Drüsen, Leber und Lunge des Tieres auf TBC untersuchte.

Er hatte zur Zeit der Hausschlachtungen viel zu tun, kam jedoch selten zu spät. Und war er endlich da gewesen, konnten wir ungehindert an die eigentlichen Schlachterarbeiten gehen. Zuerst einmal sortierten wir die Därme, denn jede Art war für eine bestimmte Wurstsorte geeignet: so der Dünndarm für Leberwurst und Knackwurst, der gezackte Krausdarm für Blutwurst, der Dickdarm, den wir Niedeldarm nannten, für Bratwurst. Magen und Blase wurden für Sülzenwurst, auch Schwartemagen genannt, verwendet.

Schließlich konnten wir das Schwein zerlegen und die Fleischstücke nach der Art ihrer Weiterverwendung sortieren. Bratwurstfleisch wurde roh verarbeitet und kam in eine besondere Wanne. Wenn diese Wurstmasse fertig war, konnte Mama ihre Wünsche anmelden, füllte einige kleinere Steintöpfe mit der Masse und übergoß sie mit heiß ausgelassenen Lüngen*), das sich später festigte und so die würzige Masse haltbar machte.

Das gesamte restliche Fleisch wurde erst einmal in einem riesigen Kessel einundeinviertel Stunden gekocht, dann nahmen wir es aus dem heißen Wasser und schnitten es, passend für die verschiedenen Wurstsorten, in Würfel oder Streifen. Wir nannten diesen Vorgang „Wellfleischschneiden" und brauchten wirklich jede Hand dazu. Das war das größte und genußvollste Ereignis des ganzen Schlachttages, denn endlich durften wir etwas von dem wertvollen Fleisch genießen!

Mama hatte weit weg vom Fleischtisch Körbchen mit Brotwürfeln sowie Tellerchen mit Salz und Pfeffer bereitgestellt. Während Papa darauf achtete, daß davon nicht ein Krümelchen ins Fleisch gelangte, was die Haltbarkeit beeinträchtigt hätte, durfte jeder vom Fleisch naschen, es nach Wunsch würzen und Brot dazu essen.

Zwischendurch reichte Mama den Erwachsenen eine Runde Korn, damit sie das für heutige Begriffe ziemlich fette Essen besser verdauen konnten. Oder gab es vielleicht noch andere Gründe für einen kleinen Schnaps zwischendurch, die ich als Kind nicht kannte? Wir alle, Große und Kleine, labten uns außerdem an Mamas unvergeßlichem Sauerkraut und einer hohen Schüssel Selleriesalat.

Nach dieser ersten Stärkung seit dem frühen Aufstehen wurden die Würste zubereitet. Für die Leberwurst mußten wir das Fleisch noch durch den Wolf drehen, alle Wurstfüllungen wurden außerdem sorgfältig gewürzt, bevor wir sie

---

*) Fettschicht unter der Haut des Schweins, auch Flomen genannt.

dann per Hand oder Wurstspritze in die vorbereiteten Därme füllten.

Ein Teil der Würste wurde anschließend in einem großen Kessel gesiedet, das ergab eine wohlschmeckende Brühe. Papa stach gern noch in eine fertige Wurst hinein und gab den Inhalt in die Brühe, damit sie noch gehaltvoller wurde – sehr zur Freude unserer Dorfbewohner. In unserer Schlachtküche reihten sich schon Töpfe und Krüge aneinander, in die wir dann die herzhafte Wurstbrühe füllten, so daß am nächsten Tag die Nachbarn eine gute Suppe zu essen hatten, in die sie nur noch ein paar Nudeln gaben. Wir mußten manchmal aufpassen, daß für uns selbst noch ein Topf übrig blieb!

Schließlich wurden die Hinterkeulen für zwei große Schinken und die Rückenfettseiten für den Speck gerichtet. Diese Teile kamen zunächst ins Pökelfaß in eine Salzlake. Ganze 80 Gramm Salz wurden auf einen Liter Wasser verwendet, und die Fleischteile mußten acht Wochen darin liegenbleiben. Oben auf die Schinken und Speckseiten wurden noch die Rippchen, Knochen und alles andere, was haltbar gemacht werden sollte, gelegt. Damals war bei uns das Einkochen in Gläsern noch nicht so bekannt, und wir benutzten überwiegend diese Methode. Nach der langen Pökelzeit mußte man die Teile einen ganzen Tag lang wässern und anschließend drei bis vier Tage lufttrocknen.

Zusammen mit den Würsten, die auch schon eine Trokkenzeit von ungefähr acht Tagen überstanden hatten, kamen sie schließlich in die Räucherei in der Dorfschmiede. Alle benutzten diesen Platz, so daß zur Schlachtzeit dort gewissermaßen Hochbetrieb herrschte und über dem ganzen Dorf ein appetitanregender Räucherduft hing.

Damit jede Familie nun auch ihre Schinken und Speckseiten wiederfand, gab es ein Verfahren, das mich als Kind bei jeder Schlachtung faszinierte und mir bis heute unvergessen ist: Mit einer Spezialfarbe wurde auf jedes Fleischteil ein großes H gemalt und auch eingeritzt, das stand für unseren Familiennamen Heyer. So konnten wir nach den üblichen zwei Wochen Räucherzeit leicht unsere Stücke wiederfinden.

Das Schlachten war damals besonders für große Familien, die wenig Geld hatten, sehr wichtig. Für meinen Vater war es so bedeutsam, daß er sogar während des Zweiten Weltkrieges, aus dem er später leider nicht zurückkehren sollte, in den Jahren 1939 und 1940, jeweils Ende Oktober für zwei Tage nach Hause kam, um dabei zu sein. Zu jener Zeit als Kurier unterwegs, tauchte er einmal genau in dem Moment auf, da wir das große H einritzten...

(Weitere Erinnerungen dieser Autorin finden Sie im Band „Jugend 1945–1950“ der Reihe **ZEITGUT**.*)*

[Frößeln, Gemeinde Wipperfeld bei Wipperfürth;
Weihnachten 1935]

Elisabeth Kirch-Schuster

Der Kaufladen

Daß ich Weihnachten mit allem Drumherum jedes Jahr aufs Neue so intensiv erlebe, liegt vielleicht daran, daß ich am Heiligabend geboren bin. Wenn sich auch im Laufe der Zeit so vieles rund um das Fest verändert hat, bleibt doch das Wichtigste, der Sinn der Weihnacht, erhalten: Gott selbst ist aus Liebe zu uns in dieser Nacht Mensch geworden, und die Menschen sollten es ihm gleichtun.

Wann sich das Jahr der Weihnachtszeit zuneigte, erkannten wir damals an ganz anderen Vorzeichen als heute. Waren die Runkelrüben im Keller und die Stoppelrüben abgeerntet, ein Teil des Getreides gedroschen und der Weißkohl im Steintopf zu Sauerkraut eingelegt, war schließlich das Schwein geschlachtet, dann – ja, dann konnte Weihnachten werden.

Strümpfe, Socken, Handschuhe und Schals wurden gestrickt, und am Abend im Dunkeln wurde der Rosenkranz gebetet. Und Mama sagte fast täglich: „Kinder, wenn ihr nicht brav seid, bekommt ihr nichts vom Christkind.“

In einem Jahr, ich war sieben Jahre alt und meine Schwester Martha neun, wünschten wir uns zu Weihnachten zusammen einen Kaufladen. Wir hatten schon immer gern Kaufen und Verkaufen gespielt, mit allen Dingen, die es in unserem Haushalt gab. Bezahlt wurde mit Erbsen und Bohnen in verschiedenen Größen und Farben. Wenn wir fleißig den

Rosenkranz beteten, so hieß es, würde sich unser Wunsch vielleicht erfüllen. Das wollten wir gern tun.

Nun schliefen wir zwar gemeinsam in einem breiten Bett, waren aber durch unsere Lebhaftigkeit am Tage abends so müde, daß wir viel zu schnell einschliefen. Unsere große Schwester dagegen blieb noch lange wach und betete viele Male. Da sannen wir auf einen Ausweg: Wir nahmen jeder eine Stecknadel mit ins Bett, und sobald eine von Müdigkeit übermannt wurde, pikste die andere sie mit der Nadel. So hielten wir uns gegenseitig munter und waren ganz stolz, bis Weihnachten mehr Rosenkränze geschafft zu haben als unsere ältere Schwester. Also hofften wir in kindlichem Glauben auf den Kaufladen vom Christkind.

Mit großer Spannung warteten meine Schwester und ich alljährlich Weihnachten auf die Bescherung. Das Foto zeigt mich als 7jährige kurz nach der Einschulung 1935.

Weihnachtsmorgen. Bescherung war erst nach der Christmette, die meistens morgens, ganz in der Früh, um 5 Uhr in unserer Pfarrkirche stattfand. Papa und Mama sangen mit uns gemeinsam ein Lied, dann machten wir uns als erstes über unseren Teller her: Blankgeputzte Äpfel, Nüsse, selbstgebackene Plätzchen und ein Weckmann*). Später gab es auch schon mal eine Tafel Schokolade oder eine Apfelsine, die wir beide uns teilen mußten.

Dann sahen wir uns unsere Geschenke an. Hausschuhe hatten wir bekommen, und in jedem Paar lag vorn ein Rosenkranz aus bunten Glasperlen drin. Wir Mädchen hatten sogar alle drei ein neues, gleiches Kleid bekommen, darüber freuten wir uns sehr.

Plötzlich entdeckten wir zwischen unseren Tellern eine Kaufladenwaage mit niedlichen Gewichtssteinen. Suchend sahen wir uns um, denn wir glaubten, wo eine Waage ist, müßte auch ein Kaufladen sein. Wir guckten in alle Ecken: unter dem Tisch, unter der Bank, hinter dem Herd und neben dem Schrank. Nichts, und wieder nichts!

Papa war gerade in den Stall gegangen, um die Tiere zu füttern, Mama befand sich im Schlafzimmer, um sich vom Kirchgang umzuziehen. Martha und ich liefen zu ihr hinein und bestürmten sie mit der Frage, wohin das Christkind unseren Kaufladen gestellt hätte. Da sagte sie fast tonlos: „Es reichte nicht für einen Kaufladen."

Nun weinten wir beide los, denn wir dachten, sie meinte, all die Rosenkränze hätten nicht gereicht. Zu spät bemerkten wir, daß unsere Mama nur mühsam ein Schluchzen unterdrücken konnte.

---

*) auch Stutenkerl genannt, ein Hefegebäck, meistens etwa 30 cm groß, in Form eines kleinen Menschen mit Augen aus Rosinen und fast immer mit einer zirka 10 cm langen weißen Tonpfeife im Mund. Dieses Gebäck gibt es in der Form nur in der Weihnachtszeit bzw. St. Martin verteilt es auch an die Kinder bei seinem Martinsritt durch das Dorf.

In diesem Moment kam Papa hinzu. Mit rauher Stimme sagte er: „Jetzt hilft alles nichts, wir müssen es euch sagen. Das echte Christkind, den Gott, der für uns Mensch geworden ist, das gibt es, und dadurch werden wir alle reich beschenkt, aber das versteht ihr noch nicht richtig. – Jedenfalls, die Sachen auf dem Weihnachtstisch, die müssen wir kaufen, und dafür müssen Mama und ich hart arbeiten und sparsam leben; und für viele notwendige Anschaffungen reicht das Geld nicht. – Eigentlich wollte ich für Mama ein neues Kleid kaufen, stattdessen hat sie aus dem Stoff für euch Mädchen die neuen Kleider nähen lassen!"

Wir waren tief beschämt. Mit Kartons und allerhand Krimskrams spielten wir weiter Kauffrauen, natürlich nicht ohne die Waage vom Christkind.

Zwar waren wir um eine Illusion ärmer, aber es fiel uns von da an leichter, unsere Wünsche den gegebenen Umständen anzupassen. Und wir bemühten uns, mit selbstgefertigten Handarbeiten auch unsere Eltern zu beschenken.

[Labiau bei Königsberg*);
1936]

Ilse Ernst

Ein Besuch auf dem Lande

Es war ein wunderschöner, warmer Julitag im Jahre 1936. Auf den Feldern stand das Korn in voller Reife, und wenn die Sonne darüber gleißte, sah es aus, als sei es mit einem Silberschleier überzogen. Dazwischen wiegten sich die roten Blüten des Klatschmohns mit den blauen Kornblumen um die Wette.

An einem solchen Tag wollte die Mutter mit uns Kindern unbedingt aus der Stadt heraus und aufs Land zu ihrer Schwester fahren. Wir waren nämlich echte Stadtkinder und wohnten am Stadtrand von Königsberg. Ein bißchen Natur gab es damals schon noch am Stadtrand, und wir Kinder vermißten zu dieser Zeit auch nichts. Aber hin und wieder wollte unsere Mutter halt ihre Schwester wiedersehen. Und an diesem herrlichen Morgen wurden sich unsere Eltern einig, aufs Land hinauszufahren.

Zu dieser Zeit war es nicht üblich, daß man sich einfach ins eigene Auto setzte und losfuhr. Nein, nur ganz wenige besaßen ein Auto, und bei den meisten Familien war das Fahrrad das wichtigste Fahrzeug überhaupt, wie bei uns zu Hause auch. Da nur unsere Eltern Fahrräder besaßen und für uns drei Kinder das Geld dazu fehlte, war es für sie auch gar nicht so leicht, mit uns dreien eine solche Tour zu unternehmen. Gut, man hätte noch mit der Eisenbahn fahren können, aber dort, wo unsere Tante Lisa wohnte, gab es leider

*) heute Polessk bei Kaliningrad in Rußland

keinen Bahnhof. Sicher hätte sie uns gern mit der Pferdekutsche von dem entfernten Bahnhof abgeholt. Aber meine Mutter wollte sie mit unserem Besuch überraschen.

So nahm mein Vater die beiden Buben auf sein Fahrrad. Harald, mit acht Jahren der Älteste, kam hinten auf den Gepäckträger, auf dem ein Fahrradstühlchen angebracht war, und Wolfgang, vier Jahre alt, mußte vorne am Lenkrad sitzen, an dem auch so ein Kindersitz angebracht war. Mich Sechsjährige setzte Mutter auf ihren Gepäckträger.

Es war jedesmal eine herrliche Fahrt dorthin. Unsere Tante lebte in Labiau und besaß dort mit unserem Onkel Erich einen größeren Bauernhof. Das waren übrigens die einzigen Verwandten in unserer Familie, die einen Bauernhof bewirtschafteten. Und so waren die Besuche dort für uns Kinder immer ein besonderes Erlebnis. Von Königsberg bis nach Labiau waren es beinahe 50 Kilometer. Doch unsere Eltern waren immer gut drauf und erzählten uns während der langen Fahrt abwechselnd so schöne Geschichten, daß es uns in unseren engen Sitzgelegenheiten nicht ungemütlich wurde. Außerdem machten sie des öfteren Rast, damit wir unsere von der langen Fahrt steif gewordenen Glieder wieder ein bißchen bewegen konnten. Nach etwa zehn Minuten ging es wieder munter weiter.

Schon als Kind konnte ich mich an der Natur erfreuen. Wenn wir durch die grünen Alleen fuhren oder durch den dunklen, tiefen Wald, den ich mir immer sehr ehrfürchtig hinter dem Rücken meiner Mutter betrachtete, oder aber an den vielen großen Seen entlang, da konnte es passieren, daß ich ganz still und andächtig wurde und meine Mutter mich des öfteren fragte, ob ich denn überhaupt noch da sei. Wenn ich gar so verträumt hinter ihr saß und nicht gleich antwortete, dann bat sie den Papa belustigt: „Du, Karl, schau doch mal hinter mir nach, ich glaube, wir haben unser Marjellchen verloren, denn ich höre sie schon seit einer ganzen Weile nicht mehr."

Das laute Gelächter meiner Geschwister holte mich dann schnell wieder in die Wirklichkeit zurück. Ich höre heute noch, wie mein Vater lachend meiner Mutter antwortete: „Was du immer bloß mit der Marjell hast, Lenchen! Laß sie nur, unser Iltis ist so sehr mit der herrlichen Natur beschäftigt, daß sie vor lauter Betrachten alles um sich herum vergißt.“ Iltis war damals mein Kosename, und so wurde ich auch meistens von meinen Eltern gerufen, wahrscheinlich deshalb, weil ich schon früh ein kleiner Wildfang war.

Etwa eine Stunde vor dem Mittagessen kamen wir fröhlich in Labiau an. Unsere Tante Lisa besaß ein größeres Landhaus mit einem niedrigen, breiten Dach darauf. Vor dem Haus war ein großes Spalier angebracht, an dem rote Feuerbohnen hochkletterten. Dieses Spalier mit den leuchtenden Blüten zog mich sofort magisch an.

Nachdem die Überraschung mit unserem Besuch geglückt und wir mit großer Freude aufgenommen worden waren, ließen wir die Erwachsenen allein zurück. Schließlich gab es für uns Großstadtkinder hier so vieles zu sehen, was wir zu Hause nicht hatten. Sofort gingen wir zu dritt auf Entdekkungsreise. Für die erste Stunde waren wir verschwunden.

Zuerst besichtigten wir den ganzen Hof, und dann kamen die Stallungen dran. Ach du meine Güte, das war nichts für mich! Schon der schwere Stallgeruch machte mir zu schaffen, und wenn sich dann noch eine Kuh nach mir umdrehte, ergriff ich sofort die Flucht nach draußen. Meinem großen Bruder machte das überhaupt nichts aus, er ging sogar auf die Kühe zu, um sie zu streicheln. Wolfgang, unser kleiner Bruder, schien sich vor ihnen nicht gerade zu fürchten, blieb aber vorsichtshalber am Eingang stehen und betrachtete sie mit einem gewissen Abstand. Mir war der Stallgeruch so unangenehm, daß ich die beiden dort allein ließ und lieber wieder zum Haus zurückging.

Schon vom weitem leuchteten mir die roten Blüten der Feuerbohnen entgegen, die mich schon bei der Ankunft so fasziniert hatten. Heimlich pflückte ich mir eine dicke Schote ab, um nachzusehen, was darin wohl sein könnte. Wie war ich erstaunt, was es doch für hübsche schwarzweiße Bohnen gab, und manche waren sogar schwarzlila. Solche hatte ich noch nie zuvor gesehen. Und schon lief ich zur Tante in die Küche und fragte sie, ob ich mir ein paar davon abpflükken darf. Tante Lisa lachte über meine Verwunderung und erlaubte es mir. Sie gab mir sogar einen Korb dafür und meinte, ich dürfte alle dicken Schoten abpflücken.

Glücklich machte ich mich sogleich über die Bohnen her, doch sehr lange hielt meine Begeisterung nicht an. Schon bald wurde es mir langweilig, und ich stellte den Korb einfach beiseite. Dann setzte ich mich auf die Gartenbank, die vor dem Haus stand, und schaute auf das gegenüberliegende weite Kornfeld, das an den dunklen Tannenwald grenzte. Meine Augen konnten sich daran nicht genug sattsehen, und schon begann ich wieder zu träumen. Während ich über das weite Ährenfeld schaute und zusah, wie der Wind leicht darüberstrich und die vollen Ähren wiegte, war es mir, als blickte ich auf einen silbern glänzenden See, und plötzlich hatte ich das Gefühl, ganz allein auf dieser Welt zu sein.

So war ich schon wieder mit meinen Gedanken von allem entrückt, als mein Vater aus dem Haus kam, um nach uns Kindern zu schauen. Als er mich auf der Gartenbank sitzen sah, fragte er mich nach meinen Brüdern und riß mich aus meiner Träumerei heraus. Unsere Tante hatte inzwischen das Mittagessen fertig, und der Papa sollte uns zum Essen holen. Bald darauf hatte er Harald und Wolfgang gefunden, und wir gingen gemeinsam hinein, um uns zu den anderen an den Tisch zu setzen.

Entsetzt schaute ich auf das Mittagessen, das Tante Lisa extra für uns angerichtet hatte. Für mich war es furchtbar, denn es gab ausgerechnet an diesem Tag Schmand-Schinken mit grünen Bohnen! Allein der Geruch von der warmen, sauren Sahne schnürte mir den Hals zu. Unsere Mutter, die

Wert darauf legte, daß wir uns anständig benahmen und sie nicht blamierten, schaute mich gleich ermahnend an. Aber gegen meinen Magen, der sich schon gegen den Geruch so sehr wehrte, kam ich nicht an. Nein, beim besten Willen, ich konnte mich, auch meiner Mutter zuliebe, nicht dazu überwinden, auch nur einen einzigen Happen in den Mund zu nehmen! Also fiel ich bei meiner Mutter in Ungnade, bis Tante Lisa sich meiner erbarmte und mir erlaubte, nur die trockenen Kartoffeln mit den Speckbohnen zu essen.

Nach dem Essen machten alle einen Mittagsschlaf. Und schon lauerte das nächste Problem auf mich. Tante Lisa überließ meinen Eltern das Wohnzimmer, in dem sie extra eine große Liege aufgestellt hatten. Meine beiden Brüder durften oben im Gästezimmer schlafen, und für mich hatte mein Onkel eigenhändig ein großes Kinderbett vom Boden heruntergeholt und in der Küche aufgestellt.

Oh Gott, war das ein uraltes eisernes Kinderbett, und dieses dichtmaschige Drahtgeflecht! Sicher stammte es noch aus dem vorigen Jahrhundert. Schon bei der Vorstellung, daß ich da hinein sollte, packte mich das blanke Entsetzen. Ich war mir ganz sicher, daß ich niemals in so einem Ungetüm schlafen würde, hinzu kam noch, daß ich ein Kind war, das sowieso in keinem fremden Bett schlafen konnte. Obwohl die Küchentür weit aufstand und ich meine Eltern sehen und hören konnte, weinte ich bitterlich vor Enttäuschung darüber, daß man mir dieses alte Bett zugemutet hatte. Oh ja, ich hatte schon als Kind eine große Abneigung gegen alles, was alt und weniger schön war. Aber es half alles nichts, ich wurde einfach da hineingelegt und hatte zu gehorchen. So liebevoll meine Mutter auch war, so streng konnte sie sein, wenn wir versuchten, uns zu widersetzen. Durch mein lautes Weinen hatte ich sie ohnehin schon verärgert, sie wurde ungeduldig und schimpfte sehr mit mir. Um sie nicht noch mehr in Rage zu bringen, hörte ich mit dem Weinen auf, denn ich wußte genau, daß sie dann sehr böse werden konnte.

Nun überlegte ich fieberhaft, wie ich es wohl anstellen könnte, aus dem unmöglichen Bett mit dem dicken Federbett herauszukommen. Also verhielt ich mich zuerst einmal ruhig und wartete ab, bis ich mir ganz sicher war, daß meine Eltern schliefen. Leise stand ich auf, kletterte über das Gitter und verließ aufgelöst, immer noch leise vor mich hinweinend, das Haus.

Mein einziger Gedanke war, fortzukommen, fort von diesem Haus und seinen uneinsichtigen Menschen. Ich lief los, ohne auch nur eine Minute daran zu denken, daß ich mich in dem hohen und weiten Kornfeld verlaufen könnte. Denn niemals wäre ich von meiner Tante aus allein nach Hause gekommen. Außerdem fürchtete ich mich ja auch vor dem dunklen Wald, der gleich hinter dem Kornfeld lag. Aber in meinem Kummer dachte ich wohl an nichts mehr und lief wie besessen davon, nur von dem einen Gedanken erfüllt, nicht in diesem häßlichen Bett schlafen zu müssen.

Irgendwann mußte meine Mutter wohl gespürt haben, daß mit mir etwas nicht stimmte. Wie sie mir später erzählte, war sie plötzlich unruhig geworden und hatte sofort nach mir geschaut, wußte sie doch, wie sehr ich mich gegen dieses fremde Bett gewehrt hatte. Wie war sie erschrocken, als sie feststellte, daß ich nicht mehr darin lag und auch nirgendwo im Haus zu finden war! Vor lauter Aufregung und schlechtem Gewissen rief sie das ganze Haus wach. Sofort hatten sich alle dort befindlichen Personen über den großen Hof verstreut, um nach mir zu suchen, leider ganz ohne Erfolg.

Verzweifelt machte sich meine Mutter schreckliche Vorwürfe, so hart mit mir gewesen zu sein. Während sie sich ganz erschöpft und weinend auf die Gartenbank setzte und mein Vater sie zu trösten versuchte, schaute er zufällig auf das Kornfeld hinüber. Er starrte wie gebannt auf einen roten Fleck, der sich ziemlich schnell auf den Wald zubewegte. Ganz aufgeregt, kam er auf den Gedanken, daß nur ich es sein könnte, die sich dort eilig fortbewegte, und er fragte meine Mutter: „Du, Lenchen, unser Marjellchen hat doch eine rote Schleife im Haar? Oder hast du sie ihr beim Schlafenlegen herausgenommen?"

Meine Mutter sprang wie von der Tarantel gestochen von der Bank auf und blickte in die Richtung, in die mein Vater zeigte. „Ja, das kann nur unsere Marjell sein", rief sie aufgeregt. „Tu doch endlich etwas, Karl", schrie sie ihn an, der noch ein bißchen zweifelte, ob es nicht doch bloß Mohnblumen waren, die sich dort bewegten. Aber die Tränen meiner verzweifelten Mutter und die besorgten Äußerungen der Verwandten veranlaßten ihn, sich auf sein Fahrrad zu schwingen und, als sei der Teufel persönlich hinter ihm her, direkt durch das Kornfeld zu fahren.

Ich hörte wohl seine Rufe, muß aber voller Panik gewesen sein, denn ich blieb nicht stehen, sondern lief, so schnell ich konnte, weiter, als ginge es um mein Leben. Dann knickte ich mit einem Fuß um, und ein stechender Schmerz hinderte mich am Weiterlaufen. So blieb ich sitzen und weinte herzzerreißend.

Total erschöpft erreichte mich mein Papa, denn es war nicht leicht, mit dem Fahrrad durch das dichte und hohe Kornfeld zu fahren. Das Korn war damals fast doppelt so hoch wie heute – oder schien mir das nur so, weil ich so klein war? Statt mit mir zu schimpfen, nahm er mich in den Arm und sagte zu mir: „Du bist und bleibst mein kleines, verrücktes Marjellchen!" Und ich weiß noch ganz genau, daß er vor Freude, mich wiedergefunden zu haben, Tränen in den Augen hatte.

Danach setzte er mich auf sein Fahrrad und schob mich langsam, in Gedanken versunken, durch das hohe Getreide auf den Hof zurück. Hier wurde ich von meiner total aufgelösten Mutter in Empfang genommen. Vor lauter Aufregung konnte sie kaum noch sprechen, sie drückte mich innig an sich und meinte dann zu mir: „Du dummes Marjellchen, du machst mir schon große Sorgen!"

Ich schmiegte mich zärtlich an meine Mutter und erklärte ihr, immer noch unter Tränen, daß ich in diesem Bett wirklich nicht hätte schlafen können.

Tante Lisa, die wie alle anderen sehr aufgeregt war, schaute mich erst verwirrt an und sagte dann zu meiner Mutter: „Mein Gott Lenchen, wenn ich nur gewußt hätte, daß dein Mädchen so fremdeln tut, hätte ich ihr doch niemals das Bett in der Küche aufgestellt! Und dabei meinte ich es doch nur gut mit ihr."

Nach diesem aufregenden Erlebnis hielten es meine Eltern für besser, gleich nach dem Kaffee wieder nach Hause aufzubrechen. Keiner von uns war an diesem Tage, der so unbeschwert begonnen hatte und beinahe böse geendet hätte, glücklicher darüber als ich.

[Hermsdorf, Riesengebirge*);
1936]

Gertraude Wortmann

Die Knopfstiefelchen

Die Tante wohnte in Auerbach im Vogtland. Das hörte sich für mich an, wie große, weite Welt hinter dem Gebirge. Ich habe sie nie gesehen, aber für mich war sie die feine Dame auf einer Postkarte, die im Vertiko-Schub lag. Mit einem großen Federhut, Schnürleibchen und fein gefaltetem Rock. Die rechte Fußspitze war auf einem Samthocker und man sah ihre Knopfstiefelchen. Ich fand sie wunderschön – bis auf ihre Schuhe, und das hatte einen Grund.

Jedes Jahr schickte die Tante ein großes Paket. Für jeden von uns war etwas drin. Die Kleinen hüpften vor Freude über die Geschenke. Ich ging schon zur Schule und bekam immer ein Dirndl mit Schößchen und seit der Schulzeit abgelegte Knopfstiefelchen.

Ich mochte beides nicht. Ich fand mich dick, mit roten Backen und steifen Zöpfen. Muttel machte ihre Hände immer naß beim Flechten, damit kein Härchen daneben hing. Und dann noch das Dirndl mit Rüschen um den Bauch! Ich wäre gern blaß und dünn gewesen, so wie Tilo. Sie saß in der Schule vor mir und hieß eigentlich Gretel Tiel, aber Tilo war kürzer.

Schon ganz zeitig im Frühjahr lief ich barfuß. Unter den Füßen war eine dicke Hornhaut, nur in der Kuhle nicht, die einzige Stelle, die oft etwas abkriegte. Scherben, Stoppelfelder und Schotter taten mir gar nichts, nur eben die Kuhle,

*) heute Sobieszów in Polen

aber das zählte kaum. Meine Knie waren immer zerschunden, und Hände und Füße obendrauf ganz rauh und rissig. „Du kriegst nochmal die Krätze," sagte Muttel immer, wenn sie mich samstags in der großen Zinkwanne mit Schmierseife und Wurzelbürste rubbelte. Geholfen hat es nichts.

Im Spätherbst, wenn es kalt wurde, rannte ich halt mit größeren Schritten. Die Füße waren dann mehr in der Luft als auf der kalten Erde, meinte ich.

Die Nachbarin rief: „Du wirst dir den Tod holen!" und schlug die Hände an den Kopf.

„Lieber Tod als Knopfstiefelchen", dachte ich wütend.

Aber eines Morgens sahen die Bäume wie im Märchenbuch aus. Mit Silberplättchen auf dem kleinsten Zweig. Und sie rieselten auf mich, wenn ich daran zupfte, wie bei der Goldmarie. Ich fing auch welche mit der Zunge auf. Und wenn dann die Sonne schien, war es fast wie Weihnachten, so sehr glitzerte es. Aber nun kam der Winter, und mit ihm die scheußlichen Stiefel.

Bis zur Wade gingen sie mir. Von unten bis oben mit dikken Druckknöpfen, oder zum Schnüren. Die Senkel rissen so schnell, und wenn ich eine Schnur anknotete, dann ging die nicht durch die Löcher. Es war wie verhext! Und hohe Absätze waren dran. Ich konnte auf Eis und Schnee nicht glitschen, die Absätze hakten und bremsten. Geputzt habe ich sie mit Spucke, aber richtig sauber wurden sie nie.

Das Schlimmste aber war für mich, die Knopfstiefelchen waren schmal und spitz, und sie standen vorne hoch wie ein Entensterz. Ich stopfte vorn Papier rein, aber sie standen trotzdem hoch. Die Kinder in der Schule lachten darüber.

„Du stakst darin wie der Storch im Salat", sagte Muttel und dabei guckte sie streng wie vor einer Backpfeife.

Dazu die von Muttel gestrickten Strümpfe mit dicken Stopfstellen und das Fußteil ganz hart vom vielen Trocknen über dem Herd. Die Stiefel hielten den hohen Schnee nicht aus, weil sie für feinen Damen gemacht waren. Und abends war ich klitschenaß an den Füßen, und an den Strümpfen klebten kleine Eisklumpen. Sie kratzten und hingen wie eine Ziehharmonika herunter, weil das Gummi am Leibchen so ausgeleiert war. Und zwischen Schlüpfer und Strümpfen war's nackt. Abends mußte ich richtig rubbeln, damit die Kälte raus ging. Lange Hosen für Mädchen gab es nicht.

Wenn ich Zeit hatte und raus durfte, dann war es im Winter herrlich. Der Schnee knirschte bei jedem Schritt. Auf der Leitung der Straßenbahn zischten blaue Blitze, wenn sie klingelnd vorbeifuhr. Und am Fiedlerberg mit dem Schlitten runtersausen, laut schreiend: „Bahn frei, Kartoffelbrei!" oder in die tiefsten Schneewehen springen, das mußte man einfach tun, weil der Winter so lachte. Was zählten da schon die Knopfstiefelchen!

Als das fünfte Schuljahr begann, ging meine beste Freundin zur Oberschule. Wie gern wäre auch ich mit blauem Faltenrock und einer Ledermappe unterm Arm mit der Straßenbahn zur Stadt gefahren.

Mein Hauptlehrer hatte mit meinen Eltern gesprochen, weil ich doch Klassen-Erste war. Aber Vater erklärte mir, barfuß und im Winter mit den Knopfstiefelchen zur Oberschule, das ginge nicht. Und außerdem kostete es Geld. Das war für mich ein großes Leid.

Und ich betete oft: „Lieber Gott, laß die Tante richtige Schuhe für mich schicken." Aber das hörte der nicht. Es war wohl nicht wichtig. Ich trug diese Dinger im Winter während meiner ganzen Schulzeit.

Zur Konfirmation bekam ich die ersten richtigen Schuhe aus einem Laden. Das war für mich ein großer Tag.

(Weitere Erinnerungen dieser Autorin finden Sie in den Bänden „Stöckchen-Hiebe. Kindheit in Deutschland 1914–1933", „Gebrannte Kinder. Kindheit in Deutschland 1939–1945" und „Jugend in Deutschland 1945–1950" der Reihe ***ZEITGUT****.)*

[Dresden;
1936]

Horst Jockusch

Das Fußballspiel

Elf Jahre alt war ich gerade geworden, da bekam ich eine Stelle als Laufbursche bei der Hutfabrik Kaminsky in der Pirnaischen Straße, nachmittags in der Zeit von 14 bis 16 Uhr.

Wenn ich meine Arbeit bei Kaminsky beendet hatte, kam ich meist noch zurecht, um in unserer Mannschaft „Münzgasse gegen Neumarkt“ die Linksaußen-Position zu besetzen. Dafür war ich prädestiniert, und mein Schuß mit dem linken Bein hatte schon oft das Spiel zu unseren Gunsten entschieden. Natürlich waren wir nur eine reduzierte Mannschaft: links, in der Mitte und rechts je ein Spieler sowie zwei Verteidiger – fünf Mann. Es gab nichts Herrlicheres für uns als diese Spiele, und wenn wir gewannen, konnte es keinen schöneren Abschluß des Tages geben.

Damals hatte uns das Fußballfieber ergriffen. Der Dresdener Sportclub, der DSC, war Meister und begeisterte uns. Der lange Helmut Schön mit seiner brillanten Technik und Richard Hoffmann mit seinen Bomben-Schüssen waren unsere Vorbilder.

An jenem Nachmittag mußte erst der kleine Hermann überzeugt werden, uns seinen Ball zu leihen. Der Junge hatte von seiner Tante einen wunderschönen Ball geschenkt bekommen, und den wollten wir gern für unser Spiel haben. Wir würden ihn dafür am Sonntag mit ins Kino schmuggeln. Zögernd überließ uns Hermann seinen Ball. Er wollte es sich mit uns nicht verderben. Inzwischen war auch die Neumarkt-Mannschaft komplett, und das Spiel konnte beginnen.

Unser Spielplatz war die breite Fläche zwischen dem Coselpalais und dem Garten der Kunstakademie. An die vorstehende Seitenwand vom Hotel „Stadt Petersburg“ war das Tor gemalt. Wir hatten nur das eine Tor mit einem unparteiischen Tormann. Da der Platz eigentlich nicht für uns gedacht war, sondern für Fußgänger, die vom Albertinum kamen, geschah es hin und wieder, daß einem Passanten versehentlich der Hut vom Kopf geschossen wurde. Mitunter flog der Ball auch in den Garten der Kunstakademie. Dann mußte einer über den hohen Gitterzaun klettern und den Ball herausholen. Das war immer mit dem Risiko verbunden, vom Hausmeister, mit dem wir schlechte Erfahrungen gemacht hatten, oder von seinem Hund erwischt zu werden.

Ausgerechnet heute flog der Ball wieder in hohem Bogen in den Garten, mitten in das Tulpenbeet. Der Hausmeister mußte schon darauf gelauert haben, denn er kam in Windeseile hinter einem Fliederbusch hervorgeschossen. Er hatte ein Messer in der Hand und schnitt den schönen Ball vom kleinen Hermann mittendurch. Dann warf er die beiden Hälften wütend, aber sichtlich befriedigt, über den Zaun zurück.

Aus war das Spiel. Wir hatten eine unbändige Wut im Bauch, ausgerechnet jetzt, wo wir schon 3: 0 in Führung lagen. Der kleine Hermann fing laut zu heulen an, und wir bekamen ein schlechtes Gewissen, weil wir nicht wußten, wie wir diese Situation zum Guten wenden sollten.

Alle hatten betretene Gesichter und standen tatenlos herum. Martin beruhigte den Hermann und versprach ihm, daß er einen noch schöneren Ball zurückbekommen würde. Es mußte also etwas geschehen. Wir hatten kein Geld, um einen neuen Ball zu kaufen. Was sollten wir nur machen?

Martin meinte, wir sollten einfach mal zu Woolworth gehen, dort hätte er viele Bälle gesehen. Erst mal schauen, was die so kosten. Also ging die ganze Meute los, Richtung Ama-

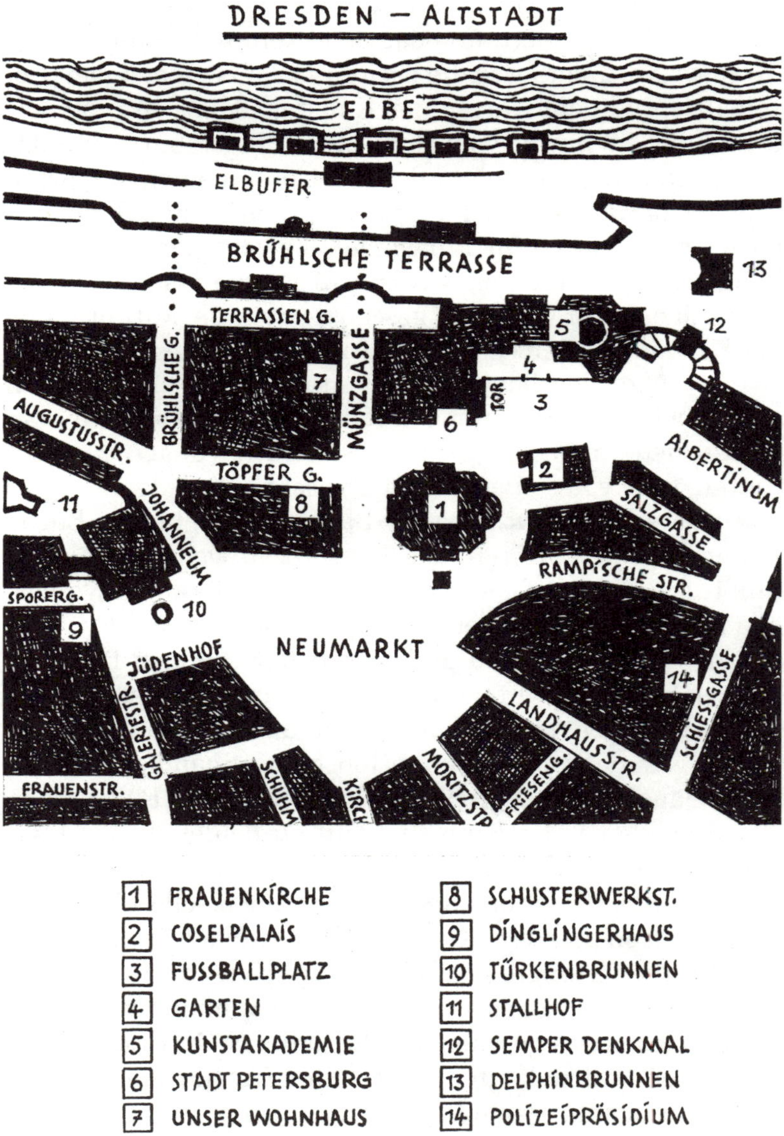

Tuschezeichnung / Feder Jockusch

Die Dresdener Altstadt mit der Frauenkirche um 1935.
Rechts oben die Elbe und die Brühlsche Terrasse, dazwischen die Kunstakademie. Rechts unten das Coselpalais. Dazwischen, mit einem Kreuz markiert, lag unser Fußballplatz mit dem Tor an der Hauswand.

lienstraße zu Woolworth, weil dort alles billiger war als anderswo. Und richtig, überall verkündeten große Schilder Preise von einer Mark.

Dann standen wir in der Spielwarenabteilung und staunten über eine große, bis fast an die Decke reichende Pyramide aus Bällen. Es gab sie in allen Sorten, Größen und Farben. Ein Ball, wie wir ihn suchten, kostete allerdings 2,50 RM. Diese Summe konnten wir augenblicklich nicht aufbringen. Wir streunten um den Turm herum: So viele Bälle lagen hier – wenn wir nur einen davon hätten!

Mit einem Mal rutschte die ganze Pyramide lautlos in sich zusammen. Unzählige Bälle rollten und sprangen in die Gänge, über die Ladentische hin und verursachten ein buntes, aufgeregtes Tohuwabohu. War das lustig anzusehen! Eilig kamen Verkäuferinnen herbei. Nun suchten wir aber schleunigst das Weite. Keinem von uns stand der Sinn danach, sich beschuldigen zu lassen ... darin hatten wir genügend Erfahrungen. In alle Windrichtungen stoben wir davon.

Erst nach einer halben Stunde trudelten wir, einer nach dem anderen, wieder auf unserem Fußballplatz ein.

Schließlich kam Martin die Treppe von der Brühlschen Terrasse herunter, und, wir trauten unseren Augen kaum, mit einem schönen, großen Ball unter dem Arm!

Sofort umringten wir ihn, begannen mit dem Ball zu bebbeln (dribbeln), und natürlich wollten wir wissen, wie er dazu gekommen war. Martin erzählte uns, der Ball sei durch den offenen Notausgang die Treppe heruntergehüpft, und da habe er ihn eingefangen. Erst hätte er ihn wieder hochschaffen wollen, aber da wären ihm Zweifel gekommen, ob man ihm glauben würde. Aus Angst, daß man ihn bestrafen könnte, sei er lieber mit dem Ball davongerannt.

Das konnten wir gut verstehen. Einige lachten zwar und zweifelten an seiner Darstellung, aber dann siegte die Freude über den neuen Ball. Dieser eine würde dem Herrn Woolworth, der so viele Bälle besaß, überhaupt nichts ausmachen; vielleicht würde es gar nicht bemerkt, daß da ein Ball fehlte. Also machten wir uns keinen Kopf weiter, sondern nahmen wieder Aufstellung und setzten das unterbrochene Spiel fort.

Ein herrlicher Ball war das, fest und groß, der exzellent vom Tor zurücksprang, wir mußten uns völlig neu auf diese besonderen Eigenschaften einstellen. Auf dem Fußweg stand glücklich der kleine Hermann, denn natürlich gehörte der neue Ball ihm.

Unsere Glückssträhne hielt an, wir erzielten ein viertes Tor und hätten das Spiel beinahe mit 5: 0 gewonnen, da passierte mir ein schreckliche Mißgeschick. Vor der Mauer mit dem angemalten Tor ging der Fußweg entlang, mit erhöhter Bordsteinkante. Nach einer Flanke von Kurt rollte der Ball da oben entlang, und ich brauchte ihn nur noch ins Tor zu donnern. So eine günstige Gelegenheit würde so schnell nicht

wiederkommen! Innerlich frohlockend über das sichere Tor, holte ich mächtig aus, und zack ...
Aber der Ball rollte weiter, und ich humpelte mit schmerzverzerrtem Gesicht auf den Fußweg. Ich hatte einige Zentimeter zu tief gezielt und so den Ball verfehlt, mit voller Wucht hatte ich gegen den Bordstein getreten, nein, gedonnert.

Ganz bleich war ich vor Schreck, weniger wegen des Schmerzes, sondern wegen meines Schuhs, der wie eine Ziehharmonika zusammengequetscht war. Die Sohle war total vom Oberleder abgerissen. Erst vorgestern hatte meine Mutter die Schuhe, die meine einzigen waren, vom Schuster geholt. Sie hatten neue Absätze und eine neue Sohle bekommen und 55 Pfennige gekostet. Und nun waren sie vielleicht ganz hin! Der Mutter hatte ich versprochen, nicht mehr mit den Schuhen Fußball zu spielen.

Warum vergaß ich auch, sie wieder auszuziehen? In der ersten Halbzeit hatte ich doch auch barfuß gespielt, aber dann, nach dem Zwischenfall mit dem Ball, hatte ich nicht mehr daran gedacht. Mir war ganz elend zumute. Wie sollte ich der Mutter unter die Augen treten?

Vater, früher bei der Straßenbahn, war nun schon seit drei Jahren arbeitslos, 1933 fristlos entlassen, weil er Kommunist war. Ganze 18,50 RM Stempelgeld standen der Mutter für die sechsköpfige Familie pro Woche zur Verfügung.

Aber ein Unglück kommt selten allein. Martin hatte die Polizisten zuerst gesehen. Zwei kamen aus Richtung Schießgasse, also von hinten, und einer von vorn, vom Neumarkt auf uns zu. Wir waren in die Zange genommen. Es blieb nicht viel Zeit zum Überlegen. Martin rief schnell alle zusammen und wies uns an, aufzupassen: „Jungs, keiner darf sich erwischen lassen! Wir rennen jetzt als geschlossener Haufen auf den einen Polizisten zu, und einige Meter vor ihm spritzen wir alle auseinander."

Von Angst getrieben, rannten wir los. Kurz vor dem Polizisten platzte die Meute wie eine Silvesterrakete auseinan-

Kurz vor dem Polizisten platzte die Meute wie eine Silvesterrakete auseinander. Illustration: Jockusch

der. Der etwas dickliche Schupo war total überrascht. Er schnappte nach rechts und links, drehte sich herum, hatte Hans schon am Hemdzipfel, aber der konnte sich losreißen, und schon waren wir alle aus der Falle entwischt. Wie von Furien gepeitscht, rannten wir dem Altmarkt zu. Bloß nicht nach Hause!

Nach Stunden erst trauten wir uns, einzeln, nachdem wir einen Riesenbogen durch die Stadt gerannt waren, von der Elbe her, in heimatliche Nähe. Für die nächste Zeit war es wohl vorbei mit dem Fußballspiel.

Im Zwinger traf ich Matz Patley. Er schaute teilnahmsvoll auf meinen zerschlagenen Schuh.

„Sieht aber böse aus“, meinte er.

Da wurde mir noch elender zumute, denn Matz mußte es ja wissen. Sein Vater war der Flickschuster in unserem Viertel. In der Töpfergasse hatte er seine Werkstatt. Matz wußte auch, daß diese Schuhe meine einzigen waren. Und am andern Tag war wieder Schule, und am Nachmittag mußte ich in die Hutfabrik.

Was sollte nur werden? Ich war ganz verzweifelt und traute mich nicht nach Hause.

„Komm, wir gehen zu meinem Vater", sagte Matz.
Als wir in die Werkstatt eintraten, bot sich mir ein schon bekanntes Bild. Ein kleiner, halbdunkler Raum, vollgestellt mit Regalen bis unter die Decke, und alles voller Schuhe. Wie konnte man sich da nur zurechtfinden?

In der Mitte, am Fenster, saß ein kleiner, von der Arbeit krumm gewordener Mann, vor sich den Dreifuß, auf den ein Schuh gespannt war, und hämmerte; hämmerte einen Holznagel nach dem anderen in eine funkelnagelneue Ledersohle. Diesen Mann kannte ich nur so, krumm sitzend arbeiten und arbeiten. Er war der einzige hier, dem all die armen Leute ihre Schuhe brachten. Er wußte, daß jeder von ihnen mit jedem Pfennig rechnen mußte. Alle erwarteten sie mit Herzklopfen seine Preisforderung, wenn sie die reparierten Schuhe abholten.

Der Mann arbeitete gut und schnell, aber er verdiente hier keine Reichtümer. Auch für seine Familie reichte das Geld nur zum Allernötigsten, denn er machte für die kleinen Leute auch nur einen kleinen Preis.

Er hatte unser Eintreten nicht bemerkt, so vertieft war er in seine Arbeit. Erst als Matz ihm auf die Schulter klopfte, blickte er über die Brillenränder zu uns auf. Er hörte sich meine Geschichte an und begriff, in welchen Nöten ich steckte. Den Schuh, er erkannte ihn sofort wieder, könne er erst in zwei Tagen fertig machen, sagte er und stand auf. Er reckte sich und ging suchend an die Regale. Aus einer Ecke kramte er ein Paar Schuhe heraus, die sollte ich mal anprobieren. Sie sahen beinahe so aus wie meine, nur die Absätze waren abgelatscht.

„Was Besseres habe ich nicht, die müssen auch noch repariert werden, aber sie können dir vorerst aus der Patsche helfen“, meinte Matz’ Vater.

Ich zog die Schuhe an, sie waren ein wenig zu lang. Aber wenn ich da etwas Watte hineinstopfte, würde es schon gehen. Heilfroh war ich über diese Lösung!

Der alte Mann lächelte und Matze klopfte mir auf die Schulter: „Na siehste, alter Junge.“ Jetzt konnte ich nach Hause gehen.

Daheim stellte ich ganz schnell meine Schuhe in die Ecke. Mutter wunderte sich nur, daß ich heute so spät heimkam. Glücklicherweise war ich diese Woche mit dem Schuheputzen dran, denn meine Schwestern hätten bestimmt etwas bemerkt. Am Wochenende konnte ich meine Schuhe dann abholen. Drei Mark von meinem Laufburschengehalt mußte ich blechen, und damit war die Arbeit sicher nicht gebührend bezahlt. Der Schuster mußte eine neue Brandsohle einlegen und hatte auch sonst viel Arbeit mit dem Schuh, um ihn wieder hinzubekommen.

Erst einige Jahre später, als Vater wieder Arbeit hatte und Mutter mit mir zu Bata ein Paar Fußballschuhe kaufen ging, erzählte ich ihr alles. Sie schimpfte mich lachend aus und meinte, das hätte ich ihr ruhig sagen können. Ihr wäre bestimmt auch etwas eingefallen, um mit solch einem Unglück fertigzuwerden.

[Brüssow, Uckermark;
1936]

Ursula Meier-Limberg

Mein Freund Klaus

Mit zwölf Jahren hatte ich meinen ersten Freund. Er hieß Klaus und kam jeden Sommer aus Berlin zu seiner Tante Mieze. Sie war Mutters Freundin, deshalb nannte auch ich sie Tante. Klaus war wie ich eine Wasserratte. Und so zogen wir jeden Tag mit Badetasche und einem Haufen Butterbrote an den Großen See.

Klaus war anders als meine alten Schulkameraden. Er konnte und wußte alles, er neckte mich nicht, er zog nicht an meinen Zöpfen, und er dümpelte mich nie im Wasser. Er sagte auch nie zu mir: „Du bist doof." Er ging schon fünf Jahre aufs Gymnasium. Meine Umschulung ins Lyzeum hatte nun wegen Großmutters Tod nicht stattgefunden, denn ich hatte ja bei ihr wohnen sollen.

Klaus machte mich auf viele schöne Dinge aufmerksam. So sah ich unseren See plötzlich mit ganz anderen Augen. Jeden Tag hatte er ein anderes Gesicht. Mal war er tiefgrün, mal grau, dann wieder schwarz und unheimlich. Manchmal meinten wir, auf dem Grund funkelnde Edelsteine zu erkennen. Wenn wir morgens sehr früh zum Schwimmen gingen und erst wenige Menschen am See waren, konnten wir hören, wie das Wasser rauschte und beim Aufschlag der Wellen an den Laufsteg gluckste.

„Hörst du", sagte dann Klaus, „jetzt will der See mit uns sprechen."

1936: Nach dem Schwimmen im Bademantel. Ich war ebenso wie mein Freund Klaus eine Wasserratte.

Manchmal spielten wir Wolkenbildersuchen und freuten uns, wenn jeder dasselbe Bild sah.

Wir schwammen fast jeden Tag über den See. Das war weit und dauerte fast 45 Minuten. Zurück liefen wir meistens durch den Park. Wenn wir Glück hatten, nahm uns auch schon mal der Fischer mit seinem Kahn mit. Dann bekam ich einen Kranz aus Seerosen, denn schwimmend konnten wir sie nicht erreichen, da es zu gefährlich war, sich in ihnen zu verfangen. Es gab nichts, was unsere Harmonie störte. Wir waren mit allem in Einklang.

Doch dann geschah etwas Unfaßbares. Klaus wurde an einem wunderschönen, sonnigen Tag mit großem Gebrüll aus der Badeanstalt geworfen. „Du Judenlümmel hast hier nichts zu suchen!“

Ich verstand überhaupt nichts. Was war hier los? Wieso „Judenlümmel“?

Ich schrie zurück: „Er hat euch doch nichts getan!“

Klaus nahm seine Sachen und ging, ohne ein Wort zu erwidern. Außerhalb der Badeanstalt setzte er sich auf die Wiese, den Kopf in beide Hände gestützt. Dann beschimpfte man mich, daß ich als deutsches Mädchen mich mit so einem abgebe.

Ich lief zu Klaus, setzte mich zu ihm ins Gras und wußte nicht, was ich machen sollte. Am liebsten hätte ich ihn in den Arm genommen. Aber die Scheu vor solcher Zärtlichkeit war zu groß. Schließlich gingen wir nach Hause – Hand in Hand, zum ersten Mal.

Am nächsten Tag war Klaus abgereist.

Wenig später stand im „Stürmer", der verrufensten Zeitung der Nazis: „Ein deutsches Mädchen, U. L., schwamm mit einem Judenlümmel über den Brüssower Großen See."

Dies war der erste Schatten, der auf mein junges und bisher unbeschwertes Leben fiel.

Der Große Brüssower See, über den wir in den Sommerferien fast täglich schwammen. Die Zöpfe steckten unter Badekappen. Die in der Mitte (Kreuz) bin ich zusammen mit Schulfreundinnen..

Vater konnte mir auch nicht erklären, was ein Jude sei. Ich solle dem lieben Gott danken, daß ich keine Jüdin sei, und ihn bitten, Klaus beizustehen. Ich erfuhr dann, daß Klaus einen jüdischen Vater hatte, seine Mutter aus Brüssow, unserem Heimatort, stammte und Christin war.

Ich verstand das alles nicht. Ich fragte immer wieder, aber ich hatte den Eindruck, daß niemand so recht wußte, was ein Jude sei. Ich hörte immer nur, die seien eben anders. Sie seien schuld am Ersten Weltkrieg gewesen, sie seien schuld an der Arbeitslosigkeit und so weiter. Vater meinte, daß es immer noch Menschen gebe, die den Juden böse seien, weil diese Jesus Christus gekreuzigt hätten.

„Ja, aber das ist doch so lange her, damit hat Klaus doch nichts mehr zu tun!“ warf ich ein.

Mit diesem traurigem Erlebnis ging meine wunderschöne Kindheit zu Ende. Kurz darauf kam ich auf eine weiterführende Schule und war nur noch in den Ferien zu Hause. Die Sehnsucht nach meinem kleinen Heimatort und die Erinnerung an Klaus sind bis heute geblieben.

(Weitere Beiträge dieser Autorin finden Sie in den Bänden „Kindheit 1914–1933“ und „Lebenserinnerungen 1939–1945 und 1945–1950“ der Reihe **ZEITGUT***.)*

[Berlin-Schöneberg;
1933–1939]

Ludwig Lang

Großstadtjunge

Im Jahre 1928 war unsere Familie von Bamberg nach Berlin gezogen. Obwohl ab 1930 für Deutschland und Berlin politisch unruhige und turbulente Zeiten heraufzogen, verbrachte ich in dieser turbulenten, sehenswerten Stadt eine nahezu sorglose Kindheit.

Meine Eltern kauften in Neukölln eine kleine Bäckerei, sozusagen zum Ausprobieren. Schon nach zwei Jahren verkauften sie diese wieder, um eine größere, erfolgversprechendere zu erwerben. Unsere neue Adresse lautete nun Berlin-Schöneberg, Suadikanistraße 1, eine unscheinbare, kurze Straße, in der nur drei vierstöckige Mietshäuser standen.

Lebensgrundlage der Familie waren die Bäckerei und Konditorei mit zwölf Angestellten, ein für die damalige Zeit ansehnlicher, mittlerer Handwerksbetrieb. Er bestand aus dem großen Laden mit dazugehörigem Schaufenster, der Konditorei und drei Backstuben.

Stundenweise herrschte auch hier typisches, hektisches Großstadtgedränge. Bei Schichtwechsel, morgens zwischen 7 und 7.30 Uhr oder am Nachmittag zwischen 16.30 und 17 Uhr, strömten zirka 6 500 bis 7 000 Menschen vom Bahnhof Papestraße zu den in unmittelbarer Nähe gelegenen Fabriken, um dann nach Feierabend wieder zurück zu eilen.

Der Bahnhof Papestraße war ein Umsteigebahnhof. Oben trafen alle fünf Minuten die Stadtbahnzüge ein, und zwei

Etagen weiter unten fuhren die noch mit Dampflokomotiven gezogenen Vorortzüge im 10-Minuten-Rhythmus weiter. Um den jeweiligen Anschluß zu erreichen, rannten die Fahrgäste von oben nach unten oder in entgegengesetzte Richtung zu den Zügen.

Jeden der im Abstand von fünf Minuten einfahrenden Züge empfing der Stationsvorsteher mit den Worten: „Hier Bahnhof Papestraße! Beim Umsteigen bitte beeilen! Einsteigen! – Vorsicht am Zug – Zurückbleiben!“

Dieser Text wurde nur etwa 150 Meter von unserer Wohnung entfernt alle fünf Minuten angesagt! ... Aber bald hörten wir ihn nicht mehr, so hatten wir uns daran gewöhnt.

Direkt über der Bäckerei, im ersten Stock, war unsere Wohnung. Sie hatte ein recht geräumiges Wohnzimmer mit Balkon, ein Elternschlafzimmer, unser Kinderzimmer, eine Küche mit Speisekammer, ein Bad/WC und das Mädchenzimmer. Diese Räume wurden verbunden von einem Korridor, von dem aus jeder Raum erreichbar war. Dieser war so lang und breit, vor allem aber so hoch, daß an seiner Decke für uns Kinder eine Schaukel angebracht war. Es war ein tolles Vergnügen, mit so viel Schwung zu schaukeln, daß wir mit den Fußspitzen die Decke berührten, sehr zu Mutters Ärger, denn es entstand mit der Zeit dort ein ziemlich dunkler Fleck.

Nicht nur im behaglichen Wohnzimmer, sondern auch im Kinderzimmer stand ein schöner, alter Kachelofen, der bis an die 3,50 Meter hohe Decke reichte. Die Öfen hatten in halber Höhe Fächer, in denen im Winter, hauptsächlich um die Weihnachtszeit, Bratäpfel brutzelten und einen angenehmen Duft verbreiteten.

Der Tagesablauf von uns beiden Jungen war neben der Schule durch das Geschäft bestimmt. Von Montag bis Samstag, pünktlich um sechs Uhr morgens, klopfte Mutter mit einer extralangen Holzstange in der Backstube an die Dekke, die gleichzeitig der Fußboden unseres Kinderzimmers war. Sofort sprang darauf einer von uns Buben aus dem Bett und trampelte als Antwort auf das Klopfen wie wild mit den bloßen Füßen auf den Boden. Sobald Mutter unten das dumpfe Poltern hörte, ging sie beruhigt wieder ihrer Arbeit nach, wußte sie doch, wir waren aufgestanden.

Zwanzig Minuten später erschienen wir im Laden. Dort standen für uns schon die Körbe mit den frischen Schrippen (Brötchen), abgezählt und ordentlich in Tüten oder Säckchen verpackt, in Reih und Glied bereit. Wir Geschwister, die zwei Stifte, die Verkäuferin und das Hausmädchen mußten die Waren zur Kundschaft bringen, die schon auf ihre Frühstücksschrippen wartete. Zu den Kunden in unmittelbarer Nähe liefen die Verkäuferinnen zu Fuß. Wir dagegen schwangen uns auf die Räder, um zur täglichen Vorfrühstückstour jeder in eine andere Richtung auszuschwärmen.

Weil viele Kunden vier oder fünf Stockwerke hoch wohnten, unsere Zeit wegen des Schulbeginns aber knapp war, erfanden wir eine schnelle Methode der Schrippenlieferung: Kaum hatten wir die oberste Etage erstürmt, unsere Brötchen vor die Türe des Kunden gelegt, sprangen wir, eine vier-

Berlin-Schöneberg, vor unserem Laden in der Suadikanistraße 1. Der Bäckereibetrieb bestimmte den Tagesrhythmus unserer Familie. Vor der Schule halfen mein Bruder und ich beim Brötchenaustragen. Für dieses Kastenrad war ich mit meinen acht Jahren noch zu klein. Ein Glöckchen schwingend, fuhr der Geselle damit durch die Straßen und verkaufte Kuchen vom Blech und Brötchen.

tel oder halbe Treppe mit einem Satz nehmend, abwärts. So entstand im morgendlichen, stillen Hausflur natürlich ein Mordskrach; bevor sich jedoch einer der Hausbewohner beschweren konnte, waren wir schon über alle Berge.

Spätestens um 7.30 Uhr waren wir, abgehetzt und hungrig, zurück. Für uns standen schon frische, belegte Brötchen, dampfende Milch oder Kaffee bereit. Danach ging es per Fahrrad schnellstens zur Schule.

Vater war nicht nur ein sparsamer, sondern auch ein praktischer Mann, der gern kochte. Deshalb gab es an den Werktagen häufig Eintopf zu Mittag. Die Zutaten dafür kamen in einen großen Topf und wurden um 9 Uhr in den Backofen geschoben, wo sie ohne große Arbeit garen konnten. Meister, Meisterin und die Gesellen, später die Verkäuferinnen und die Stifte, setzten sich kurz nach 12 Uhr in der Backstube zum Essen. Als letzte, nach Schulschluß, kamen wir Kinder dran. Wir aßen mit dem Hausmädchen in der Küche unserer Wohnung. Dabei ging es meist recht lustig zu.

Gleich nach dem Essen wurden die Hausaufgaben erledigt, die Mutter dann beim Kaffeetrinken um 15 Uhr kontrollierte. Dann erst durfte einer von uns zum Spielen. Der andere mußte sich in Ruf- oder Sichtweite des Geschäftes aufhalten, denn wenn Kunden telefonisch noch Backwerk bestellten, mußte er es mit dem Fahrrad liefern. Erhielt man dann ab und zu vom Empfänger 10 Pfennige Botenlohn, versöhnte das ein wenig für die entgangene Spielfreude.

Um 18 Uhr mußte der Diensttuende in der Backstube erscheinen, um Bleche zu putzen, Kuchenformen einzufetten und die Zuckerglasuren für den nächsten Tag anzurühren. Um 19 Uhr wurde der Laden geschlossen, zirka eine halbe Stunde später saß die Familie in der Wohnung beim Abendessen um den Tisch. An Werktagen war das oft der einzige Moment, an dem alle beisammen waren.

In der Bäckerei war um 4 Uhr Arbeitsbeginn, für Vater noch eine halbe Stunde früher. Samstags und vor Feiertagen ging es schon um 2 Uhr los. Täglich mußten bis 6 Uhr 5 000 Brötchen gebacken und spätestens bis 7 Uhr zum Frühstück in die Kantinen der Fabriken oder zu Privatkunden geliefert werden bzw. im Laden bereitliegen. Bereits um 11 Uhr gab es die nächsten frischen Schrippen, die im Hauptgeschäft oder in den Filialen verkauft wurden. Zwischen dem Brötchenbacken wurden täglich noch 120 bis 150 Stollen Graubrot, 10 bis 15 Blechkuchen, an Samstagen auch 20 Stück, hergestellt. Dazu massenweise Schnecken, Melonen, Amerikaner, Blätterteig- oder Plunderstücke, nicht gezählt all die Torten und das Feingebäck.

Mutter mußte die Blechkuchen verkaufsfertig einteilen und mit der Hand schneiden. Alle Backwaren entstanden in Handarbeit, nur zur Teigbereitung wurden Maschinen benutzt. Wenn im Laden um zirka 18 Uhr alle Regale leer waren, dann freuten sich Meister und Meisterin.

Der Preis für eine Schnecke oder einen Amerikaner betrug 5 Pfennige, das Stück Blechkuchen, ein Schweineohr aus Blätterteig oder ein Plunderstückchen kosteten 10, das Stück Torte 10 bis 15 Pfennige. Für 10 Pfennige erhielt man vier Schrippen, die auf Wunsch noch ins Haus geliefert wurden. Die 1500-Gramm-Brote wurden mit 48 Pfennigen berechnet. Das Dutzend Berliner Pfannkuchen (Krapfen) hatte den Preis von einer Mark, frei Haus geliefert.

Der Wochenlohn eines Bäckergesellen war seinerzeit 38 bis 40 RM. Die Monatsmiete für Bäckerei und Konditorei, dazu die Wohnung, betrug 375 RM.

Die Schule

Ostern 1933 kam ich mit 48 Mädchen und Buben in Berlin-Schöneberg, Tempelhofer Weg, in die katholische Volksschule. Meine Lehrerin in den ersten zwei Schuljahren hieß Fräulein Puhlmann und war ausgerechnet eine Kundin von uns! Sie kaufte auf dem Nachhauseweg von der Schule oft bei uns im Laden ein. Ich fand das gar nicht gut, denn so erfuhr

Mutter viel früher, wann ich Schulschluß hatte, und auch manch andere schulische Ereignisse kamen ihr auf diese Weise zu Ohren.

1935 wurden viele Bekenntnisschulen zusammengelegt, deshalb mußte ich in eine katholische Knabenschule. Weil der Schulweg dorthin wesentlich weiter war, verzichteten manche Eltern darauf, ihre Kinder in eine Bekenntnisschule zu schicken, was sicher von den Nazis so gewollt war. Bereits 1936 wurden die Bekenntnisschulen abgeschafft, ohne Rücksicht auf den Willen oder die Meinung der Eltern, und Gemeinschaftsschulen errichtet.

Das Jahr 1936

Dieses Jahr brachte für mich einige wichtige größere und kleinere Ereignisse. Zu Ostern durfte ich in unserer Pfarrkirche St. Elisabeth erstmals ministrieren. Alfred Bengsch, der Oberministrant, hatte uns mit viel Geduld und Verständnis auf den Altardienst vorbereitet. Keiner von uns Neulingen konnte damals ahnen, daß gerade er einmal Kardinal und Bischof von Berlin werden würde. Leider ist er viel zu früh verstorben.

Im selben Jahr gab ich mein Treueversprechen ab, um in der Jungschar, einer katholischen Jugendgruppe, Mitglied zu werden. Zwar hatte die braune Regierung alle kirchlichen Vereine verboten, im Verborgenen lebten diese jedoch trotz allem weiter und überstanden sogar das Regime.

Wir fanden uns in der Pfarrgemeinde heimlich zu Gruppenstunden zusammen, in denen uns christliche Ideale vermittelt wurden, für mich eine wertvolle Grundlage für das spätere Leben. Wer immer diese Gruppenstunden hielt, ob Geistlicher oder Laienführer, war in Gefahr, denn das Regime beobachtete Kirchen und Pfarrämter mit großem Argwohn. Spitzel und Denunzianten gab es leider genug. Wir verließen deshalb die Gruppenstunden meist einzeln, höchstens zu zweit, um jedes Aufsehen zu vermeiden. Da aber

Gefährdung zusammenschweißt, wurden wir eine verschworene Gemeinschaft Gleichgesinnter.

Im Jahr 1936 war Berlin der Austragungsort der Olympischen Spiele. Unter dem Motto „Die Jugend der Welt bei Sport und Spiel friedlich vereint!“ sollte das sportliche Großereignis in die Geschichte eingehen.

Natürlich waren wir Jungen von den unzähligen, prachtvollen Aufmärschen und hervorragend organisierten Veranstaltungen hellauf begeistert, gab es doch für uns Kinder täglich Neues zu bestaunen. Wir konnten nicht wissen, daß das sportliche Geschehen und sein Umfeld von den Nazis zu einem weltweiten gigantischen Propaganda-Theater benutzt wurde. Es sollte die Weltöffentlichkeit, die teilweise mißtrauisch auf Deutschland blickte, von den völker- und friedensbedrohenden Absichten der Nazis ablenken.

Ein Teil der Weltpresse sowie die Masse der Besucher ließen sich von dem vordergründigen Glanz der Spiele täuschen. Aber es gab auch Menschen, die – wie mein Vater – dem braunen Regime nach wie vor skeptisch gegenüberstanden.

Die 700-Jahr-Feier

Ein Jahr später, 1937, feierte Berlin mit einem Riesenaufwand das 700. Jahr seiner Gründung. Volle zehn Tage belebten Paraden, Blumenkorsos, Straßenfeste und glanzvolle Umzüge die stimmungsvoll geschmückte Hauptstadt.

Unvergessen bleibt mir der Abschluß der Feierlichkeiten. Im abendlichen Olympia-Stadion boten Schulkinder und Sportvereine der Stadt erstmals lebende Bilder dar. Die berühmte Polizei-Sportschule Berlin zeigte auf Motorrädern artistische Glanzleistungen. Als Menschen-Pyramide fuhren die Akteure, von der Menge bejubelt, mit ihren Motorrädern einige Runden auf der Aschenbahn.

Als sich dann aus Hunderten von Scheinwerfern über der Mitte des Stadions die Strahlen in dunkler Nacht wie eine leuchtende Kuppel trafen, glaubte jeder, dies sei der Höhepunkt. Doch plötzlich verlosch das Licht. Totenstille trat ein. Mir stockte der Atem, als im nächsten Moment bei blutrotem Flutlicht, unter hellen Fanfarenklängen und dumpfem Trommelwirbel die vier apokalyptischen Reiter, die Pest, der Hunger, der Krieg und der Tod, ins Stadion stürmten. War das die Offenbarung dessen, was später geschehen sollte?

Freizeit

Wenn ich keinen Lieferdienst hatte und nicht in Sicht- oder Rufnähe bleiben mußte, unternahmen meine Freunde und ich auf unseren Rädern Entdeckungsfahrten. Ziele dafür gab es in der Stadt genug, aber zwei zogen uns immer wieder magisch an.

Da war der Anhalter Bahnhof. Er war mit seinen 36 Gleisen die Hauptverbindung der Weltstadt zu allen europäischen Metropolen. Auf seinem Vorplatz standen in Zweierreihen die typischen grünen Berliner Taxen. Gleich daneben eine große Zahl von Pferdedroschken, deren Kutscher einen Zylinder auf dem Kopf trugen.

Am Eingang zum Bahnhof oder in der weitläufigen Halle warteten mit ihren roten Schildmützen, die jede eine große goldene Nummer trug, die Dienstmänner auf Kundschaft. Manch einer von ihnen war ein Original. Alle hatten um den Bauch eine leuchtend grüne Schürze gebunden.

Zu den Gleisen, auf denen wie riesige Ungetüme die zischenden Schnellzuglokomotiven standen, gelangte man nur mit einer Bahnsteigkarte, die 10 Pfennige kostete. Hatte einer von uns Jungen das Geld, löste er im Automaten eine Karte, zeigte sie an der Sperre und ging zum Bahnsteig. Nach wenigen Minuten kam er eilig zurückgerannt, behauptete beim Beamten, er müsse nur schnell nach seinem Fahrrad sehen. In der Eingangshalle übernahm dann der nächste die Karte und passierte damit die Sperre. Kam man selber dann wieder zurück, kannte der Beamte einen ja und winkte einfach durch, ohne nach der Karte zu fragen. Selbst wenn wir

Der Anhalter Bahnhof 1937. Er zog uns Jungen magisch an. Hier war immer etwas Interessantes zu beobachten. Foto: Landesbildstelle Berlin

das Geld gehabt hätten, mit dem Trick machte es doch viel mehr Spaß, zum Bahnsteig zu gelangen.

In den hohen, schwarz verrußten Hallen standen auf den Gleisen die Züge in langen Reihen und warteten auf die Reisenden. Voller Interesse sahen wir dem Be- und Entladen der Unmengen von Gepäckstücken zu und beobachteten die Vorratsübernahme an den Speisewagen. Andächtig lasen wir die Schilder an den einzelnen Waggons mit den Namen der Stationen ihrer langen Reise. Da stand zum Beispiel München – Brenner/Paß – Genua – Rom oder Frankfurt/Main – Straßburg – Paris. Besonders angetan hatte es uns der sagenhafte Orient-Expreß. Er fuhr über Leipzig – Passau – Wien – Budapest – Bukarest nach Konstantinopel. Schon die Namen der fernen Orte beflügelten unsere Phantasie.

Wenn beim Bewundern der zischenden, dampfenden Zugmaschinen ein kinderfreundlicher Lokführer oder sein rußverschmierter Heizer uns ansprach, ja, sogar auf unsere Fragen antwortete, waren wir hoch befriedigt. Noch mehr, ließen sie uns einen Blick in das Innere der gewaltigen Lokomotiven tun.

Ebenso interessant war es, die ankommenden oder abfahrenden Reisenden zu beobachten, was reichlich Stoff für unsere Vermutungen bot. Wir beneideten sie sehr, da sie jenen Abenteuern in der Fremde viel näher gewesen waren, als wir es jemals in unseren Träumen sein würden.

Ein anderes, genauso beliebtes Ziel war der Flugplatz Tempelhof. Aus dem ehemaligen Truppenexerzierplatz, jetzt mitten in der Großstadt gelegen, hatte man einen Flugplatz gemacht. Viele Jahre später sollte er als Landeplatz für die Luftbrücke, über die die Westberliner während der sowjetischen Blockade versorgt wurden, Berühmtheit erlangen.

Die Flugzeuge wurden damals noch mit Propellern angetrieben, bei ihrer Landung rollten sie schaukelnd über den holprigen Rasen zu den Ankunftsschaltern. Diese waren in zweckmäßigen Gebäuden ohne großen Luxus untergebracht.

Die Fluggäste, die zu den Maschinen liefen, mußten sich kräftig gegen den Wind stemmen, der von den laufenden Propellern verursacht wurde. Besonders amüsant fanden wir es, wenn die Damen sich mühten, ihre flatternden Kleider oder weiten Röcke zu bändigen, oder im letzten Augenblick ihren Hut festhielten. Immer ein wenig neidisch und voller Wehmut schauten wir den mit ohrenbetäubendem Lärm sich langsam in die Luft erhebenden Flugzeugen nach. Jeder von uns Jungen war damals davon überzeugt, daß Fliegen nur etwas für ganz reiche oder außergewöhnliche Menschen sei – es sei denn, man kam anders dazu.

Mit der Parole, „Deutschland muß autonom werden!" und intensiver Propaganda wurde das Volk zum Sammeln von Blei, Kupfer, Messing, Altpapier, Lumpen und anderem aufgefordert. Wegen fehlender Devisen hoffte das Hitler-Regime, mit dem Sammelgut vom Rohstoffmarkt unabhängiger zu werden. Die 1- und 2-Pfennigstücke aus Kupfer waren in unserem Bäckerladen mit seinen niedrigen Preisen ein gängiges Zahlungsmittel. Jeden Abend waren viele davon in der Ladenkasse. Da als Preis für 100 Mark in Kupfermünzen ein Rundflug über Groß-Berlin ausgesetzt war, lohnte sich das Sammeln. Ich meldete mich freiwillig bei Vater zum Rollen der vielen Pfennige. Trotz mancher geopferter Nachmittage – ich hatte kein Glück! Für unsereinen würde das Fliegen ein unerfüllbarer Wunschtraum bleiben, dachten wir.

Taschengeld

Geld war für uns Jungen zwischen acht und zwölf Jahren in jener Zeit kein Thema. Es gab keines. Die Eltern machten jedem von uns eindringlich klar, daß Geld knapp und für unnötige Ausgaben deshalb viel zu schade sei. Doch gerade in einer Stadt wie Berlin gab es für aufgeweckte Buben unheimlich viele Versuchungen, Geld auszugeben. Um die fehlenden Groschen zu beschaffen, mußten wir uns schon etwas einfallen lassen.

Wir lauerten beim Spielen auf dem Bahnhofsvorplatz Papestraße darauf, daß ein Taxi vorfuhr. Wenn es hielt, stürzte sich sofort einer von uns auf den Wagen, riß dessen Türe auf, half dem Fahrgast beim Aussteigen oder kümmerte sich ums Kleingepäck. Des öfteren fiel dann beim Bezahlen des Taxis auch ein Sechser oder ein Groschen für den höflichen Helfer ab.

Bis 1936/37 gab es in Berlin noch Straßenmusikanten. Sie zogen mit der Drehorgel, Leierkasten genannt, oft von einem Äffchen begleitet, von Haus zu Haus und spielten auf jedem Hinterhof bekannte Schlager oder Gassenhauer. Statt Beifall für „den Künstler" warfen die Hausfrauen in Papier gewickelte Münzen von ihrem Fenster in den Hof. Sie waren des Musikanten Einnahmen. Ein Gleichaltriger und ich hofften, uns an diesen Einnahmen beteiligen zu können. Neugierig stellten wir uns, der Musik lauschend, auf den Hof. Wie nun ein Geldstück mir genau vor die Füße fiel – ich glaubte mich unbeobachtet –, stellte ich den Fuß darauf, um es später aufzuheben und einzustecken. Das aber hatte vom Fenster aus eine Kundin gesehen und erzählte es sofort meiner Mutter, die mir dann unmißverständlich und sehr energisch klarmachte, daß dies der absolut falsche Weg sei, um an Geld zu kommen.

Ein anderer Versuch dagegen verlief erfolgreicher: Vor dem Weihnachtsfest rieten Vaters Gesellen mir, ich solle doch den Kunden, denen ich frühmorgens die Schrippen brachte, auf einem Kärtchen frohe Feiertage wünschen.

Also schrieb ich auf mit Weihnachtsgrüßen vorgedruckten Kärtchen in ungelenker Handschrift: „Einen guten Rutsch ins neue Jahr wünscht Ihnen Ihr Bäckerjunge." Damit hatte ich einen Bombenerfolg: Die Kunden waren hocherfreut, nahezu jeder gab im Laden ein großzügiges Trinkgeld für den aufmerksamen und netten Bäckerjungen ab.

Politik

Im Jahr 1938 war Hitler auf dem Höhepunkt seiner Macht. Mehr und mehr Menschen jubelten ihm zu. Die braune Diktatur saß fest im Sattel und gebrauchte ihre Machtstellung immer brutaler und ohne jede Hemmung. Ihre Gegner hatten die Nazis längst außer Landes vertrieben, eingesperrt oder sogar umgebracht.

Aus unserer Familie war keiner in irgendeiner nationalsozialistischen Organisation, auch später nicht. Sicher war das in der anonymen Großstadt etwas einfacher als in einer leicht überschaubaren Kleinstadt. Für Nichtanhänger des Regimes wurde die Lage immer unsicherer. Aus Sorge um ihre Stellung oder um die Sicherheit ihrer Angehörigen schwiegen sie verängstigt. Die Umstände geboten, mit seinen Äußerungen sehr vorsichtig zu sein. Nur einem wirklichen Freund konnte man die eigene politische Meinung bekennen. Die Nazis hatten das ganze Land mit einem engen Netz von Denunzianten und Aufpassern überzogen und manipulierten auf diese Weise die Menschen mit ihren Ängsten.

Als einfacher, aber politisch denkender Mensch war unser Vater seit Hitlers Machtübernahme davon überzeugt, daß die Nazis für unser Volk ein Unglück seien. Innerhalb unserer Wohnung hielt er sich mit seiner Kritik nie zurück, weshalb Mutter uns Buben, vor allem mich, den jüngeren, stets besorgt und unmißverständlich ermahnte, mit niemandem über Vaters Reden zu sprechen, sonst würde er eingesperrt werden. Das brachte mich mit meinen erst zwölf Jahren schon in Konflikte. Einerseits imponierten mir die glanzvollen Aufmärsche und Militärparaden, die wir auch mit der Schulklasse besuchten. Die Taten des „Führers" und seiner Regierung wurden als „herausragende historische Leistungen" hingestellt. – Die Eltern, Geistliche und enge Freunde schätzten die gleichen Vorgänge jedoch ganz anders ein. Sie waren der Meinung, unserem Volk würde ein Unheil drohen. Die Sorgen und Ängste der Erwachsenen waren deutlich zu spüren, wenn wir Kinder die Gründe dafür auch noch nicht verstehen konnten.

Später hat man oft den Vorwurf gehört, warum nicht mehr Menschen Widerstand geleistet hätten. Es gibt dafür Erklärungen: Nehmen wir zum Beispiel ein Ehepaar, das zu den engsten Freunden meiner Eltern gehörte. Die Frau war Halbjüdin. Diese zwei untadeligen Menschen lebten jahrelang unter der ständigen Angst, daß die Frau in ein Lager gesteckt werden könnte. Jedes nächtliche, unvorhergesehene Läuten an der Wohnungstür versetzte sie in Panik. Zum Schutz seiner Frau und um in der Hausgemeinschaft jeglichen Verdacht im Keime zu ersticken, übernahm der Ehemann das Amt des Blockwartes. Er hoffte, auf diese Weise Denunziationen an höherer Stelle verhindern zu können und gleichzeitig Informationen zu erhalten, die es ihm ermöglichten, seine Frau vor Gefahren zu warnen und zu beschützen.

Ein anderer guter Bekannter unserer Familie war Vater von acht Kindern, eines davon ein Schulfreund von mir. Die

Der „Kristallnacht" ging der Aufruf zum Boykott jüdischer Geschäfte voran. Meine Mutter ließ sich davon nicht abhalten.
Foto: Landesbildstelle Berlin

ser Familienvater, im Ersten Weltkrieg Offizier, war danach bei der Kriminalpolizei in Berlin eingestellt worden. Jahre nach Hitlers Machtübernahme wurde seine Abteilung der „Gestapo", der Geheimen Staatspolizei, unterstellt. Was sollte er jetzt tun?

Monatelang rang er mit sich, ob er als aktiver Katholik seinen Dienst quittieren sollte. Aber wo würde er Arbeit finden, um den Unterhalt für seine große Familie zu verdienen? Diese Umstände waren schuld, daß er in seinem Amt blieb und einem Regime und einer Partei diente, die er nie gewählt hatte. Durch unseren Umzug haben wir später nie erfahren, ob ihm diese Entscheidung nach dem Krieg eine Bestrafung eingebracht hat.

Nachbarn von uns hatten ein Frisörgeschäft. Sie waren Juden. Mutter war jahrelang zur Haarpflege dort hingegangen, auch nach der „Kristallnacht" 1938, als man den Laden scheinbar „vergessen" hatte. Als ihr eines Tages jedoch gedroht wurde, daß man sie verhaften würde, wenn sie weiterhin dieses Geschäft betrete, mied sie es fortan. Da war sie wieder, die Angst!

Theater und Kino

Trotz ihres unglaublichen Fleißes kannten die Eltern nicht nur das Geschäft. Sie verstanden es auch, den Lohn ihrer Arbeit in Lebensfreude umzusetzen. Sie nahmen, wenn es ihre Zeit erlaubte, regen Anteil am kulturellen Geschehen Berlins. Oft und gern besuchten sie herausragende Theatervorstellungen, in denen weltbekannte Darsteller in den Hauptrollen glänzten und sogar für die Nebenrollen hervorragende Künstler verpflichtet worden waren.

In den letzten Schuljahren lernten wir Gedichte und Balladen deutscher Klassiker. Geradezu begeistert war ich von Friedrich Schiller. Als wir im Unterricht seinen „Wilhelm Tell" mit verteilten Rollen lasen, berichtete ich daheim schwärmerisch davon. Daraufhin nahm mich Mutter zu einer „Tell-Aufführung" ins Schiller Theater mit, in das damals beste Sprechtheater der Stadt. Sein Intendant war Heinrich George, unter seiner Leitung spielten Paul Wegener, Will Quadflieg, Horst Caspar, Elisabeth Bergner, Marianne Hoppe und andere große Mimen. Mit 13 Jahren wurde ich ein begeisterter Theaterfreund.

Im Umkreis der Berliner Gedächtniskirche standen die Premierenpaläste der bedeutendsten deutschen Filmgesellschaften, der Ufa, der Terra und der Tobis. Von hier aus begannen viele Filme ihren Siegeszug durch Deutschland, zuweilen auch durch ganz Europa. Die flimmernde Leinwand und deren Stars zogen uns Großstadtjungen in ihren Bann. Alles, was mit Kino und Film zu tun hatte, fand bei uns größtes Interesse. An so manch bedeutender Filmpremiere nahmen wir als Zaungäste teil. Mit unseren Fahrrädern fuhren wir zum Filmpalast, lehnten das Rad an einen Laternenpfahl und stellten uns auf den Sattel. Schon hatten wir einen hervorragenden Platz mit bester Sicht! Auf diese Weise konnten wir Willi Birgel, Käthe Dorsch, Marika Rökk, Gustav Gründgens, Hans Albers, Zarah Leander, Ilse Werner und viele andere bewundern, wie sie zur Premiere gingen. In kleinen Kinos kostete ein Platz in den ersten Reihen, wir nannten sie „Rasierplätze“, 60 Pfennige.

Berlin bot außer Theater und Film auch noch andere gute Unterhaltung, zum Beispiel die „Scala“ oder den „Wintergarten“, das waren Varietés von Weltruf. Unsere Bäckerei bekam die monatlichen Werbeplakate mit dem Programm der „Scala“ zugeschickt. Wir klebten sie an die Ladentüre, und dafür erhielten unsere Eltern zwei Gutscheine, auf die es 50 Prozent Ermäßigung auf alle Plätze gab. Deshalb durften wir Buben von Zeit zu Zeit in eine geeignete Vorstellung. So erlebte ich den Auftritt des großen Clowns Charlie Rivel mit seinem weltberühmten „Akrobat schöööön!“, ebenso die Rastellis, eine Jongleur-Attraktion, oder die damals ganz groß gefeierte Claire Waldoff, von der die Berliner sagten, sie hätte „Herz mit Schnauze“.

Auch die Operettenhäuser hatten Tradition. Im „Metropol Theater“ oder im „Admiralspalast“ wurden bekannte und erfolgreiche Operetten in verschwenderischer Ausstattung, in dreifacher Besetzung bei stets ausverkauften Häusern aufgeführt. Meist lief eine Inszenierung länger als ein Jahr bei täglich zweimaliger Vorstellung. Stars waren Johannes Heesters, Lizzi Waldmüller und die zwei Ur-Berliner Otto Seifert und Paul Westermeier, die vom Publikum jeden Abend stürmisch gefeiert wurden.

Das alles und noch mehr konnte man in Berlin erleben. Ich liebte diese Stadt. Als eines Tages die Eltern verkündeten, wir würden nach Bad Kissingen ziehen, brach für mich eine Welt zusammen.

[Berlin-Mitte;
1937]

Heinz Gutzeit

Einmal auf der Bühne

Umringt von neugierigen Menschen, die einen Tyrannen sterben sehen wollten, lag ich am Boden. Einem meiner Begleiter, der seinen Text nie sicher genug im Kopf hatte, flüsterte ich noch schnell zu, was er nun, am Ende der von uns gespielten Szene, zu sagen hatte. Seine Aufgabe war es nämlich, das umstehende Volk daran zu hindern, sich ganz ungeniert und offenkundig über meinen Tod zu freuen.

Soeben war ich von einem gut gezielten Pfeil getroffen worden, wissend, woher der kam. Mit letzter Kraftanstrengung hatte ich zu den Umstehenden gesagt: „Das war Tells Geschoß!" – Ich spielte Geßler, den schrecklichen Landvogt, der im 13. Jahrhundert im Auftrag des Hauses Österreich die vier Schweizer Urkantone zu unterdrücken und politisch gefügig zu machen hatte. Und nun war ich von der Hand des Schweizer Freiheitshelden Wilhelm Tell gefällt worden. So weit die Geschichte, wie sie Schiller in seinem berühmten Theaterstück erzählt.

In diesem Falle aber waren der Geßler und der Tell und all die anderen auftretenden Personen nicht älter als vierzehn Jahre, Schüler, die mit Begeisterung bei der Sache waren. Es handelte sich keinesfalls um eine Schulaufführung, sondern um das Theaterspiel einer Berliner Konfirmandengruppe aus dem Jahre 1937 im Kriegervereinshaus in der Chausseestraße. Unser Pfarrer war auf unsere Bitte hin sofort bereit, die Rolle des Spielleiters und Organisators zu übernehmen. Natürlich hatten wir uns nicht das komplette Theaterstück vorgenommen, sondern zwei besonders eindrucksvolle Szenen ausgewählt: die berühmte Apfelschußszene und Geßlers Tod in der Hohlen Gasse bei Küßnacht.

Niemand hatte uns übrigens dazu gedrängt. Es war einzig und allein meine Idee und die eines meiner Freunde. Und zwar aus keinem anderen Grunde, als daß wir unbändige Lust hatten, endlich einmal Theater zu spielen, in eine imposante Rolle zu schlüpfen, vor anderen Leuten auf einer Bühne zu stehen und einen großen Text so zu sprechen, als wären es unsere eigenen Worte, wobei es zunächst noch nicht wichtig war, um was für ein Stück es sich handeln würde.

Aber dann ereignete sich eines Tages etwas, das die Wahl des Stückes sozusagen besiegelte. Bis heute habe ich die Details in Erinnerung: Ich fuhr mit dem Rad eine Straße entlang. Im Marschtritt kam mir ein Trupp uniformierter Hitlerjugend entgegen, mit der Hakenkreuzfahne voran, ein Lied schmetternd. Nichts Böses ahnend, fuhr ich an ihnen vorbei. Plötzlich stürzten zwei von denen auf mich zu, zwangen mich zu halten und abzusteigen. Ob ich, ein deutscher Junge, nicht wüßte, daß ich die Fahne zu grüßen hätte?

Dann verlangten sie, daß ich – aber flott! – wieder zurückgehe, noch einmal aufsitze und diesen Straßenabschnitt ein zweites Mal entlangführe, diesmal mit erhobenem Arm. Mit einem Mal wurde mir meine Ohnmacht bewußt, zugleich aber empfand ich die Lächerlichkeit der Szene. Der Blick in die Gesichter der Passanten war ein Blick in starre Masken.

Was für eine Demütigung, was für ein Stachel, der in mir zurückblieb! Eine Fahne, ein Stück Tuch, einen Lappen hatte ich grüßen müssen. Und nachdem es mich Stunden, ja Tage gekostet hatte, diese Ehrverletzung, diese Lächerlichmachung wegzustecken, ging mir plötzlich auf, daß zwischen dem, was ich da erlebt hatte, und einer ganz bestimmten Stelle in einem Werk unserer großen Literatur eine gewisse

Ähnlichkeit bestand: Da ist doch im „Wilhelm Tell" von einem Hut die Rede, der auf einer Stange auf dem Marktplatz zu Altorf in der Schweiz aufgestellt wird. Auf Geheiß des Landvogts hat jeder, der über den Marktplatz geht und an dem Hut vorbeikommt, eben diesen zu grüßen. Zwei bewaffnete Posten wachen darüber, und wehe dem, der es nicht tut! Tell ist derjenige, der sich weigert, den Hut zu grüßen und den man festnimmt. Schließlich die hämische Freude auf dem Gesicht des plötzlich erscheinenden Landvogts Geßler, der Tell befiehlt, vor aller Augen einen Apfel vom Kopf seines Sohnes schießen.

Für mich gab es keinen Zweifel mehr, ich hatte das Stück für unsere Aufführung gefunden: Schillers „Wilhelm Tell". Mein Freund als Tell und ich als Geßler, das würden wir hinkriegen. „Treibt sie auseinander! Was läuft das Volk zusammen?" hörte ich mich schon befehlen und dann höhnisch oder hinterhältig die Frage stellen: „Verachtest du so deinen Kaiser, Tell?" – Das zu spielen würde mir helfen, mit der erlittenen Demütigung fertigzuwerden. Das sollte mein Beitrag werden, die Tyrannei von heute bloßzustellen, das sollte meine ganz private kleine Rache sein.

Viele von uns kannten das Stück so einigermaßen, vor allem die Geschichte mit dem leeren Hut, der gegrüßt werden sollte. Das ist wohl nicht zuletzt daraus zu erklären, daß wir auf eine Frage hin von unserem Deutschlehrer erfahren hatten, „Wilhelm Tell" sei vom Lehrplan gestrichen worden.

„Tell nicht mehr auf dem Lehrplan?" fragten wir uns. Da mußte was dahinterstecken, folgerten wir. Etwas, von dem man nicht wollte, daß wir allzu gründlich darüber nachdachten. Also hatten viele in Vaters Bücherschrank gegriffen und angefangen, im „Tell" zu blättern, auch die, für die Literatur sonst nichts Aufregendes war. Und was sie suchten, war schnell gefunden: der Zusammenprall der Staatsmacht mit dem Volk. Auch hatten einige von uns bereits den „Tell"-Film gesehen. Darin stellte Emmi Sonnemann, die spätere

Frau Hermann Görings, Tells Frau Hedwig dar. Außer meinem Freund, der den Tell spielte, und mir gab es also noch den einen und anderen, der ahnte, was für ein geheimer Reiz in diesem Stoff liegt. Daß er den auch und in erster Linie für unseren Pfarrer hatte, stand ganz außer Zweifel.

Inzwischen war unsere Szene zum Abschluß gekommen, der Vorhang wurde zugezogen, wir hörten den Applaus aus dem Publikum, ich konnte wieder aufstehen, und alle Spannung fiel von uns ab.

Der Vorhang wurde wieder aufgezogen, und als wir uns verbeugten und auf die Beifall klatschenden Hände hinunterschauten, waren wir erstaunt, daß so viele Zuschauer gekommen waren. Immerhin war es ein großer Saal, den unser Pfarrer da angemietet hatte. Das konnten doch nicht nur die Verwandten von uns paar Spielern sein!

Gab es da etwas, das weitere Zuschauer angelockt hatte, etwas, das nicht mit uns, sondern mit dem Stoff unseres Stükkes zu tun hatte, mit der Botschaft, die darin steckte? War es das klare Nein des Tell, das den einen oder anderen unter denen, die da unten applaudierten, insgeheim bestärkte, der herrschenden Macht der Gegenwart entgegenzutreten?

Und während wir unsere mehr oder weniger gelungenen Kostüme wieder auszogen, fiel mir ein, daß es Wochen zuvor im „Schiller-Theater" bei einer Aufführung von Schillers „Don Carlos" auffälligen Applaus gegeben hatte, und zwar genau an der Stelle, wo der Marquis von Posa den spanischen König bittet: „Sire, geben Sie Gedankenfreiheit!" – Nicht, daß alle geklatscht hätten, denn vielleicht gehörte schon ein gewisser Mut dazu. Aber verstanden hatten wohl alle, weshalb gerade diese Bitte wenigstens bei einem Teil des Theaterpublikums einen ganz bestimmten Nerv getroffen hatte.

(Weitere Texte dieses Autors finden Sie im Band „Wir wollten leben. Jugend 1939– 1945" und „Deutsch-deutsche Geschichten" der Reihe **ZEITGUT***.)*

[Oldenburg-Eversten,
1934 / 1935]

Jan Eilers

Ich und Einstein

Gelb war der Umschlag, so groß wie eine Skatkarte, kostete soviel wie heute eine Zigarette und berichtete von allem, was man damals so von der Welt wußte: Die Miniatur-Bibliothek. Jedes Buch ein abgeschlossenes Wissensgebiet und gab soviel her, wie eben in diesem Format untergebracht werden konnte. 20 Pfennige kostete die Normalausgabe, 40 Pfennige die Doppelnummer.

Ich war ein begeisterter Leser.

In unserer Kinderzeit in Eversten nannten wir unsere erwachsenen Nachbarn Onkel und Tante. Für Tante Oltmanns ging ich einkaufen, zwei Pfennige waren der Lohn. Das war aber nicht jeden Tag der Fall, sondern nur einmal in der Woche, man hatte ja alles im Garten.

Nach etwa zehn Wochen hatte ich also 20 Pfennige zusammen. Dann ging es zu Fuß oder per Rad in die Stadt, zu Bültmann & Gerriets – wir sagten damals zu „Moutoux“, denn Hans Moutoux war lange Zeit Inhaber von B & G, – und ein neues Heft der Miniatur-Bibliothek wurde gekauft.

Ab und an hörte ich mal was von Einstein und der Relativitäts-Theorie, aber niemand konnte mir auch nur andeutungsweise sagen, was es damit auf sich hatte. Im Unterricht wurde sein Name überhaupt nicht erwähnt.

So war ich neugierig geworden und fragte unsere Lehrer, zunächst Herrn Hestermann. Herr Hestermann war Studienrat und mußte es somit wissen. Er aber sagte, er sei Germanist und es fiele nicht in sein Gebiet.

Dann fragte ich Herrn Oelrichs. Herr Oelrichs war unser Physiklehrer und mußte es schließlich wissen. Er aber sagte, die Relativitätstheorie sei jüdische Physik und somit nicht für uns zuständig, der Führer wünsche germanische Physik. Dabei sah er mich so merkwürdig ironisch an.

Nun war ich ganz verwirrt. Der Führer wollte Gott korrigieren, Physik mit blauen Augen und blonden Haaren!

Und noch was. Wieso wußte ausgerechnet ein Germanist nicht, was germanische Physik ist?

Doch es gab einen Silberstreifen am Horizont: Miniatur-Bibliothek, Heft 162: „Einstein und seine Relativitäts-Theorie." Heureka!

Allerdings gab es auch ein „Aber": Es war eine Doppelnummer, kostete also 40 Pfennige. Und 20 Wochen dafür einzukaufen, das überstieg dann doch mein Durchhaltevermögen...

(Weitere Erinnerungen dieses Autors finden Sie in den Bänden „Stöckchen-Hiebe. Kindheit in Deutschland 1914–1933", „Jugend 1933–1945" und „Deutsch-deutsche Geschichten" der Reihe **ZEITGUT***.)*

[Schwerin;
1936–1938]

Claus Cammann

Mein zweites Zuhause – der R.C. Obotrit

Meine ersten Lebensjahre – ich bin Jahrgang 1932 – verbrachte ich in Schwerin, der Stadt der sieben Seen und der Hauptstadt Mecklenburgs. Es waren unbeschwerte, fröhliche Jahre, die mein zwei Jahre älterer Bruder Peter und ich bis 1938 hier verbrachten. Alle Sorgen hielten unsere fürsorglichen Eltern von uns fern, denn dafür waren wir einfach noch zu klein.

Ich kann mich noch genau an das wuchtige Schloß mit seinen vielen Türmen erinnern, den großräumigen Marstall mit dem Theater – für Künstler das Sprungbrett nach Berlin – und dem Museum, den Pfaffenteich, den Dom, die Pauls- und die Schelfkirche und die vielen soliden Bürgerhäuser.

Und natürlich denke ich oft an den großen Schweriner See, den damals neben unzähligen Segel- und Ruderbooten eine Flotte weißer Dampfschiffe befuhr, nur eines war dunkelbraun. Hinter dem Marstall, einen kleinen, gewundenen Weg an einer Wiese entlang, lag das Bootshaus des R.C. Obotrit. Der Bootsklub wurde, wie ich glaube, 1880 gegründet und war ein Mittelpunkt meiner Kindheit.

Dieses Bootshaus, ein fast reiner Holzbau, war auf Pfählen direkt in das Wasser hineingebaut. Betreten konnte man es nur über einen Holzsteg. Links befand sich das eigentliche Bootshaus mit seinen drei Bootshallen, dem Gesellschaftsraum und Vorstandszimmer, rechts das Damenboots-

Das Bootshaus des R.C. Obotritt von der Wasserseite um 1935. Im Hintergrund links ist das Schweriner Schloß zu sehen.

haus, damals streng getrennt von den Herren. Es wurde „bewacht“ von einem kleinen Türmchen mit einem geschwungenen, spitzauslaufenden Dach – ein richtiger Appendix, dem Gesamtbau später angefügt. Turm und Dach bestanden schon aus Steinen. Rings um das ganze Gebäude zog sich eine großzügige, breite Veranda herum, auf der man im Sommer herrlich draußen sitzen konnte. Zur Seeseite luden zwei lange Bootsstege ein, die Ruderboote zu Wasser zu lassen und sich der löblichen körperlichen Anstrengung des Ruderns zu unterziehen. Auf der linken Seite bildete ein kleines Rasenstück, das vorwitzig von der Wiese in den See hineinragte, den Abschluß des Klubgeländes. Hier standen weitere Tische oder auch Liegestühle für die Klubmitglieder, die sich nach getaner Arbeit der Siesta hinzugeben pflegten.

Meine Eltern waren begeisterte Ruderer und schon lange Klubmitglieder. Sie verbrachten fast ihre gesamte Freizeit im Verein und nahmen uns Kinder von klein auf mit. Soweit ich mich erinnere, waren mein Bruder und ich von Frühjahr bis Herbst fast ausschließlich auf dem Klubgelände zu finden. Winterzeit, gab es die überhaupt? Wenn, dann aber nur zu Weihnachten!

„Halt, hiergeblieben, junger Mann!“ – Dumpf drangen diese Worte meines Vaters in mein Hirn. Dann hatte er mich am rechten Bein in die Höhe gerissen, und so hing ich denn, patschnaß aus allen Kleidern triefend, gerettet an seinem Arm. Was war geschehen?

Die Wellen eines gerade vorbeifahrenden Dampfers waren zwischen den schräg zum See abfallenden Bohlen des Bootssteges emporgespritzt und hatten die unteren Bretter naß und glitschig gemacht. Neugierig, wie ein Knirps von vier Jahren nun mal ist, ging ich an den Rand des Steges. Machte es nicht einen Riesenspaß, sich in den Wellen spiegeln zu sehen, das Gesicht mal lang und schmal, dann wieder breit und dick? Natürlich ging ich zu weit nach vorn, rutschte aus und platsch! landete ich kopfüber im See. Nur die geistesgegenwärtige Reaktion meines Vaters, der in der Nähe stand, bewahrte mich vor Schlimmerem.

Seltsam, noch heute sehe ich ihn vor mir, den grünlichen See von unten, erhellt durch die gelben Strahlen einer nimmermüden Sommersonne, die schräg auf das Wasser schien. Es gibt wohl Erinnerungen, die nie verblassen. Für die Gefahr, in der ich schwebte, hatte ich noch kein Gefühl. Es war ja alles gutgegangen!

Als ich wenig später meiner Mutter und vor allem meiner Großmutter von diesem Erlebnis erzählen sollte, nicht ganz chronologisch und ein wenig wirr, platzte es aus mir heraus: „Omi, meine Schuhe waren aber ganz blank geworden!“

Schon kurze Zeit danach, im gleichen Sommer, durfte ich zum ersten Mal als „Kielschwein“ bei meinen Eltern mitfahren, während Peter schon stolz am Steuer saß.

Wissen Sie, was ein Kielschwein ist?

Man sitzt vorn im Boot, direkt auf dem Abdeckbrett über dem Kiel, daher der Ausdruck. Wir fuhren im „Freiweg“, einem schnellen, schlanken Gig-Doppelzweier, Richtung Kaninchenwerder, einer Insel im Schweriner See.

„Hast du Angst, dir vielleicht den Hintern naßzumachen?“ hatte mein Vater gefragt und dabei gegrient. Ich hatte natürlich keine, und so kam ich mit.

Welch herrliches Gefühl, mit diesem schnellen Schiff über das Wasser zu rauschen! Mit jedem Schlag, den meine Eltern kräftig anzogen, flitzte das Boot dahin; das Wasser zischte und gluckste unter dem Kiel, und ich, unterhalb der Wasserlinie sitzend, genoß den Rausch der Geschwindigkeit.

Die Gleichmäßigkeit des Ruderns, nicht in erster Linie der Krafteinsatz, ist entscheidend, wenn solch ein schlankes Schiff, das empfindlich auf jede Unregelmäßigkeit reagiert, schnell über das Wasser gleiten soll. Das Übrige tun ein blauer Himmel mit einigen weißen Wolken durchsetzt, eine bisweilen frische, kühlende Brise und ein nur mäßig bewegter See. Ich war hellauf begeistert!

An der Insel angekommen, brachte Peter ein befriedigendes Anlegemanöver zuwege. Wir genossen den Sommernachmittag mit einem kurzen Spaziergang, Kaffeetrinken im Freien und dem obligatorischen Eis.

Vorsichtig fühlte ich an meinen Hosenboden, der natürlich etwas feucht geworden war – von außen selbstverständlich. Denn jedes Boot „zieht“ ein wenig Wasser. Doch beachtete ich diese kleine Unannehmlichkeit nicht weiter, war ich doch zu froh, daß ich überhaupt hatte mitkommen dürfen.

Dann ging es auf demselben Wege heim. Meine Eltern brachten das Boot an seinen Platz, duschten, und es gab Abendbrot auf der Terrasse mit dem Blick auf den im Abenddämmerschein dunkler werdenden See. Wir wünschten alle, daß dieser märchenhafte Sommer nie ein Ende finden möge.

„Mensch, mehr Steuerbord, los, los!“ – Es war mein Bruder Peter, der so schrie. Ich gehorchte sofort und legte mich kräftig in den Riemen, bis das Boot wieder einschwenkte und Kurs auf das Bootshaus nahm.

„So, jetzt wieder zusammen!“ Peter hatte das Kommando

übernommen. Fragen nach der Hierarchie an Bord kamen nicht auf, er war ja zwei Jahre älter. Außerdem hatte er recht.

Das Boot lief jetzt wieder geradeaus, aus dem Schilfgürtel heraus über den kabbelig gewordenen offenen See. Ein plötzlich aufkommender Sturm hatte das Wasser aufgewühlt, wir zwei kleinen Burschen mußten mit aller Kraft dagegen ankämpfen. Der Schweriner See gilt zu recht als tückisch. Ein Bild zweier Ruderkameraden im Vorstandszimmer des Klubs erinnerte daran. Sie waren in einem Sturm gekentert und ertrunken, weil sie nicht rechtzeitig vor einem Unwetter eine schützende Bucht erreicht hatten. Warnende Stimmen zuvor hatten sie zu leicht genommen.

Doch an solche Gefahren dachten wir natürlich nicht. Der Klubvorstand und unsere Eltern hatten uns erlaubt, mit den sogenannten passiven Booten unterwegs zu sein, breiten, „gutmütigen" Kähnen ohne Rollsitz, mit festen Bänken. Unsere Rudertüchtigkeit hatten wir vorher unter Beweis stellen müssen, nach etlichen Übungsstunden, versteht sich.

„Jetzt läuft der Kahn, weiter so!" Peter war mit unserer Fahrt zufrieden.

„Ich zieh', soviel ich kann!" keuchte ich und stemmte mich mit aller Kraft in den Riemen, mußte ich doch mehr tun als Peter, der naturgemäß schon kräftiger war.

Der Bug des Bootes hob und senkte sich, klatschte manchmal kräftig auf den See, wenn wir eine Welle überwunden hatten. Pitsch, ein Sprühregen kalten Wassers spritzte über meinen Rücken, der ich vorne saß; Unannehmlichkeiten dieser Art nahmen wir hin. Doch wir schafften es!

Unsere Eltern hatten vom Steg aus unsere Bemühungen beobachtet, erst besorgt und auslaufbereit, um zu helfen, dann sehr stolz, als sie sahen, wie wir mit dem Wasser fertig wurden.

„Steuerbord voraus, stop, jetzt ein bißchen backbord, dann Ruder halt!" Peter kommandierte selbstbewußt, und wir liefen sicher in den überdeckten Bootsschuppen ein. Wir machten das Boot fest, sprangen auf den Steg, ein wenig atemlos und erschöpft. Unsere Eltern begrüßten uns stürmisch.

Je eine Schokoladenstange für einen Groschen durften wir uns als verdienten Lohn kaufen. Stolz wie die Spanier bissen wir hinein, denn wir hatten bei unruhigem Wetter unsere Bootstauglichkeit bewiesen.

„Der R.C. Obotrit geht in Führung ..., gewinnt die Spitze, baut sie noch aus!“ – Die Stimme des Reporters aus dem Lautsprecher hob sich, überschlug sich fast: „Jetzt noch die letzten Meter, R.C. Obotrit ist Deutscher Meister, hurra ... Glückwunsch!“

Jubelnd klatschten wir Beifall. Wir, die Klubkameraden, hatten alle auf der Terrasse gesessen und voller Spannung diese Regatta verfolgt. Unser Damen-Doppel-Vierer war soeben Deutscher Meister 1937 geworden! Für einen so kleinen Verein wie unseren Schweriner R.C. Obotrit das herausragende Ereignis dieser Jahre.

Als dann zu Ehren der frischgebackenen Deutschen Meister das Deutschlandlied gespielt wurde, erhoben sich alle spontan von den Plätzen und sangen begeistert mit. Freude und Stolz spiegelte sich in dieser Geste über den sportlichen Erfolg unserer Mannschaft wieder. Eine deutsche Meisterschaft war zu der Zeit das höchste Ziel eines jeden Rennruderers.

„Phantastisch, herzlichen Glückwunsch!“

„Prost auf unsere tüchtigen Mädchen!“

So hörte man es auf der Terrasse, Gläser klangen, an diesem Juliabend wurde bis in die Nacht gefeiert.

Nur wenige Tage danach erreichte uns wieder die Wirklichkeit: Der Ruderklub durfte sich nicht länger „R.C. Obotrit“ nennen. Weil die Obotriten Slawen waren? Klang der Name zuwenig „deutsch“? Zwangsweise wurde der Verein in „Ruderkameradschaft Schwerin“ umgetauft. Auf Regatten erklang nun statt des langgezogenen „O-bo-trit“ der abgehackte Schlachtruf „Ru-Ka!“ Welche Gängelung! Klar, daß ich das damals nicht verstand.

Jäh gingen diese Jahre unbeschwerter Kindheit zu Ende: Mein Vater wurde Anfang 1938 beruflich nach Hamburg versetzt. Schweren Herzens nahm er Abschied vom geliebten Schwerin und besonders von seinem Ruderklub, meine Mutter weinte herzzerreißend. – Erst später wurde uns klar, welch gütiges Geschick uns durch diesen Wechsel zuteil wurde. Es ersparte uns, vor allem auch mir, vierzig Jahre Leben unter kommunistischer Diktatur!

Abenteuerlicher, aber auch gefährlicher sollten die Zeiten ab Kriegsbeginn für uns werden, als ich schon Mitglied im Deutschen Jungvolk war: die Bombennächte in Hamburg, Angriffe von Tieffliegern, die Kinderlandverschickung nach Uelzen in der Lüneburger Heide, das Kriegsende, die Verhaftung meines Vaters und die Hungerzeit bis zur Währungsreform. Die Stadt war zerstört, aber wir blieben in Hamburg.

Kurz nach der Währungsreform 1948 besuchte ich Schwerin wieder. Das Bootshaus hinter der Moorwiese suchte ich vergeblich: Es war im Laufe der Zeit buchstäblich bis auf die tragenden Bohlen abgeholzt worden. Nur einen Gedenkstein fand ich noch, dort, wo der Eingangssteg gelegen hatte, ein Gedenkstein für die Gefallenen des Klubs aus dem Ersten Weltkrieg. Er hatte alle politischen Veränderungen überstanden. Erinnerung an die Toten des letzten Krieges suchte ich vergeblich: hatte es keine Gefallenen gegeben? Waren sie weniger wert als die von 1914 bis 1918 oder war es dafür einfach noch zu früh?

Still saß ich auf einer Bank vor dem Gedenkstein und erinnerte mich meiner frühen Kindheit. Ich dachte vor allem an meine Eltern, die hier so gerne fröhlich gelacht hatten.

(Weitere Erinnerungen dieses Autors finden Sie im Band „Nachkriegs-Kinder. Kindheit 1945–1950“ und „Jugend 1945–1950“ der Reihe **ZEITGUT***.)*

[Berlin-Wilmersdorf;
Juli 1937

Winfried P. Sommer

Privat-Fahrt

Wir „Brabanter", Mädchen und Jungen aus der Gegend um den Brabanter Platz, verbrachten trotz „Jungvolk" den größten Teil unserer freien Zeit mit gemeinsamen Spielen und auch gelegentlichen Missetaten. Der Drang zum Abenteuer wurde durch das Lesen von Schmökern, zum Beispiel von John Kling, Rolf Torring, Billy Jenkins, Jörn Farrow, Frank Allan und Tom Shark noch verstärkt. Auch manch „seriöse" Literatur – Bücher von Karl May oder Zukunftsromane von Hans Domnick – galt als ganz brauchbar.

Kino war natürlich der Renner, „eene Wucht" oder „Klasse", wie wir sagten. Tom Mix war absoluter Favorit. Sehr gerne sahen wir auch „nicht jugendfreie" Filme, den U-Boot-Film „Morgenrot" oder „Das letzte Fort" mit Gary Cooper. Um erst einmal die 30 Pfennige für eine Kinokarte zu haben, mußten wir schon allerlei anstellen. Das Taschengeld war gering, ja die Ausnahme! Botengänge, nette Tanten und Onkel sowie das Sammeln von Tennisbällen auf den Plätzen von Hartig und Busch in der Kaiserallee ermöglichten so manchen Kinogang.

Ein Besuch im Titania-Palast, gespielt wurde „Der Mann, der Sherlock Holmes war", blieb mir unvergessen. Gerd Wiese hatte die 50 Pfennige Eintritt spendiert. Dafür hätte er sich auch Eis für 10 Pfennige, Kuchenkrümel für 10 Pfennige und eine normale Kinokarte für 30 Pfennige leisten können.

Gerd war bei uns aus verschiedenen Gründen beliebt. Da war das „Brabanter Eck“ von Vater Otto Wiese. Er stand im khakifarbenen Kittel – an Feiertagen im grauen Zweireiher, oft mit dem EK1 (Auszeichnung aus den Ersten Weltkrieg) dekoriert, – hinter dem Tresen seines Lokals. Über dem Klavier hing sein Bild als Jagdflieger. Er war für uns eine absolute Respektperson. Gelegentlich spendierte er eine Himbeer- oder Orangenlimonade, im Sommer sogar im Vorgarten des Lokals. Und wer kaufte uns die vielen Flaschenverschlüsse ab? Otto Wiese! Für 10 Pfennige pro Stück.

Außerdem war Gerd der Informationsmittelpunkt für uns. Was auch immer in unserem Kiez geschah, Gerd war der Berichterstatter. Wer aus Geldmangel mal einen Tom-Mix-Film nicht gesehen hatte, konnte sich von ihm den Inhalt im Reportagestil erzählen lassen. Überhaupt konnte Gerd die unglaublichsten Dinge spannend und mit einer Gary-Cooper-Miene, eine Augenbraue hochgezogen und entsprechenden Gesten, beschreiben. Gemeinsame Kinobesuche mit seiner Schwester Uschi waren immer ein besonderes Erlebnis. Wenn im Film ein Eisenbahnzug optisch auf den Zuschauer zufuhr, hielt sie sich beim linken und rechten Nachbarn krampfhaft fest und fing manchmal sogar an zu schreien.

Die Bindungen zum „Deutschen Jungvolk“ waren nicht so intensiv, wie manche sich das vorstellen. Natürlich gingen wir gern zu den romantischen Heimabenden. Wenn bei Kerzenlicht Fahrten- und Landsknechtslieder gesungen wurden, waren wir schon ganz gerne dabei. Auch Fahrten und Sommerlager in der Natur, Kleinkaliberschießen am Wannsee und Geländespiele im Grunewald standen auf dem Programm. Bei den Geländespielen wurden zwei Gruppen gebildet, jede mit roten bzw. blauen Wollfäden an den Oberarmen gekennzeichnet. Wer beim Ringen und Kämpfen dem Gegner den Wollfaden abgerissen hatte, war Sieger.

Eines Tages beschlossen einige „Brabanter“, eine Umfrage zu starten, wer an einer gemeinsamen Fahrt ohne das

1934: Drei „Brabanter" am Fennsee in Wilmersdorf. Links stehend, ich, Winny, neben mir mein Freund Hotte, unten kniend Heinz..

Jungvolk teilnehmen würde. Gerd, Heinz und Knut konnten oder wollten nicht, und Raimund wollten wir nicht. Also sollte es am Ende nur eine Fahrt zu zweit werden: Horst Burchardt, Hotte genannt, und ich, Winny. Uns war es recht. Wir waren 13 Jahre alt und von klein auf die besten Freunde. Hotte hatte die Erlaubnis seiner Mutter. Ich erklärte, weil ich ein Verbot der Eltern befürchtete, wir würden mit dem Jungvolk auf Fahrt gehen. Wir packten unsere „Affen" (Tornister), nahmen Decke und Zeltbahn, Kochgeschirr und Feldflasche mit auf den Weg. Als Verpflegung dienten Maggiwürfel, Huhn mit Reis und ähnliches. Als Feinschmecker hatte Hotte noch eine Dose Heringe in Tomatensoße dabei.

In der Toilette des Bahnhofs Schmargendorf wechselte ich das Braunhemd gegen ein Sporthemd. Jetzt trugen wir beide karierte Hemden. Mit der S-Bahn fuhren wir bis Grünau und stiegen dort in den Vorortzug nach Königs Wusterhausen. Hier gefiel es uns ganz gut, nur wollten wir zur geistigen Erbauung mal wieder ins Kino gehen. Es gab den Film „Der Vetter aus Dingsda" mit Paul Heidemann.

Als wir das Kino verließen, war es schon dämmrig. Wir studierten die Karte und beschlossen, in einem kleinen Dorf zu übernachten. Der Marsch ging in Richtung Westen, nach Deutsch Wusterhausen. Es begann zu regnen. Auf dem Scheunenboden eines Bauernhofes fanden wir ein Nachtquartier. Beim Bauern meldeten wir uns nicht, wollten ihn nicht stören. Der Regen wurde stärker, ein Gewitter zog auf. Da ein Blitzeinschlag in einer Scheune schnell zum Brand führen kann, trugen wir Stroh auf die Veranda des Bauernhauses, um dort zu schlafen. Es wurde jedoch zu kalt, bei abflauendem Gewitter zogen wir auf den Heuboden zurück.

Gegen Morgen war auch der Appetit wieder da. Hotte nahm sein Fahrtenmesser und öffnete die Dose Heringe in Tomatensoße. Dabei spritzte die Soße gleichmäßig ins Stroh sowie auf Decken und Kleidung. Mir war der Appetit vergangen, doch Hotte ließ sich nicht aus der Ruhe bringen und genoß die ganze Portion alleine. Mit überlegenem Grinsen würdigte er das gute Frühstück! Ich ekelte mich und schwor, niemals kämen bei mir Heringe in Tomatensoße auf den Tisch!

Wir lasen noch ein wenig in unserer Lieblingslektüre von John Kling und beschlossen dann, den Hof zu verlassen, bevor der Bauer uns fand. Beim nächtlichen Umzug hatten wir Stroh auf dem Hof verstreut. Das war bemerkt worden. Plötzlich stand der Bauer plötzlich vor uns und wetterte: „Ihr kommt hier erst weg, wenn ihr den Hof gefegt und das Stroh von der Veranda wieder in die Scheune gebracht habt!"

Was sollten wir machen? Wir mußten es tun, aber es kostete wertvolle Zeit. Nach getaner Arbeit marschierten wir in Richtung Nottekanal. Am Kanal waren zwei Paddler von der Wehrmacht mit Zelt. Hier versuchtenwir, mit zwei Zeltbahnen ein halbwegs gutes Zelt aufzubauen. Aber zwei Zeltbahnen sind nun mal keine drei, mit denen ein „Dreier-Tipi" gebaut werden kann. Da fehlte eben der dritte Mann!

Wir trampten und wanderten weiter in Richtung Fürstenwalde. Dort angekommen, genehmigten wir uns am Bahnhof erst einmal eine Himbeerlimonade. Mit dem Bus ging es weiter nach Ketschendorf, von dort in Richtung Rauensche Berge. Auf meiner Wanderkarte „1000 Wege um Berlin" war in dieser Gegend das Teufelsluch, ein kleiner See, eingezeichnet. Natürlich wollten wir nur dort zelten, wo Wasser zum Kochen und Waschen vorhanden war. Leider war der See am Fuß der Markgrafensteine bereits ausgetrocknet.

Also mußten wir weiter. Der Marsch ging in Richtung Frankfurt/Oder. Schließlich erreichten wir die Oder bei Lebus. Hottes Miene verdunkelte sich mehr und mehr: „Mensch, wir haben bald kein Geld mehr und auch nichts mehr zu essen! Es muß uns etwas einfallen!"

Wir entdeckten den Dehmsee. Ein herrliches Gewässer, umgeben von Birken, Schilf und hohen Gräsern. Als unfehlbaren Weg waren wir die Schneise für die künftige Autobahn Frankfurt – Berliner Ring entlanggelaufen. Im Forsthaus am See zeigte uns der Förster seine Tiere, die er hegte und aufzog. Nur einige Schritte entfernt war eine Waldschänke. Hotte sprach jetzt ein Machtwort: „Wenn wir nach Hause wollen, müssen wir arbeeten!" – Ich zögerte: „Was denn, für wen denn?" – Hotte entschlossen: „Ick jeh jetzt zu dem Budiker und fraje ihn, ob er für uns eene Arbeit hat."

Es klappte. Wir sollten einen Wassergraben am Wirtshaus entschlammen. Hotte zog Schuhe, Hemd und Hose aus. Nur mit einer Turnhose bekleidet, machte er sich sofort ans Werk. Ich hielt mich zurück. Der Schlamm und der Dreck entsprachen so gar nicht meinem Sauberkeitsideal. Aber das Einsehen in die Notlage siegte. Ich fügte mich. Hotte hatte schon die Geduld verloren: „Fauler Kerl, arbeete endlich mit!"

Der Erfolg blieb nicht aus. Wir bekamen zu essen und etwas Geld für die Fahrt mit der Vorortbahn bis Wildau. Als

Wie unsere Helden in den Büchern und Filmen wollten wir Abenteuer erleben. Wir verschlangen die „Schmöker". Jede Woche erschien ein Fortsetzungsheft zu 20 Pfennigen das Stück.

wir dort ankamen, begann es dunkel zu werden. In einem kleinen Wäldchen fanden wir einen geeigneten Platz zum Übernachten. Wir konnten uns gerade noch in unsere Zeltbahnen einknöpfen, als uns auch schon die Augen zufielen.

Am nächsten Morgen wurden wir von lachenden Frauen und Männern, die zur Arbeit gingen, geweckt. Wir hatten uns in der Dunkelheit eine Parkanlage des Lokomotivwerkes Schwartzkopff zum Schlafen ausgesucht! Wir schüttelten uns kräftig, die Nacht war kalt gewesen, und marschierten auf Hottes Vorschlag in Richtung Eichwalde: „Zu meinem Onkel. Der hilft uns, der ist prima!"

Wir wußten nur eins, jetzt hieß es laufen, laufen, laufen! Die Straße wurde immer länger, der Proviant immer kleiner. An mir nagte der Zweifel, ob bei meiner Ankunft zu Hause alles gut gehen oder der Schwindel „Privat-Fahrt" anstatt Jungvolk auffliegen würde. Meine Entschlossenheit siegte.

Zur Erbauung sangen wir Fahrtenlieder und Schlager bis zum Etappenziel Eichwalde. Und tatsächlich war der Empfang bei Hottes Onkel prima! Er hatte sich für die Jugend und ihre Probleme ein Herz bewahrt. Wir erzählten kurz unsere Geschichte, bekamen ausreichend zu essen und durften uns bald schlafen legen, in richtige Betten.

Am Morgen gab es ein gutes Frühstück und Fahrgeld bis zum Bahnhof Schmargendorf. Unterwegs dachte ich wieder daran, was wohl die Eltern sagen würden. Hatte vielleicht einer der Nichtteilnehmer der Privat-Fahrt gequatscht?

Dann kam die Stunde der Wahrheit. Mein Vater begrüßte mich mit den Worten: „Na, wie war denn die Fahrt mit dem Jungvolk?“ – „Schön“, die knappe Antwort.

„Wo seid ihr denn gewesen?“ Ich zählte wahrheitsgemäß alle Orte auf. Jetzt warf meine Mutter schlagartig ein: „Mit deinem Busenfreund warst du auf Fahrt! Wir haben uns große Sorgen um dich gemacht!“

Hotte hatte ja zu Hause die Wahrheit gesagt, seine Mutter also Bescheid gewußt. Als sie meine Mutter unterwegs zufällig traf, meinte sie zu ihr: „Unsere Jungen sind allein auf Fahrt gegangen.“ – Mutter entgegnete: „Nein, Winny ist mit dem Jungvolk unterwegs!“ So kam die Sache heraus!

Ich nahm meinen ganzen Mut zusammen und erklärte: „Wir sind durch das Jungvolk erfahren, uns kann nichts passieren.“ Ich bekam zwei Tage Stubenarrest, nur unterbrochen durch Schule und Botengänge für die Mutter.

Etwas Schlimmeres gab es nicht, eine Tracht Prügel wäre mir lieber gewesen! Der Weg von der Schule nach Hause wurde immer länger und der Zeitbedarf auch. Bei den Botengängen wurden die erschwerten Kontakte zu den anderen Jungen gepflegt. Für den Notfall blieben noch die Zettel, die man an Bindfäden vom Balkon hinablassen konnte.

(Weitere Texte dieses Autors finden Sie im Band „Lebenserinnerungen 1939–1945“ der Reihe **ZEITGUT***.)*

[Leipzig;
1933–1938]

Felicitas Zech-Kormendi

Warum?

Manchmal verblaßt die Erinnerung. Doch die Angst, durch die Willkür anderer aus der Geborgenheit herausgerissen zu werden und liebe Menschen zu verlieren, ist geblieben.

Ich war noch zu klein, um mir Namen merken zu können, aber tief in meinem Inneren haben zwei Menschen einen ganz festen Platz gefunden. Ihre Bekanntschaft gehört zu meinen schönsten und zugleich traurigsten Kindheitserinnerungen.

Am Ende unserer Straße, die zur Rennbahn führte und eine Promenade mit schönen, großen Platanen hatte, wohnte eine ältere Dame. Schon der Eingang zu ihrem Haus, das große Portal, die breite steinerne Treppe, zog uns Kinder magisch an.

Nachdem wir den Klingelknopf zaghaft gedrückt hatten, öffnete sich die Tür und eine aufmunternde Stimme bat uns herein. Erwartungsvoll und neugierig traten wir ein. Überraschung, Staunen, Begeisterung! Wir konnten uns nicht sattsehen. Die Atmosphäre brachte uns zum Schweigen und reglosem Träumen. Stumm sahen wir zu, beobachteten die Frau, wie sie ernst und doch mit einem Lächeln um die Mundwinkel malte.

Ihre Bilder, ihre Illustrationen für Karten und Bücher, ihre zarten, pastellfarbenen Zeichnungen faszinierten uns Kinder. Stundenlang hätten wir, ohne ein Wort zu sagen, noch dasitzen können, wenn die Malerin nicht selbst das Schweigen gebrochen und uns gefragt hätte: „Möchtet ihr einen Apfel haben?“

Der Duft und dann der Geschmack des Bratapfels aus ihrem Kachelofen, das war die Krönung!

Ebenfalls ganz in der Nähe besuchten wir einen freundlichen, älteren Herrn. Er war Arzt, und obwohl er viel zu tun hatte, fand er immer noch Zeit für uns Kinder. Er hatte ein markantes Gesicht, trug eine Brille und einen weißen Rauschebart, der uns Ehrfurcht einflößte.

Sein Zimmer hatte Bücher als Wände, auch über der Tür, über und unter dem Fenster. Aus ihnen las er uns vor. Manchmal war es die Geschichte, manchmal nur seine warme, klangvolle Stimme, die uns ganz in seinen Bann zog. Wir liebten ihn.

Doch eines Tages geschah etwas für uns Unfaßbares! Wir durften die beiden nicht mehr besuchen, auf der Straße auch nicht mehr grüßen. An ihrer Kleidung war so ein gelber Stern.

Wenn wir uns unterwegs begegneten, löste das unheimliche Schweigen – es war eine ganz andere Stille, als wir sie bei ihnen zu Hause erlebt hatten – Beklemmungen aus. Unsere Augen suchten dennoch den Kontakt, stellten für einen Glücksmoment lang die alte Vertrautheit her.

Wir Kinder verstanden das alles nicht. Warum bloß schickten sie uns fort?

Heute wissen wir es. Um unseretwillen.

[Northeim, Harz;
1933 –1939]

Kurt E. Strohmeyer

Der Junge will Direktor werden

Mein Geburtsjahr 1933 war, politisch gesehen, von schicksalhafter Bedeutung. Man gab sich heroisch und legte Wert auf die germanische Vergangenheit. In der Freilichtbühne beim Gesundbrunnen sollte die Hermannschlacht nachgespielt werden. Auf Grund seiner dunklen Haare mußte mein Vater als Römer auftreten. Es kam zu einer Schlacht, aber nicht zwischen Germanen und Römern, sondern zwischen „Rechten“ und „Linken“.

Die Nationalsozialisten gewannen immer mehr an Anhang. Mein Großvater stand als SPD-Stadtrat dem neuen Regime kritisch gegenüber. Auch mein Vater hielt sich mit seinen negativ gefärbten Äußerungen nicht zurück. So verlor er seinen Arbeitsplatz bei den Stadtwerken in Northeim, und auf unsere Familie kamen schwere Zeiten zu.

Vater mußte mit Gelegenheitsarbeiten seine Familie über Wasser halten. So baute er Getreidesilos mit auf, befreite die Schwanenteiche von Schlamm und Abfällen und, hierauf war er stolz, richtete für einen Südfrüchteimporteur eine Anlage zur Beschleunigung des Reifungsprozesses von Bananen ein.

Kurz zuvor war unsere Familie in eine Neubauwohnung gezogen, und es war jetzt schwer, die höhere Monatsmiete aufzubringen. Trotz allem ließ es meine Mutter mir an nichts fehlen, und wenn es nicht mehr weitergehen wollte, dann wurden wir von den Großeltern unterstützt.

Meine Oma mütterlicherseits übte Verzicht und half uns trotz ihrer kärglichen Rente. Wenn sie meines Onkels Schweine füttern wollte, begleitete ich sie auf dem Weg zum Stall. Wir saßen dann im Garten auf der Bank und aßen von den Pellkartoffeln. Sie hatte etwas Salz mitgebracht, so schmeckte uns die Mahlzeit recht gut.

Eines Tages unterhielt sich ein Nachbar mit uns und fragte mich: „Was willst du denn mal werden?“

„Direktor!“ war meine knappe Antwort, denn ich hatte gehört, daß man auf diesem Posten viel Geld verdienen würde. Er lachte laut, und meine Großmutter meinte verärgert, ich solle doch nicht solchen Blödsinn reden. – Sie konnte ja nicht ahnen, daß ihr Enkel es später tatsächlich zum Direktor bringen sollte.

Gerne hörte ich Großmutter zu, wenn sie Gruselgeschichten erzählte. Von dem Mann etwa, den der Teufel versuchen wollte, oder von dem, der ein „zweites Gesicht“ hatte und Leichenzüge schon Tage im voraus sah. Damals verkürzte man sich die Abende mit solchen Geschichten. Fernsehen gab es noch nicht, und ein Radio war zunächst Luxus.

Man sprach auch über Ereignisse aus früheren Zeiten. Von einer Kindsmörderin, die im langen, weißen Hemd auf einem Pferdewagen gesessen hatte und zum Galgen gebracht worden war. Manchmal hatte ich nach diesen Geschichten so große Angst, daß ich mich nicht in die Dunkelheit traute.

Im Sommer saß ich an den Abenden mit Nachbarn auf einer Bank und lauschte den Erzählungen der Erwachsenen. Durch die Straßen flogen Fledermäuse, und wir Kinder versuchten erfolglos, sie zu erhaschen.

Um Heizmaterial für den Winter zu haben, las meine Mutter mit anderen Frauen Kohlen am Bahndamm auf. Mein Freund und ich halfen dabei, bis es uns zu langweilig wurde. Wir kletterten zu den Schienen hinauf. Im Schneckentempo kam ein Zug heran. Der Heizer schimpfte schon von weitem mit uns, weil wir zu nahe bei den Gleisen waren. Als wir ihn auslachten, schmiß er mit Kohlen nach uns, die wir ja so gut gebrauchen konnten. Unsere Mütter fragten sich dann, wie wir wohl an das kostbare Heizmaterial gekommen waren.

Nicht weit von einer großen Grube in Bahndammnähe befand sich unser Garten. Er lieferte Obst und Gemüse. In der Grube hatten Wildkaninchen ihre Gänge gegraben. Sie räumten auch im Garten kräftig ab. Man mußte mit Drahtgeflechten Vorkehrungen treffen, ein Teil wurde von Jägern abgeschossen. Trotzdem kamen immer wieder neue. Eines Tages entdeckte mein Vater einen Kaninchenbau im Kohlbeet. Mit den kleinen Kaninchen hätte ich gerne gespielt, aber er kannte kein Pardon und tötete sie. Schon zu oft hatten sie uns geärgert.

Von unserem Küchenfenster aus hatte man einen schönen Ausblick zu den Bergen des Sollings. Ich war neugierig darauf, was in der Ferne wohl für eine Welt sei, und beschloß, sie zu erkunden. Mein Weg führte mich zu dem Flüßchen Rhume und den dortigen Viehweiden. Ich kletterte über den Stacheldrahtzaun, um den Weg abzukürzen. Die Kühe blieben zunächst friedlich, doch als ich näherkam, raste eine Kuh mit erhobenem Schwanz auf mich zu. Mit knapper Not entkam ich dem wütenden Tier. Bei der Flucht zerriß ich mir an dem Stacheldraht die Hose.

Aufregend für uns Kinder waren die Aufmärsche der Militärkapelle durch die Straßen unserer Stadt. Besonders der an der Spitze marschierende Soldat mit dem Schellenbaum zog unsere Aufmerksamkeit auf sich. Wenn Schützenfest war, stellten die Soldaten eine „Gulaschkanone" auf, und für wenig Geld erhielt man von ihnen eine Portion.

Auf uns Kinder übte alles Militärische einen großen Reiz aus. Wir spielten Soldat, der Feind waren die Kinder der anderen Straßen. Dabei ging es oft recht rabiat zu. Durch den Schlag mit dem Kolben seines Spielzeuggewehres brachte ein Junge mir eine Platzwunde am Kopf bei. Die etwas älteren Kinder schachteten an einem Hang Höhlen aus und machten mit Luftgewehren Schießübungen. In den Geschäften gab es immer mehr Militärspielzeug zu kaufen.

Ohne meinen Schutzengel wäre mir als Kind bestimmt noch mehr passiert. Einmal nötigte mich ein Junge, in den Kasten unter einem Möbelwagen zu kriechen. Ich wollte mich nicht als feige beschimpfen lassen, also tat ich es. Der andere schloß den Deckel, und ich war gefangen. Kurze Zeit später setzte sich der von Pferden gezogene Wagen in Bewegung, niemand hatte mich bemerkt. Nun wurde es dem Anstifter wohl doch zu mulmig, denn er rief dem Fuhrmann zu, daß jemand in dem Kasten sei. Der Wagen hielt und ich wurde unter Schimpfen aus meinem Gefängnis befreit. Ich hätte darin ersticken können.

Manchmal spielten wir auf dem alten Friedhof zwischen den Gräbern und Büschen Verstecken. Die Grabstellen waren teilweise ausgemauert und stellenweise eingebrochen. Neugierig schauten wir dann hinein. Dabei fiel eines der Kinder metertief hinein und verletzte sich erheblich.

Eines Tages zog fahrendes Volk durch unsere Straße. Staunend betrachtete ich das Kamel, den Bären, den Affen und was sie sonst an Tieren dabei hatten. Bald sollte ein großer Zirkus in die Stadt kommen, und Vater versprach mir, daß wir zusammen die Tierschau anschauen würden. Als wir auf dem Festplatz ankamen, zog ein starkes Gewitter auf. Es donnerte und blitzte. Die Elefanten in ihrem Zelt trompeteten laut. Plötzlich rissen sie sich los und rannten direkt auf uns zu. Geistesgegenwärtig packte mich Vater am Arm, und wir retteten uns hinter einen dicken Kastanienbaum. Zwei Elefanten rasten dicht am Baum vorbei und kamen erst auf der gegenüberliegenden Straßenseite zum Stehen, wo sie von den Wärtern eingefangen wurden.

Bei schönem Wetter machten Vater und ich am Sonntag morgen eine Waldwanderung. Gern lauschte ich Vaters Erzählungen. Zusammen mit seinen vier Brüdern hatte er viele Lausbubenstreiche angestellt. Einmal hatte ein Obsthändler besonders schöne rote Äpfel ausgestellt. Ehrensache, daß man die probieren mußte. Die Jungen bissen hinein – „Pfui Teufel, wie schmecken die denn?“ – und warfen sie gegen die Schaufensterscheiben. Es waren Tomaten, und die kannten die Buben damals eben noch nicht. Wurden sie vom Ladenbesitzer oder von der Polizei erwischt, dann gab es eine Tracht Prügel und damit war die Sache vergessen.

Auf dem Rückweg kamen wir bei der Brauerei vorbei und besuchten den Großvater, der dort als Maschinenmeister nach dem Rechten sah. Er war mit dem Braumeister gut befreundet und behauptete immer, daß das Northeimer Bier besser schmecken würde als das bekanntere aus Einbeck. Mein Vater trank seine Flasche Bier, und für mich fiel ein kleines Fläschchen Malzbier ab. Mit knapper Not bekam ich es leer. Zu Hause angekommen, war ich dann so satt, daß mir zum Leidwesen meiner Mutter der Sonntagsbraten nicht mehr so richtig schmeckte.

Ein großes Ereignis für unsere Stadt war das Schützenfest. Damals lebte mein Urgroßvater noch. Er drückte mir einen Groschen in die Hand, mit dem ich mir einen schönen Tag machen sollte. Zum Karussellfahren reichte das Geld zwar, aber für das Kasperletheater war dann nichts mehr übrig. Also machte ich mich, sobald es dort ans Bezahlen ging, aus dem Staub.

Zu Martini gingen wir Kinder abends mit Papierlaternen zu den Leuten und sagten unsere Sprüche auf oder sangen kleine Lieder. Dafür gab es dann Obst oder Süßigkeiten. Nachdem jedoch in unserer Stadt ein kleiner Junge vergiftet worden war, verbot mir Mutter die Bittgänge.

Mein Onkel war ein guter Schwimmer. Ich durfte auf seinem Rücken sitzen, wenn er in der Rhume schwamm. Er verstand es auch, Forellen mit der Hand zu fangen. Vater versuchte es ebenfalls, erwischte aber stattdessen eine Wasserratte. Daraufhin war ihm die Lust an weiteren Fangübungen vergangen.

August 1939: Festumzug zum Schützenanger in unserer beschaulichen Kreisstadt Northeim am Rande des Harzes. Der vierte Junge von rechts in den weißen Schuhen bin ich.

Zu Ostern nahm unser Wohnungsnachbar mich an die Hand, und wir gingen Ostereier suchen. Er versteckte sie so schnell, daß ich es nicht bemerkte, und freute sich mit mir, wenn ich dann die Ostereier fand.

Großvater hatte im Hof seines Hauses eine ganze Menagerie an Haustieren. Außerdem wohnte dort ein seltsamer Zeitgenosse namens Jakob, eine Rabenkrähe. Kein glitzernder Gegenstand war vor ihr sicher. Jemand hatte sie wohl beim Klauen erwischt und ihr ein Bein abgeschlagen. Kein Problem für meinen Großvater, er verpaßte Jakob ein Gummibein. Der Vogel war sehr frech, er ärgerte Hunde und Katzen. Leider hatte er auch ein Faible für Damenwaden, und es kam schon mal vor, daß er teure Seidenstrümpfe zerbiß. Mich mochte er anscheinend, denn er begrüßte mich mit freudigem Krächzen aus seiner „Villa Jakob“, einem Holzhäuschen, das Großvater für ihn gezimmert hatte, und setzte sich dann neben mich.

Zwischenzeitlich hatte Vater wieder Arbeit bekommen. Der Parteigenosse, für den er hatte weichen müssen, war wohl doch nicht erste Wahl. Nun arbeitete er wieder als Installateur im Gaswerk.

Mutter kaufte ab und zu in einem jüdischen Geschäft ein, weil die Inhaberin so nett war und gelegentlich ein kleines Geschenk dazu gab. Eines Tages war die Geschäftsfrau ganz in Tränen aufgelöst. Sie flüsterte Mutter etwas zu, woraufhin diese sehr verstört war. Kurze Zeit später war der Laden geschlossen.

Ein geistig behinderter Junge aus unserer Nachbarschaft war verschwunden. Seine Mutter weinte, man hatte ihn plötzlich abgeholt. Später kam die Nachricht, daß er angeblich an Lungenentzündung verstorben sei.

Als Mutter wieder einmal ihren Waschtag hatte, kam eine Nachbarin in die Waschküche und berichtete von der Meldung im Radio, daß Krieg ausgebrochen sei. Mutter erschrak. Aus ihrer Aufregung entnahm ich, das dies nichts Gutes bedeutete. Ihr einziger Bruder war im Ersten Weltkrieg gefallen. Sie dachte sicher daran, als sie sich fragte, was wohl jetzt auf uns zukommen werde.

Für mich begann mit der Schuleinführung ein neuer Lebensabschnitt. Ich freute mich sehr über die volle Schultüte, aber nach dem ersten Unterrichtstag fragte ich meine Eltern, ob ich denn nun jeden Tag zur Schule gehen müsse.

*(Weitere Erinnerungen dieses Autors finden sie in dem Band „Gebrannte Kinder. Kindheit in Deutschland 1939–1945“ der Reihe **ZEITGUT**.)*

[Hemmelte – Cloppenburg;
1936 / 1937]

Heinz von der Wall

Das Sammelheftchen

Der Klassenlehrer hatte schon zum zweiten Male gemahnt – und bei dieser Mahnung hatte er seine Stimme deutlich gehoben –, daß endlich abgerechnet werden müsse. Ein paar von uns waren immer noch im Rückstand, und ich gehörte auch dazu.

Vor gut einer Woche hatten wir ein Heftchen erhalten mit etwa zehn Bildern darin; auf ihnen waren Gegenden auf der Erde zu sehen, in denen Deutsche lebten: Ostafrika, die Südsee, auch Südamerika. Sie lebten zwar dort, wollten aber Deutsche bleiben, und für sie sollten wir sammeln gehen. Wenn jemand eine Spende gab – wieviel, das blieb ihm überlassen –, mußten wir vorn auf dem Umschlag den Betrag eintragen. Als kleines Zeichen des Dankes durften wir dem Spender eines der Bildchen aus dem Heft überreichen.

Ich hatte nicht so recht den Mut, zu den Nachbarn zu gehen und um ein gutes Werk für die armen Landsleute in der Ferne zu betteln. Deshalb hatte ich vor ein paar Tagen vorsichtig bei Vater angefragt; aber der war laut geworden, und es fielen Worte wie Eintopf, NSV und WHW*).

Etwas leiser hatte er dann über Figürchen aus Porzellan oder Holz, von Plaketten und Nadeln aus Bernstein und

*) Anspielung auf den Eintopfsonntag, die NS-Volkswohlfahrt und das Winterhilfswerk

Bronze geschimpft, die man sich an den Anzug stecken sollte – davon habe er längst genug!

Er hatte mir gar keine Zeit gelassen, ihm klarzumachen, daß diese Sammlung ganz was anderes sei. Und da saß ich nun hier und war einer von den letzten, die noch abgeben mußten, was sie gesammelt hatten.

Ich bat Mutter um einen guten Rat. Wenn ich die Sache nicht in Ordnung bekam, mochte ich am andern Morgen nicht in die Schule gehen.

Sie sagte zu mir – das schien ihr gerade so eingefallen zu sein –, daß ich vielleicht Vaters Rad putzen könnte; bei dem schlechten Wetter in der letzten Zeit wäre es auf seiner Tour völlig veschmutzt, und er selbst käme wohl nicht dazu, es zu tun. Wenn ich ihn nun damit überraschen würde?

Vater war ins Moor gegangen, um nach dem Torf zu sehen, und vor dem Dunkelwerden kam er sicher nicht zurück. Ich machte mich sogleich an die Arbeit mit Bürsten, Lappen und Öl, und nach einer knappen Stunde waren Rahmen, Schutzbleche, Felgen und Speichen geputzt und eingeölt und dann noch mit einem neuen Tuch blankgerieben. Ich stellte Vaters Rad auf die Diele, damit er es sofort sah, wenn er kam.

Rechtzeitig zum Abendessen – es war Herbst, und die Tage waren nicht mehr so lang –, war Vater aus dem Moor zurück. Ich hörte ihn über die Diele kommen; er hatte seine Holzschuhe an.

Als er in die Küche trat, leise, auf Socken, weil er seine Pantoffeln unter der Kochmaschine hervorholen mußte, schaute ich eifrig in das Karl-May-Buch, in dem ich gerade las. Aber mich interessierten jetzt nicht Winnetou oder Old Shatterhand, ich wartete gespannt darauf, ob Vater sich etwas anmerken lassen würde.

Mutter hatte mir wirklich gut geraten. Als er seine Schluffen angezogen hatte, kam Vater auf mich zu und suchte in seiner Hosentasche nach dem Portemonnaie.

„Hast du fein gemacht, Junge“, meinte er und suchte nach ein paar Geldstücken, die er mir geben wollte. So etwas kam nicht oft vor, daß er mich an einem ganz normalen Tag, auch wenn ich geholfen hatte, belohnen wollte – vielleicht hatte er vorhin auf der Diele Mutter getroffen, und die hatte ihm etwas zugeflüstert? Mir war beinahe feierlich zumute.

Als die Groschen (drei Stück waren es) vor mir auf dem Tisch lagen, sagte ich, daß er nun unterschreiben müsse.

Er schaute mich fragend an.

Ich zog das kleine Heftchen mit den Bildern von den Deutschen im Ausland aus dem Karl May, wo ich es zwischen den letzten Seiten versteckt hatte, und hielt es ihm hin.

„Unterschreiben?“ fragte er und schüttelte den Kopf.

Daß es sein müsse, beharrte ich.

„Mit meinem Namen nicht!“ knurrte er.

Sollte es am Ende wieder schiefgehen und alles umsonst gewesen sein?

„Dann mit anderen Namen“, schlug ich in einem plötzlichen Einfall vor.

„Wie denkst du dir das, Junge?“

„Nicht mit deinem Namen, hast du doch gesagt. Dann eben mit anderen!“

„Wo muß denn was unterschrieben werden?“ fragte Vater, nahm das Heftchen und blätterte es durch.

„Auf jeder Seite einmal“, erklärte ich, „und dann gibt es die Bilder.“

„Das ist ja zehnmal!“ rief Vater.

„Zehn Bilder, wenn ich die weg habe, das wäre prima.“

Für zehn Bilder drei Groschen, das sei ja auch gerade nicht viel, meinte ich, für jedes drei Pfennige.

„Hast richtig gerechnet“, erwiderte Vater und lachte ein wenig dabei. Ich merkte ihm an, daß sein Zögern nachließ. Ich mußte die Gunst der Stunde nutzen.

„Ein andrer Name...“, sann Vater.

„Es gibt doch so viele“, ermunterte ich ihn.

„Wil-ly – Her-mann“, Vater betonte jede Silbe, „Willy Hermann gibt drei Pfennige. – Wo hast du was zu schreiben?“

Ich sprang auf und holte den Tintenstift vom Schrank, mit dem Mutter die Ausgaben vom Haushalt anschrieb.

Vater zog sich seinen Stuhl zurecht, setzte sich und schrieb auf die Umschlagseite, wo es stehen mußte: „0,03 RM, Willy Hermann.“

„Und auf die nächste Seite: Fritz Otto“, fand ich.

Er wollte schon umschlagen und zeichnen.

„Fritz Otto gibt auch drei Pfennige“, gniffelte er.

„Noch nicht!“ bremste ich ihn. War es nicht dumm, wenn der auch mit einem Tintenstift schrieb?

„Ach, das meinst du? Dann nehme ich einen Bleistift. Ich habe noch einen Stummel in der Westentasche, glaube ich.“

Vater fand ihn, und er schrieb damit.

„Und ich habe den Tintenfederhalter in meiner Schultasche, und wohl auch noch Farbstifte!“ wurde ich eifrig.

„Und das ist dann Otto Fritz, der auch drei Pfennige spendet“, sagte Vater vergnügt.

„Oder Paul Heinrich“, rief ich, „oder Gustav Anton, oder Eugen Wilhelm!“

War es nicht kinderleicht, Namen zu erfinden? Und hätten es hundert sein müssen, uns wären sie eingefallen!

Vater schrieb und nahm jedesmal einen neuen Stift – einen grünen, einen braunen, einen gelben...

„Oder Richard Werner ?“ zwinkerte er mir zu. „Willy Hermann, Fritz Otto, Otto Fritz, Paul Heinrich, Gustav Anton, Eugen Wilhelm, Richard Werner – alle haben sie drei Pfennige über für das gute Werk.“

Es fing an, ihm richtig Spaß zu machen.

„Hier ist schon der letzte“, sagte Vater dann, „und der muß Adolf heißen.“

„Bloß Adolf?“ fragte ich.

„Adolf – Adolf –“, wiederholte Vater. „Adolf – Karl“ meinte er endlich.

„Karl – Röver? Nach unserem Gauleiter?“ wollte ich es genau wissen.

„Wer sagt das denn?“ hielt Vater amüsiert dagegen und trug den Namen ein.

Zufrieden lehnte er sich zurück.

„Ist es so recht?“ Er schob mir das Heftchen hin.

Ich riß die Bilder an den markierten Stellen ab und wollte sie ihm geben. Die könne ich behalten, wehrte Vater ab. Dann trug ich auf dem Umschlag noch die Gesamtsumme ein, die ich gesammelt hatte.

Als ich aber einen Blick auf Vaters Unterschriften warf, überkam mich ein Schrecken: Er hatte wohl immer einen neuen Stift genommen, aber seine Schrift hatte er nicht verändert! Und sie war doch an ihrem flotten Zug so leicht zu erkennen.

„Ist nichts mehr zu wollen“, brummte Vater, als er mein bedrücktes Gesicht sah. „Ich könnte höchstens das mit dem Bleistift ausradieren.“

„Nein, nein“, wehrte ich ab.

„Ja, was soll's denn“, polterte Vater dann, „was soll's denn? Du hast die dreißig Pfennige – und steht da vorn nicht irgendwo, auch die geringste Gabe sei willkommen? Was soll's also?“ Und so redete er noch eine Zeitlang weiter, bis er mich zufrieden wähnte.

Aber wirklich erleichtert war ich erst, als ich am nächsten Vormittag das Heftchen und die dreißig Pfennige an unseren Klassenlehrer abgegeben und mitbekommen hatte, daß er auf das, was hineingeschrieben worden war, kaum ein Auge geworfen hatte. Ihm war es wohl nur darauf angekommen, daß die Endsumme stimmte, wie sie auf der Umschlagseite stand. Er gab ja Mathematik.

[Köln;
1937]

Ch. Tedd Komer

Das Verhör

Eines Morgens, gegen halb sechs. Ein wüstes Klopfen an unserer Haustür: „Aufmachen! Geheime Staatspolizei!" Ängstlich öffnete meine Mutter. Drei Gestalten in schwarzen Ledermänteln und tief ins Gesicht gezogenen Schlapphüten stürmten in unsere Wohnung.

Aufgewacht durch den schrecklichen Lärm, stieg ich aus dem Bett. Ich war damals neun Jahre alt. Rasch lief ich zu Mutter und umklammerte sie. Sie zitterte. Die Aktion richtete sich gegen meinen Vater, der, noch im Schlafanzug, unter Drohungen aus dem Bett gezerrt wurde. Man befahl ihm, sich rasch anzukleiden. Dann wurde er abgeführt, ohne Angabe von Gründen, ohne Bescheid, wohin er gebracht werden würde.

Nach Wochen erst wurde meine Mutter informiert, daß Vater in der psychiatrischen Abteilung der Lindenburg, einer Klinik in Köln, liege. Wir konnten ihn jetzt besuchen. Aber wir ahnten nicht, was uns erwartete: Vater hatte schlohweißes Haar, war um Jahre gealtert, völlig verwirrt und orientierungslos. Er war ein völlig gebrochener Mann. Der Leiter der Abteilung war ein berüchtigter Mediziner, der unter seinem weißen Arztkittel eine SS-Uniform trug.

Was war geschehen? Ein Besuch des „Führers" in Köln war angekündigt worden. In der Sporthalle in Köln-Deutz wollte er eine Rede halten. Mein Vater, nicht gerade ein begeisterter Freund der Nazis, hatte gehört, daß nur „handverlesene“ Leute mit einer entsprechenden Einladung zu dieser Veranstaltung zugelassen würden. In einem Gespräch meinte er, diese Auslese hinge wohl mit einem geplanten Attentat auf Hitler zusammen.

Vaters Gesprächspartner übermittelte diese Bemerkung prompt entsprechenden Parteileuten. Und so kam es zu dem überfallartigen Zugriff und zu dem Verhör im berüchtigten ELDE-Haus, der Gestapo-Zentrale in Köln.

Später litt Vater noch monatelang unter dieser Tortur sowie unter der Verabreichung von Drogen in der psychiatrischen Klinik. Zu Hause glaubte er immer, seine Schubladen und Schränke wären während seiner Abwesenheit durchwühlt worden und man hätte ihm „staatsfeindliches“ Material untergeschoben. Er probierte aus, wie lange er seine Hände auf die heiße Ofenplatte legen konnte, eine „Übung“ für künftige Gestapo-Verhöre. Nachts schreckte er immer wieder auf. In seinen Alpträumen glaubte er, die Schreie der gefolterten Mitgefangenen im Keller des ELDE-Hauses zu hören.

[Torgau an der Elbe;
1937]

Heinz Weiß

Der Dichter unbekannt

Acht Jahre vor dem weltbekannten Treffen zwischen Russen und Amerikanern an der Elbe schien die in Horst-Wessel-Platz umbenannte Promenade in Torgau zu träumen. Solange Unterricht stattfand und kein Hitlerjugenddienst angesagt war, lag der Platz unter den uralten Linden still und friedlich da. Sonntags trafen sich die Freikirchler in ihrem schlichten Raum der Hilfsschule gegenüber. Sie störten die Stille nicht.

Wenn jedoch die Pausenglocken läuteten, dann strömten lachend und mit Geschrei mehr als zweitausend Schülerinnen und Schüler auf den Platz, um ihn mit ihren Spielen zu beleben. 225 Schüler kamen aus der Knabenmittelschule, 785 aus der Knaben-Volksschule, 853 aus der Mädchen-Volksschule und der Hilfsschule im grauen Gebäude, die übrigen waren aus dem Lyzeum im roten Haus mit der Studienrätin Spät als würdevoller Leiterin. Aber auch Mittelschulrektor Wilhelm Höger, Rektor Alfred Leonhardt und Rektor Friedrich Altmann waren als respektable Persönlichkeiten nicht zu übersehen. Trotzdem boten sich deren Schulen mit den überfüllten Klassen kaum als Gesprächsstoff in der Öffentlichkeit an.

Die Leute nahmen mehr Anteil daran, daß Maxi Herber und Ernst Baier sich in London den Weltmeistertitel im Eiskunstlauf holten, daß der Faschismus in Spanien siegte, daß

Rohstoffknappheit eintreten würde, weil Görings Losung „Kanonen statt Butter“ nicht nur in Deutschland galt und in verschiedenen Ländern hochgerüstet wurde.

Wer dagegen war, daß Deutschland sich stark machte, wurde eingesperrt wie die „Ernsten Bibelforscher“ und die Kommunisten. Selbst Kirchenleute blieben nicht ungeschoren, wenn sie den Mund so weit auftaten wie Pastor Niemöller. Dies vernahm ich an den Feierabenden den erregten Debatten unserer Untermieter, die am Bau des Heeresverpflegungsamtes beteiligt waren, wobei sich der dicke Polier aus Schlesien besonders hervortat. Ich saß oder stand immer im Hintergrund, ohne jemanden zu stören. Dabei hörte ich auch unterschiedliche Meinungen der Arbeiter zur Euthanasie und zum Judenproblem.

Jeden Morgen trat ich 6.45 Uhr von der am Stadtrand liegenden Mahla*) her meinen Schulweg an und sah gewöhnlich, wie der Repitzer Kremser die Schulkinder vom Vorwerk brachte und wie der Gasmann die Straßenlaternen löschte, wozu er ein langes, stockähnliches Gerät benutzte. Mein Schulweg überquerte das grüne Glacis**), heute zum Stadtpark umgewandelt, wo ich manchmal dem ersten Frühreiter des Reiterregiments 10 begegnete.

Unweit der Radfahrerkaserne hing auf dem Mackensenplatz ein Schaukasten mit der Zeitung „Der Stürmer“, Julius Streichers Hetzzeitung gegen die Juden und den Bolschewismus. Manchmal blieb ich stehen, um zu lesen, aber die entsetzlichen Karikaturen stießen mich ab. In der Bäckerstraße verteilte das jüdische Geschäft Rosenthal Mickymaus-Hefte, die ich gern las. Auf der anderen Straßenseite hetzte ebenfalls „Der Stürmer“ massiv gegen die Juden.

Auf dem Markt gab es wieder zwei Schaukästen. In dem einen bot die Buchhandlung Huth Bibeln und religiöse Schriften, in dem anderen Rolf Torring und Jörn Farrows U-Boot-Abenteuer an. Ich wunderte mich zwar über die Gegensätze, aber Geschäft war auch damals schon Geschäft.

---

*) Name eines früheren Festungsvorwerks, **) Vorgelände einer Festung

In der Schule genoß ich eine Sonderstellung. Weil ich einen sehr weiten Schulweg hatte, erlaubten mir die aufsichtshabenden Lehrer, das Schulgebäude so früh wie möglich zu betreten. Alle anderen mußten bis 7.25 Uhr vor dem mittleren Schultor warten.

Wir kannten unsere 15 Lehrer alle, am besten aber den langen Hermann Kuntze, der gewöhnlich in Knickerbockern unterrichtete. Seine Unterhosen hatte er stets straff und korrekt in die sichtbaren Strümpfe gezogen. Beim Betreten der Klassenräume ließ er sich regelmäßig von einem überlangen Rohrstock begleiten, von dem er oft Gebrauch machte, weshalb wir dem Musik- und Sportlehrer den Spitznamen Prügel-Kuntze gegeben hatten. Bei ihm hing gleichsam Disziplin in der Luft, wovon manchmal sogar andere Lehrer profitierten.

Die 52 dreizehnjährigen Jungen seiner Klasse richtete er knallhart militärisch aus. Da saß alles millimetergenau auf Vordermann. Im Klassenschrank herrschte peinlichste Ordnung. Aufsatz- und Diktathefte hatte Kuntze mit durchsichtigem Pergamentpapier eingeschlagen, wobei ihm einige der besten Schüler helfen mußten.

In der weiträumigen Aula durfte unaufgefordert weder ein lautes noch ein leises Wort gesprochen werden. Der überlange und deutlich sichtbar auf dem Flügel liegende Rohrstock überwachte alles. Kuntze überprüfte jeden Schüler einzeln und ordnete ihn einer der drei Chorstimmen zu. Dreistimmige, mindestens aber zweistimmige Lieder sollten erklingen, wenn er mit seinen Jungen durch die Stadt zur Turnhalle marschierte. Besonderer Stolz leuchtete in seinen Augen, sobald sich die Fenster öffneten, Frauen herausschauten und zuhörten. Wie ein General marschierte er dann an der Seite seiner Klasse.

Gewöhnlich standen Texte und Noten der zu lernenden Lieder in den Liederbüchern. Einmal war das jedoch nicht der Fall. Der Komponist war Jude wie der Textdichter. Aber das wußten wir nicht, wunderten uns nur, weshalb das Lied nicht in unseren Büchern stand. Kuntze schrieb den Liedtext an die Tafel:

„Leise zieht durch mein Gemüt
liebliches Geläute.
Klinge, kleines Frühlingslied,
kling hinaus ins Weite.“

Wie immer wurde der Text gelesen und dann die Melodie gelernt. Schließlich schwangen die zarten Töne Mendelssohn-Bartholdys durch den Raum.

Irgendwie mußte dem Lehrer unwohl zumute gewesen sein. Ein Lied jüdischer Autoren einzuüben hätte ihn die Stelle kosten können. Kuntze hätte mit uns nur Lieder singen dürfen, die von den morschen Knochen, den wilden, durch die Nacht rauschenden Schwänen oder von der hoch erhobenen Fahne erzählten, die von Sturmabteilungen mit ruhigem, festem Schritt durch die Straßen getragen wurde.

Zu seinem Schreck fragte der kleine Max: „Wie heißt der Dichter, Herr Kuntze?“

Zum Glück wollte er nicht auch noch den Namen des Komponisten wissen. Es reichte schon, daß der Dichter Heinrich Heine Jude war. Was nun?

Aber mit dieser Frage hatte der Lehrer gerechnet und sich eine Antwort zurechtgelegt. Er antwortete: „Der Dichter ist unbekannt.“ – Damit gab sich Max zufrieden wie alle anderen Schüler auch.

Fünf Jahre später brachte ein merkwürdiges Kriegserlebnis an der Front im Osten die Wahrheit ans Licht. Ich war Panzersoldat bei Rshew an einer stürmischen Artilleriefront. Die Russen schossen aus allen Rohren. Mein Panzer wurde getroffen und suchte hinter einem Haus Schutz. Das Haus erhielt ebenfalls einen Volltreffer und brannte.

Nachdem das Feuer fast verglimmt war, ging ich austreten. Plötzlich sah ich am Rande eines Häufchens Asche ein Buch mit angesengtem Umschlag liegen. Zwischen kyrillischen Buchstaben las ich den Titel: „DEUTSCH.“ Es war ein Lehrbuch für die 10. Klasse der Mittelschule. Starke Neugier trieb mich, darin zu blättern.

Von Seite zu Seite wurde es spannender. Auf Seite 88 schrieben die Autoren, der Faschismus sehe in Heinrich Heine einen Todfeind. Dann kam die große Überraschung. Die Seite 94 begann mit Heines Gedicht: „Leise zieht durch mein Gemüt...“ – Das war die Auflösung des Geheimnisses von 1937! Heimlich nahm ich das Buch beim nächsten Heimaturlaub mit nach Hause und besitze es heute noch.

Am 10. September 1942 fand ich an der Front in Rußland bei Rshew in einem brennenden Haus dieses Deutsch-Lehrbuch mit Gedichten und Texten über den „unbekannten“ Dichter: Heinrich Heine. Es hat Brand- und Schmutzstellen.

(Weitere Erinnerungen dieses Autors finden Sie im Band „Jugend 1933–1939“ der Reihe **ZEITGUT***.)*

[Dortmund;
1937]

Karl Wilhelm Loggen

Wilhelms Aufstieg

Wilhelm schaute seine Mutter ungläubig an. Denn sie, zu Hause in allem Tun und Lassen das vertrauteste Wesen überhaupt, die sich nie einen Schritt über die gewohnten Besorgungen hinaus zutraute, war von einem ungewöhnlichen, von ihr selbst beschlossenen Gang zurückgekehrt, von dem sie berichtete. Sie hatte ein Gymnasium aufgesucht und den Direktor gesprochen. In ihrem gewähltesten Hochdeutsch hatte sie gefragt, ob es noch möglich sei, ihren Jungen in die höhere Schule aufzunehmen.

Alles spreche dafür, so hatte der freundliche Direktor geurteilt, nachdem er die mitgebrachten Zeugnisse überflogen und, zu Elisabeth gewandt, sein Erstaunen geäußert: Wohnorte, Schulen, Lehrer – wie viele, jedenfalls sehr viele für ein Kind seines Alters, dabei alle mit guten, ja wirklich, mit guten Prädikaten.

Wie wohl es Elisabeth tat, dies zu hören und ihr den Mut gab, das Problem anzusprechen. Zögernd bekannte sie, das Schulgeld, woher das Schulgeld nehmen? Das bereite ihr Kopfzerbrechen.

Die Bücher stelle man einem bedürftigen Schüler zur Verfügung, sagte der Direktor, aber auf Zahlung des Schulgeldes müsse leider bestanden werden.

„Lassen Sie den Mut nicht sinken, Frau Loggen“, fuhr er fort, „unter dem Nationalsozialismus ist das Schulgeld kein erstrangiger Faktor mehr. Am besten wendet sich Ihr Mann an die Organe der Partei, die das regeln werden." Es sei ja anzunehmen, daß der Junge dem Jungvolk oder bereits der Hitlerjugend angehöre.

Während Elisabeth dies erzählte, schaute ihr Mann durchs Fenster und tat so, als höre er nur halb hin. Seine Miene verriet, daß dieses ganze Trara weit unter seiner Würde lag, und daß er nicht entschlossen war, fuchsteufelswild zu werden, wozu er allen Grund gehabt hätte, sondern in seiner aufrechten Gesinnung Nachsicht zu üben mit diesem törichten Weibe.

„Lisbeth", sagte er schließlich, „liebe Frau, was machst du dir unnütz Sorgen? Habe ich dir nicht immer wieder erklärt, daß der Nazi-Spuk bald ein Ende hat? Hinterher steht der Junge da mit dem Nazi-Abitur in der Hand. Siehst du denn nicht ein, daß die Schmach und Schande dann auf seinen Vater zurückfällt?"

Damit war die Frage geklärt, und Wilhelm blieb der Johannesschule erhalten.

Unter dem gutmütigen Lehrer Lemberg war von der Staatsjugend für Wilhelm nichts Bedrohliches ausgegangen, obwohl die braune Uniformiererei immer näher vordrängte und forscher auftrat. In jenen Jahren begann Wilhelm, sich aus dem engen Norden Dortmunds hinauszuträumen, und seine Phantasie schweifte, soweit sie es vermochte, bald von Pol zu Pol und übersprang auf dem Wege ins Freie die Grenzen auf allen Landkarten.

Lehrer Loges aber holte ihn in die Wirklichkeit zurück. „Soldat wird jeder von euch!" So appellierte er an seine Schüler, sechzig dreizehnjährige Knaben. Lehrer Loges war groß im Erforschen der Ratschlüsse des Führers. Das Haupt mit Ahnungen beladen und diese aussprechend, wandelte er vor der Klasse auf und ab, im Jahre 1937. Wenn er nur wüßte, welche Entscheidungen sich im Geiste des Führers heute wieder anbahnten! Seine Getreuen wollten keine Sekunde verlieren, den Führerwillen in die Tat umzusetzen. Als Soldat dienen zu müssen, das stand für ihn fest.

Es war noch nicht alles. „Hitlerjunge wird jeder von euch, befiehlt Adolf Hitler!“ Lehrer Loges wartete auf diesen Befehl, der immer noch nicht endgültig ergangen war.

Der Samstag war zum Tag der Staatsjugend ausgerufen worden. Uniformierte Mädel und Buben rannten zum Dienst, die Schulen standen leer. Nicht so die Johannesschule, in deren Knabenflügel sich auch samstags ein kleines Häuflein einfand, darunter Wilhelm. Weder Hitlerjungen noch Pimpfe, warteten sie stumm, was mit ihnen geschehen sollte.

Lehrer Loges erschien, von übler Laune beseelt. Da mußte er sich nun den ganzen Vormittag mit dieser Sorte befassen, ein Dutzend oder zwei, verstockter Nachwuchs reaktionärer Eltern, die ihm den sonst freien Samstag vermasselten. Diese Bengel, auf marsch, marsch, zum Jungdienst der HJ befohlen, und er selbst könnte nach Hause gehen oder sich beim Kreisleiter melden, je nachdem.

Man muß ihm zubilligen, daß ein Lehrer in solcher Lage oft nicht recht weiß, was er machen soll. Die Schüler bleiben weg, aber nicht alle. So fängt er an, Geschichten zu erzählen. Lehrer Loges erzählte nie Geschichten, und unter den gegebenen Umständen ließ er sich auch nicht darauf ein, mit denen hier überhaupt viel zu reden. Dieser übriggebliebene Rest war weder kräftiger noch schwächer, weder dümmer noch klüger, weder hübscher noch häßlicher als die Hitlerjugend. Allemal hätte sich etwas lernen lassen mit ihnen, was aber nicht in Frage kam, weil dann womöglich die hier schlauer gewesen wären als übermorgen die Hitlerjungen.

In dieser Mißstimmung beschloß Parteigenosse Loges, im Sinne des Führers dessen Befehlen voraus zu sein und mit den uniformlosen Knaben das Exerzieren zu üben.

Ob das dem Wesen des leidenschaftlichen Volkserziehers widersprach, war jetzt unwichtig. Sein Lehrstoff, von dem

Der Jahrgang 1924 der Johannesschule in der Schützenstraße zu Dortmund im Jahre 1937. In der unteren Reihe, fünfter von links, sitzt Wilhelm.

alle Stunden und Fächer gesättigt wurden, war eine Art nationalsozialistischer Heimatkunde. Andere Themen vermied Loges oder überging sie, mit dem Ausdruck des Widerwillens in seiner ganzen Haltung, Themen etwa wie: das Ausland oder die Juden, oder auch: *das Gymnasium*.

Er hatte die Falschheit, die dahintersteckte, wenn jene Kollegen und Studienräte die Hundertprozentmarke der HJ-Zugehörigkeit ihrer Oberschüler herausstrichen, gründlich durchschaut. Die Falschheit lag bei den Eltern, in der ganzen heuchlerischen Anpasserei jener gehobenen Schicht, die um Besitz, Rang, Amt, Würde und Karriere fürchtete und sich hastig oder unschlüssig veranlaßt glaubte, dieser Dinge halber ihre Kinder vorzuschieben in den Kult der Staatsjugend. Ging es doch um die Zukunft des eigenwilligen Sohnes, dem die fürsorgliche Mutter zuraunte: „Geh lieber hin. Vielleicht bleiben die Nazis doch noch länger am Ruder. Dann stehst du nachher da und hast kein Abitur."

Unser Volksschullehrer wollte gern zugestehen, daß der Anteil an Intelligenz bei den Kindern der Höheren Schulen ein wenig höher lag als bei seinen Volksschülern. Das hieß nicht weniger, als daß dort der Anteil an frühen Einzelgängern höher lag, solchen, die sich mit allen Fasern dagegen sträubten, organisiert oder von einem Massenkern magnetisiert zu werden.

Mit solchen Deutschen hatte Lehrer Loges gar nichts zu schaffen. Der Dortmunder Arbeiternorden brachte die besseren Nationalsozialisten hervor, was machte es schon aus, wenn manche Volksgenossen sich stur verhielten, wie die Eltern dieser Knaben. Das waren doch nur ein paar unbelehrbare Kommunisten, alte Sozis, Katholiken und Pazifisten.

Lehrer Loges befahl, auf dem Schulhof anzutreten. Wenn die hier geglaubt hatten, sie blieben vom strammen Schliff und scharfen Samstagsdrill verschont, dann hatten sie nicht mit Lehrer Loges gerechnet, der jetzt das Kommando über das zitternde und zagende Fähnlein übernahm.

Wer ein Kommando übernimmt, muß auch die Kommandos beherrschen, muß das Kommandieren gelernt haben, und wenn seiner Stimme der Kommandoton abgeht, sich mit röhrendem Gebrüll behelfen. Bloßes lautes Schreien setzt keine Truppe in ordentliche Bewegung. Hier scheiterte Lehrer Loges mit seiner Ersatz-Hajott. Es war denn doch erstaunlich, wie er so wenige Knaben in ein so tolles Durcheinander schickte, bis er dies einsah und den Schlußbefehl erteilte, sie sollten sich alle zum Teufel scheren.

Instrumente spielten die Stadtlehrer meistens nicht mehr, Lehrer Loges konnte auch nicht singen. Wenn einmal Nachmittagsunterricht war, huschte ein Musiklehrer ins Klassenzimmer und stimmte einige Melodien an, wie die vom Gott, der Eisen wachsen ließ. Das Lied sang auch Wilhelm gern. Anderes klang düster und melancholisch langweilig, novemberlicher als draußen ertönte es drinnen: „Hirsche schrien in der Brunst/ Als vom Hellweg zog der Streiter/ Durch des Tales Nebeldunst“ ... Wer theoretisch so stark war in der NS-Bewegung wie Lehrer Loges, der konnte es verschmerzen, wenn das Kampfgebraus nur so brüchig und verdünnt in der Johannesschule widerhallte.

Lehrer Lemberg hingegen malte Aquarelle, wie sollte der auch noch singen! Es kam vor, daß Lehrer Lemberg sich während des Unterrichts eine Zigarre anzündete und bedächtig über gemütliche Dinge sprach. Im wohlwollenden Ton erwähnte er einmal den „Herrn Hitler“, worauf ihm lautes Gelächter aus den Bankreihen zurückschallte. Da hatte er wohl etwas Falsches gesagt? Er stutzte, schien befangen, die Asche fiel ihm von der Zigarre, doch schon hatte er sich, wie nebenbei, auf ein anderes Thema besonnen, das den Knaben durch und durch vertraut und im Dritten Reich unverfänglich war. Lehrer Lemberg erzählte vom Stellungskrieg, den er mitgemacht hatte, durch dick und dünn und von vorn bis hinten. „Musketier Lemberg wieder beim Schanzen!“ tuschelten sich die Knaben zu, und so war es auch gewesen. Mit Picke und Schaufel hatte er die Laufgräben vorgetrieben, tief ins Feindesland, in aller Gemütlichkeit dabei seine Pfeife schmauchend, die Erde wie ein Maulwurf ans Licht schleudernd, mochten die drüben ballern, soviel sie wollten.

Schön waren die Malstunden, wenn die Klasse auf glatt gespanntem Papier mit Wasserfarben herumpinselte. Lehrer Lemberg zeigte aus seiner Mappe seine schönsten Aquarelle, zur Nachahmung empfohlen.

Stiller noch war es zur Vorlesestunde. Wilhelm las aus einem Kriegsbuch vor, in dem Lehrer Lemberg die andere Seite zu Wort kommen lassen wollte, und zwar mit den Fronterlebnissen des englischen Infanteristen Captain Brown.

Wilhelm, der sich Mühe gab, genau zu lesen, stellte ihn vor als „Kapitän Broven“. So erfuhren die Knaben, daß es sich in der Tat um ebenbürtige Gegner gehandelt haben mußte, mit denen Musketier Lemberg in die schrecklichsten Erdkämpfe verwickelt gewesen war. Pulverdampf und Leichen bedeckten das graue Tal – nur fand man es etwas rätselhaft, warum dieser Kapitän Broven nicht auf seinem Schiff geblieben war, sondern im Schützengraben herumsprang.

Die Ankündigung, daß Lehrer Loges nach den Osterferien 1937 die Klasse zum achten und letzten Schuljahr übernehmen sollte, bestürzte Wilhelm im voraus und versetzte ihn in Schrecknisse und Ängste. Und dann traf alles so schlimm wie erwartet auch wirklich ein! Mit der Gemütlichkeit sei ein für allemal Schluß, erklärte Lehrer Loges. „Wir wollen doch prüfen, wer von euch etwas taugt und leistet“.

Wilhelm fiel bei jeder Prüfung durch, unter dem Hohngelächter, das aus den Bänken schallte: Da kann man mal sehen, wie Lehrer Lembergs Vorzugsschüler versagen und Mist machen wie wir andern auch.

Aber Lehrer Loges verharrte nicht lange bei den bekundeten Leistungen, sondern klopfte aufs Pult und begann mit der Propaganda der nationalsozialistischen Revolution und deren Verdiensten. Er schrieb sie einzeln an die Tafel, dann wischte er alles aus und diktierte die Überschrift zu einem Aufsatz: „Arbeiter sind wir alle!"

Wie viel lieber wäre er ein Arbeiter, dachte Wilhelm, als in der Klasse bei Lehrer Loges. Es müsse noch einiges klargestellt werden, fuhr dieser fort. Nach dem Willen der NS-Arbeiterpartei habe jeder Schüler saubere Schreibhefte zu führen und anständiges Deutsch zu schreiben, in deutscher Schönschrift!

„So eine Anmaßung", meinte Wilhelms Vater, Schönschrift und Naziherrschaft hätten doch nichts miteinander zu tun.

Wilhelm aber krümmte sich mit jedem Satz dieses Aufsatzes unter der Stahlfeder, von einem schöngeschriebenen Wort zum andern: Im Kampf gegen die Arbeitslosigkeit fuhr Adolf Hitler von der Olympiade über die Autobahn zur Arbeitsbeschaffung auf den Reichsparteitag. Kleine Schäden im Haushalt soll der Arbeiter der Stirn nicht selbst reparieren, sondern vom Arbeiter der Faust in Ordnung bringen lassen.

In ein neues Heft wünschte der Lehrer diesen Aufsatz geschrieben, und als alle Aufsätze abgegeben waren, warteten unter seiner gestrengen Miene auch die Dickfelligsten mit Bangigkeit darauf, was er wohl von sich geben werde.

Einige Tage vergingen, dann starrte die Klasse auf den Stapel ihrer Hefte, exakt ausgerichtet von den Händen des Lehrers, der sich hinsetzte und undurchdringlichen Blickes sein Schweigen bedrohlich verlängerte... Endlich hob er an, von dem nationalen Maßstab zu sprechen, der als Aufgabe und Thema gestellt, aber von Faulpelzen und Schmierfinken schnöde herabgewürdigt worden sei. Man spürte durch die ganze Klasse, wie das Donnergrollen gerade von denen, die es betraf, mit Erleichterung aufgenommen wurde.

Nur einer habe den neuen Sinn der Arbeit richtig zum Ausdruck gebracht – und in dem Augenblick war es an Wilhelm, sich erleichtert zu fühlen, denn das Heft, das allen zum Beweis über die Köpfe geschwenkt wurde, war seines.

Daß ein solches diktatorisches Ruhmeswort, mit dem ein Kind plötzlich von einem zurückgesetzten Platz auf den ersten geholt wird, ein jähes, taumeliges Glücksgefühl in ihm hervorruft, scheint so natürlich wie einprägsam. Lehrer Loges lobte nicht eigentlich, er verteilte die Rangordnung in der Klasse. Wie und was das Geleistete damit zu tun hatte, erledigte er im Handumdrehen.

Darüber war Wilhelm auch wieder froh, denn er schämte sich, die bombastischen Staatsparolen gebraucht zu haben, obwohl er doch im Herzen ein Staatsfeind war. Jedenfalls war er in eine Verkleidung geschlüpft, die ihn gegen den Spott schützte, und fühlte sich darin mächtig getröstet, respektiert und in Ruhe gelassen.

Dasselbe hatte er bei Lehrer Lemberg erfahren, von dem irgendwelches Lob eher beiläufig verteilt und doch gleich wirksam wurde, wie Wilhelm einsehen lernte. Lehrer Lemberg besuchte seine alte Klasse und gestand, er habe den Wilhelm nicht genug gefördert bei den Aufsätzen, die der schreibe, was Lehrer Loges ihm jetzt vorwerfe.

Aber, aber, fuhr Lehrer Lemberg fort, ein so erstklassiger Schüler sei der Wilhelm mit Bestimmtheit nicht. Er solle sich nichts einbilden, wenngleich eine Begabung zur Aquarellmalerei einverständlich vorhanden sei. Jetzt wolle der Wilhelm zur Flugmodellmacherei überwechseln. Warum nicht, und viel Glück, wenn er dazu Talent habe!

Im stillen nahm Wilhelm sich vor, in dem nächsten Aufsatz, der von einem Volksschädling handeln sollte, die bedeutendste aller Illustrationen hineinzumalen. Das müßte ein Aquarell vom Kartoffelkäfer sein.

Lehrer Lemberg ahnte wohl noch nicht, daß von allen Kollegen ausgerechnet er beordert würde, den Flugmodellbaukursus zu leiten. Mit fieberhaftem Fleiß entstanden die Flugzeuge unter den Händen der Knaben. Nur in der Luft hielt sich keines. Denn Statik und Trimmung zählten nicht zu den schönen Künsten, auf die Lehrer Lemberg sich verstand. Man sah die Flugzeuge kippen, trudeln und abschmieren. Auch Wilhelms erfinderischer Vater wußte keinen Rat.

Allmonatlich erschien der Titel des nächsten Aufsatzes an der Wandtafel; gleichsam zähnefletschend zog er die Knaben in seinen Bann, gewiß nicht alle, doch manchen unter ihnen, da sie um die ersten Plätze stritten.

Wilhelm hielt sich vorn, gegen das Urteil des Lehrers aufzubegehren wäre keinem eingefallen; im übrigen schien es einigermaßen zu stimmen. Meist ist ja nicht viel dabei, politische Schlagwörter und Symbole in vorgegebener Marschrichtung zu bewegen und wie schillernde Seifenblasen gemeinsam zu bejubeln, solange sie noch nicht geplatzt sind.

Elisabeth fiel auf, daß auf Abwechslung in diesem Deutschunterricht wohl nicht zu hoffen war. Worum es ging, waren Deutsche Mahnmale, Plaketten und Vierjahresplan, Luftschutz und Einigkeit und so weiter, und so weiter. Niemals etwas Schöngeistiges aus den Klassikern, meinte sie.

Daß seine Mutter auf einmal so geziert redete, vernahm Wilhelm als seltsam und merkwürdig. Er erinnerte sich, woher diese Worte kamen. Die Nachbarin, Frau Sehner, hatte sie in ihre Wohnung gebeten, um ihnen das neue Rundfunkgerät vorzustellen, im vollen Ton von Welle zu Welle. „Was für ein Klang, hören Sie sich das an!“ Die Rundfunktechnik habe eine klassische Vollkommenheit erreicht, und dieses Gerät, das sich die Sehners von einem Lotteriegewinn gekauft hatten, sei höchste technische Errungenschaft aller vergangenen und aller zukünftigen Zeiten überhaupt.

Wilhelm hörte es, neiderfüllt, während seine Mutter gern etwas Schmeichelhaftes und Anerkennendes zu Frau Sehner gesagt hätte, wie ihr deutlich anzumerken war, denn neidisch zu sein, war ihr fremd, bis sie zuletzt ihre Sprachlosigkeit überwand und bemerkte, daß ihr Junge gern lese, Bücher lese. – Das war nun doch das Unpassendste, was seiner Mutter hätte einfallen können, empfand Wilhelm. War denn der schöne Klang aus dem Edelholzgehäuse hinter dem Gardinchen hervor nicht überwältigend genug? Er wäre ihr am liebsten widerredend ins Wort gefallen.

Frau Sehner hatte dann mit etwas spitzer Stimme zurückgefragt, ob sich ihr Sohn denn auch für die Klassiker interessiere oder nur für Wildwest. Elisabeth, ahnungslos, was für Köpfe genau man sich unter den Klassikern vorzustellen habe, dachte kummervoll, bestimmt nicht den des Führers. In Wilhelms Aufsatzheft blätternd, fand sie Gott sei Dank auch keinerlei Spuren von Wildwest oder Kurdistan.

Ihr Mann las darauf einige Sätze aus Wilhelms Feder vor: „Nun bekam Deutschland eine demokratische Verfassung und erhielt eine neue Flagge, die schwarzrotgoldene. Das Versailler Diktat lastete schwer auf der deutschen Wirtschaft...“

Da solle mal einer sagen, das sei nicht patriotisch gesinnt, und als Mäntelchen müsse man das in der gegenwärtigen gefahrvollen Lage leider, leider vorweisen.

Und auf der nächsten Seite erscheine dann wieder der Adolf Hitler oder dessen Freund, der Mussolini, wagte Elisabeth einzuwenden. Da hätte der Junge doch gleich in den Hitlerjugendbund eintreten können.

„So etwas Unlogisches von dir, Lisbeth!“

Carl konnte kaum seinen Ärger unterdrücken über so viel weiblichen Unverstand. Daß seine Frau immer noch nicht bewußt darüber hinwegsehen wollte, daß der Sohn nicht aufs Gymnasium ging, und sie sich derartige Belanglosigkeiten nicht ausreden ließ! Die Aufsatzhefte flögen, sobald sie ausgedient hätten, sofort ins Feuer, das stünde fest. Außerdem, wer hätte die Aufsätze denn schon gelesen? Kein Mensch! Das Zeug flöge im Grunde unnütz und ungelesen ins Feuer.

(Auszug aus dem autobiografischen Roman „Das Floß auf dem Dorfmeer“, S. 81-95, für diese Ausgabe leicht gekürzt, erschienen im Verlag Karlheinz. Stahringer, 35085 Ebsdorfergrund, 1991.)

[Hemmelte – Elsten, Niedersachsen;
1936 /1937]

Heinz von der Wall

Der Elternabend

Den Zettel in der Hand, überflog ich zum wievielten Male die paar Zeilen und versuchte jetzt, mir besonders die Wörter einzuprägen, die betont werden mußten. Meiner Ansicht nach war es vor allem das Wort „deutsch“, das hervorgehoben werden mußte, in den ersten beiden Zeilen etwa so:

„Ich bin geboren, d e u t s c h zu fühlen,
bin ganz auf d e u t s c h e s Denken eingestellt –“

Ich markierte und unterstrich die beiden Stellen. Das Auswendiglernen lag mir nicht besonders, obwohl ich sonst auf dem Gymnasium ohne Mühen zurechtkam. Meine Eltern kümmerten sich wenig um die Fortschritte, die ich machte; sie erwarteten einfach von mir, daß ich bei der Zeugnisausgabe dreimal im Jahr als einer der besten abschnitt. Sie hatten es auch als mehr oder weniger normal angesehen, daß ich in der „kleinen“ Schule bei Fräulein Stroth im dritten Schuljahr auf dem obersten Platz, also über den Jungen aus der vierten Klasse, gesessen hatte.

Ich hatte meistens auch nicht allzuviel Lust zum Auswendiglernen, und so konnte es schon mal vorkommen, daß ich ganz gehörig hereinfiel. Das passierte mir, als Studienrat Lang zu Beginn der Deutschstunde unversehens die Arbeitshefte austeilen und uns das Gedicht „Des Sängers Fluch“, das wir für zu Hause aufbekommen hatten, niederschreiben ließ. Anleihen bei meinem Nachbarn waren kaum zu machen, und ich hatte nicht gelernt. Nun stoppelte ich etwas zurecht, was ich aus den Stunden, in denen die Ballade von Uhland besprochen und mehrere Male gelesen worden war, noch behalten hatte. Das Ergebnis war entsprechend.

So etwas durfte mir nicht passieren, wenn ich das Gedicht, das ich mir ausgewählt hatte und das mir auch zugeteilt worden war, öffentlich aufsagen sollte.

Die ersten beiden Zeilen „standen“. Ich rezitierte sie wiederholt. Ja, so mußten sie gesprochen werden.

Ich unterbrach meine Übungen und schaute kurz einem Vogel zu, der gerade auf den Baumästen vor mir herumhüpfte und Versteck spielte. Ich hatte mich zum Lernen in das meinem Elternhaus nahegelegene Moor begeben und mich auf einen umgestürzten Baumstamm gesetzt. Halbhohe Birken umstanden mich – vor etwa zehn Jahren mochte hier alles abgeholzt worden sein, und so hoch war es inzwischen wieder nachgewachsen –, so daß nach allen Seiten hin der Blick nur ein paar Meter weit reichte. Hier konnte ich so laut sprechen, wie es sich für den Vortrag später im Saal gehörte. Die Blätter an den Zweigen färbten sich; es wurde Herbst.

Der Rest des Gedichtes war schwieriger. Sollte ich jeweils das Wort „mein“ betonen, daß es so klingen würde:

„Erst kommt m e i n Volk, dann all die andern vielen,
erst m e i n e Heimat, dann die Welt“ –?

Ich prüfte es beim Sprechen, klang das nicht ein wenig eintönig und auch ein bißchen zu selbstherrlich? Wie wäre es mit „Volk“ und „vielen“? Dann wäre auch die Alliteration drin, der Gleichklang der Anlaute, diese altgermanische Reimform: Volk – vielen. Und die letzte Zeile schlösse sich dann an mit der Betonung von „Heimat“ und „Welt“.

Oder sollte man besser „erst“ und „dann“ nehmen? – Diesen Gedanken verwarf ich bald wieder, den Hauptton durften diese Umstandswörter nicht tragen, höchstens, daß ich sie von den unbetonten Wörtern ein wenig abhob.

Ich sprach mein Gedicht noch ein paarmal klar und deutlich meiner kreatürlichen Umgebung vor, dann war ich's zufrieden. Ich mußte mir nur noch vornehmen, nicht so zu rappeln, als sei ein Hund hinter mir her; und jeweils am Ende einer Zeile sollte eine längere und vor den Wörtern „Heimat“ und „Welt“ eine kürzere Pause sein.

Den Eltern würde ich es nicht zur Begutachtung demonstrieren; sie würden nur wenig Verständnis zeigen, wenn ich sagte, wofür ich es brauchte.

Und es meinem Bruder vorzustellen, der ein Jahr jünger war als ich und nicht zum Gymnasium ging, war doch wohl überflüssig. Ich konnte ihm höchstens sagen, daß es so und nicht anders deklamiert – ja, deklamiert – werden mußte, und damit basta. Im übrigen hatte er sich zu kümmern, daß er seinen Teil aus dem „Rütlischwur“ beherrschte, wenn es auch nur ein paar Worte waren.

Unser nächster Dienst fand wieder im Heim statt. Das war ein ehemaliger, nun für unsere Zwecke hergerichteter Kükenstall eines früheren Großgeflügelzüchters, der seinen Betrieb wesentlich verkleinert hatte. Deshalb standen manche Stallungen leer, so auch diese direkt in der Nähe des schönen Bauernhauses, mit einem Springbrunnen davor, der allerdings nicht mehr funktionierte. Der Bauer selbst war kinderlos, hatte aber sehr viel übrig für die Jugend und uns diesen Raum zur Verfügung gestellt. Wir hatten ihn an einigen Nachmittagen unter der Anleitung unseres Fähnleinführers Hartmut Klein instand gesetzt, den Boden und auch die Wände mehrmals geschrubbt, die Ständer, die Decke und die Tür nicht vergessen, bis schließlich auch die Fenster geputzt waren. Zu guter Letzt wurden ein Tisch in die Mitte

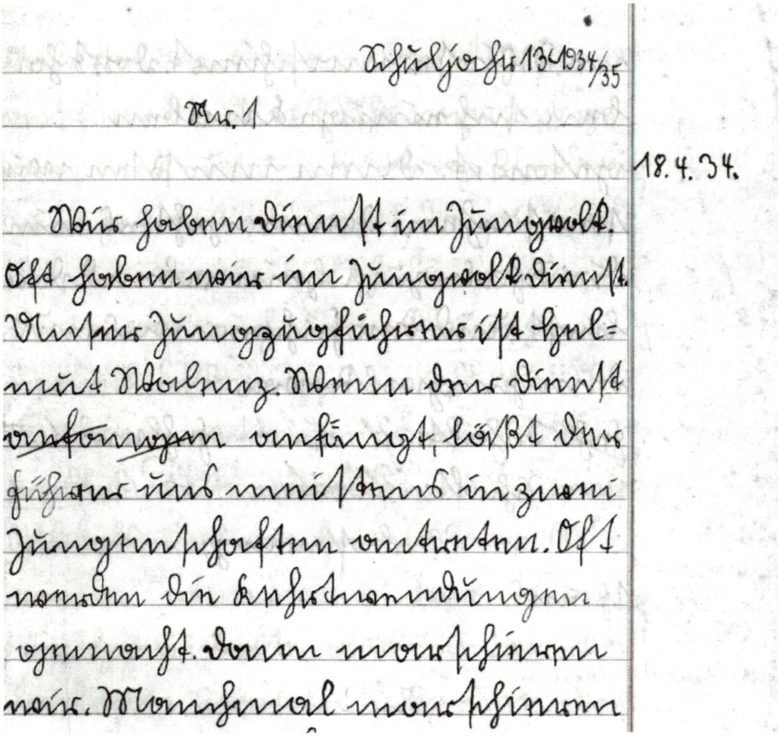
Schuljahr 1934/35

Nr. 1

18.4.34.

Wir haben Dienst im Jungvolk.

Oft haben wir im Jungvolk Dienst. Unser Jungzugführer ist Hel= mut Walenz. Wenn der Dienst ~~anfangen~~ anfängt, läßt der Führer uns meistens in zwei Jungenschaften antreten. Oft wurden die Kehrtwendungen gemacht. dann marschieren wir. Manchmal marschieren

Katholische Volksschule Hemmelte. Der erste Aufsatz im Schuljahr 1934/1935 hatte das Thema: „Wir haben Dienst im Jungvolk".
Ich schrieb in Sütterlinschrift: „Oft haben wir im Jungvolk Dienst. Unser Jugendzugführer ist Helmut Walenz. Wenn der Dienst anfängt, läßt der Führer uns meistens in zwei Jungenschaften antreten. Oft wurden die Kehrtwendungen gemacht. Dann marschieren wir. Manchmal marschieren wir durchs Dorf. Wir haben auch schon Geländespiele gemacht. Vorigesmal sind wir auf eine Wiese marschiert. Dort haben sich einige Knaben getarnt. Dann mußten wir sie suchen. Dann geht es in die Schule zum Heimabend. Dort liest und der Führer was aus dem Jungvolk vor."
Inhalt: Z1. (ziemlich) gut *Fehler: 1*
Schrift: Z1. (ziemlich) gut
Verbesserung:
1 F. (Fehler) uns *g. (gesehen)*

und Bänke rundum gestellt. Woher die kamen, wußte ich nicht, sie waren jedenfalls nicht ganz neu.

Dieses Werk hatte uns viel Spaß gemacht, und nun hatten wir ein eigenes Heim. Als wir es zum ersten Mal benutzten, war es auch schon ein wenig geschmückt. An der einen Wand hing ein Führerbild hinter Glas, und ihm gegenüber, in kunstvollen Buchstaben auf eine Papptafel gezeichnet, belehrte uns ein Kernspruch Lessings: „Nur die Sache ist verloren, die man aufgibt." Und in einer Ecke stand unser schwarzer Wimpel mit der Jungvolk-Rune.

Der letzte Samstagvormittag-Dienst vor dem angesetzten Elternabend, der in Beckens Saal in Elsten, einem einige Kilometer von Hemmelte entfernten Ort, stattfinden sollte, galt der Generalprobe. Wir übten alles durch, zuerst die Sprechchöre, die markig und stolz klangen: „... in keiner Not uns trennen und Gefahr! Wir wollen frei sein wie die Väter waren!"

Dann folgten lustige Szenen beim Zahnarzt, wo der Doktor statt dem Vater dem Sohn den Zahn zieht, oder aus dem Lagerleben, wo alles drunter und drüber geht, sowie Verkleidungs- und Rollenspiele, in denen einige Jungen Esel, Löwe oder Fuchs darstellten. Nach dem Ausspruch Baldur von Schirachs, des Reichsjugendführers, in dem er die deutsche Jugend aufforderte, sich um die Standarte zu scharen, denn von dieser Fahne komme die Kraft, trug ich mein Gedicht vor. Es wurde Albert Leo Schlageter, dem auf der Golzheimer Heide erschossenen Ruhrkämpfer, zugeschrieben.

Das, und manches andere mehr, fand gemeinsamen Beifall, nur mit dem Eröffnungslied, das die Anwesenden in die geeignete Stimmung versetzen sollte, wollte es nicht so klappen, wie Hartmut es sich vorstellte.

„Das muß frischer kommen, unbedingter", forderte er, „da darf es kein Wanken und kein Weichen geben! Wir sprechen den Text noch einmal. Und auf die Wiederholungen achten: ‚zum Kampf' – das muß hinknallen!"

Wir dreißig, vierzig Jungen bemühten uns. Wir sprachen, mußten absetzen und wieder neu beginnen:

„Auf, auf zum Kampf (laut: zum Kampf),
zum Kampf sind wir geboren!
Auf, auf zum Kampf (laut: zum Kampf)
für's deutsche Vaterland!
Dem Adolf Hitler haben wir's geschworen,
dem Adolf Hitler reichen wir die Hand."

„Zweite Strophe!" Hartmut feuerte uns während des Sprechens mit seinen Zwischenbemerkungen an. So übten wir das Lied bis zur letzten Strophe.

„Wir kämpfen nicht (laut: ja nicht)
für Börsenfürsten,
Wir kämpfen nicht (und noch einmal laut: ja nicht)
fürs Judenkapital.
Wir kämpfen für die deutschen Arbeitskräfte,
sind Sozialisten und sind national."

Nach dieser Sprechübung sangen wir es wieder, und unser Fähnleinführer ließ es gut sein, wenn ich auch den Eindruck hatte, daß er noch nicht ganz zufrieden war.

„Dann ist zu Mittwochabend alles klar. Pünktlich da sein ist Pflicht, wenigstens eine Viertelstunde vorher. Die vom Jungzug Zwei halten es genauso, und wir wollen uns vor denen nicht blamieren, wenn wir auch den weiteren Weg haben", sagte Hartmut, und er fügte hinzu: „Und jeder in einer tadellosen Uniform! Laßt eure Mütter oder Schwestern die Klamotten nachgucken, daß da kein Knopf fehlt oder das Hemd nicht sauber ist!"

Dies war der Augenblick, den ich gefürchtet hatte. Ich mußte mich melden, oder sollte ich es meinem Bruder überlassen? Ich zögerte.

Doch da fragte schon Willi Boll, mit dem ich viel zusammen war: „Und was sollen die machen, die keine...?“

Weiter brauchte er nicht zu sprechen, Hartmut schaute zunächst auf meinen Bruder, der bei den Jungen aus seinem Schuljahr saß, und dann auf mich.

„Das ist natürlich unmöglich“, sagte er, etwas verlegen, aber mit Bestimmtheit. „Jeder ist dem andern gleich. Die Uniform zeigt es. Ausnahmen kann es nicht geben. Was sollen dann die Partei- und Volksgenossen von uns denken? – Ihr versteht das doch, nicht wahr?“

Mit dieser Frage waren alle gemeint. Ich hörte Gemurmel. Ich spürte, wie meine Wangen heiß wurden; sicher waren sie schon gerötet. Ich nickte und blickte hinüber zu meinem Bruder. Der schaute zu Boden.

„Aber wenn – aber wenn – Schorsch und Heinz...“ wandte Willi Boll ein, und sein Ton wurde immer nachdrücklicher, wie ich es von ihm kannte, wenn er unbedingt etwas erreichen wollte.

„Ja, wenn“, fiel Hartmut ein, „wenn...! Ist doch klar wie dicke Tinte! Wenn ihr bis Mittwoch nicht ... “

Ich schüttelte heftig den Kopf. Damit brauchte ich Vater nicht zu kommen. Die Lage war eindeutig. Er würde sich nicht umstimmen lassen.

„Das müßte allerdings garantiert sein“, meinte Hartmut noch. Willi stieß mich an: „Ich frage ihn auch!“

Aber ich schüttelte nur noch heftiger mit dem Kopf.

„Ja, dann...“, Hartmut wurde ganz sachlich, „dann muß jemand anders das Gedicht von Heinz sprechen. Franz, du warst ja als Ersatz dafür vorgesehen“, sprach er Franz Ollschen an, den Sohn eines Tagelöhners, „du machst das dann am Mittwoch, hast es eben ja auch schon aufgesagt, ganz ordentlich.“

Franz erwiderte: „Jawohl!“

Meinem Bruder erklärte Hartmut, daß sein Beitrag im Sprechchor aus dem „Tell“ von Schiller ja nur sehr kurz sei und sowieso von mehreren gesprochen werde, so daß sein Fehlen kaum auffallen könne.

Nur bruchstückhaft nahm ich wahr, was unser Fähnleinführer noch weiter sagte. Ich war sehr enttäuscht. Hatte ich mich nicht extra gut vorbereitet auf mein Mittun? Und wir alle hatten noch und noch geübt und geprobt – nun wollte ich auch sehen, wie es auf das Publikum wirkte!

Wütend war ich auch auf Hartmut. Ich mochte ihn sonst gern. Er war der Sohn des Molkereibesitzers und besuchte eine der letzten Klassen des Gymnasiums in Cloppenburg. Er hatte uns in die Anfangsgründe des Fußballspiels eingeweiht, die Türen der Autogarage waren das Tor gewesen. Hartmut hatte uns, als wir gerade eingeschult worden waren, beigebracht, wie man es anstellen mußte, den Lederball richtig zu treffen und so zu „tunken“, daß er in die gewünschte Richtung und mit der nötigen Wucht flog.

Vor einiger Zeit, als nur wenige Pimpfe zum Dienst in unserem Heim erschienen waren, hatte er aus seiner Tasche eine Schachtel gezückt und jedem von uns eine Zigarette angeboten, und wir hatten sie – aber nur diese eine – in seiner Gegenwart rauchen dürfen.

Hätte er nun nicht ein wenig anders handeln können, als uns bis zuletzt im Unklaren zu lassen? Uns einfach auf diese Weise abzuschieben! Andererseits hätten wir ihn eher darauf aufmerksam machen können. Und ohnehin: war es nicht äußerst fragwürdig, ob wir überhaupt die Erlaubnis bekamen, an dem Mittwochabend nach Elsten zu fahren, wenn es auch so spät nicht anfangen würde? Wir hatten den Eltern noch gar nichts davon gesagt. Und heimlich hinfahren?

Ich wurde durch die Aufforderung unseres Fähnleinführers, den Angehörigen ans Herz zu legen, zu kommen, damit das Haus in Elsten bis auf den letzten Platz gefüllt würde, aus meinen Gedanken gerissen. Allerdings fühlte ich mich hierfür nicht angesprochen.

Einige Tage später ließ ich mir von Willi Boll in allen Einzelheiten berichten, wie der große Abend abgelaufen war.

„Eine vollständige Pleite!“ sagte er und sah mich verschmitzt an. „Meine Eltern waren auch nicht da.“

„Und der große Saal?“ drängte ich ihn.

„Der war leer! Was für eine Katastrophe! Kennst du Bekkens Saal?“

Ich war noch nicht drin gewesen.

„Ich glaube, da passen ein paar hundert Menschen hinein“, setzte Willi fort, „und weißt du, wieviele da waren? Da saßen in der ersten Reihe ein paar Leute, auf jeden Fall weniger als zehn!“

„Was? Mehr nicht?“ wunderte ich mich und dachte an die großartigen Vorbereitungen, die wir getroffen hatten.

„Und“, Willi kam ins Lachen, „und einige von ihnen waren bestimmt nicht unseretwegen gekommen. Sie hatten anscheinend schon den Nachmittag über in Beckens Wirtschaft gezecht und waren nun in ausgelassener Laune.“

„Betrunken?“

„Das magst du wohl sagen. Als wir mit unserem ‚Auf, auf zum Kampf‘ anfingen, stand einer von ihnen auf, ein kleines Männchen mit roter Nase, und hielt im Takt abwechselnd seine Hand zum Hitlergruß erhoben und an seine Glatze. Das sah vielleicht putzig aus!“

„Den militärischen Gruß, immer im Rhythmus an die Glatze?“ lachte nun auch ich und wollte wissen, wie es dann weitergegangen sei mit dem Mann.

„Wir haben unser Programm ganz durchgezogen, wie es vorgesehen war.“

„Und der Besoffene?“ fragte ich noch einmal nach. Das hätte ich auch gern erlebt.

„Der wurde bald ruhig. Ich glaube, der ist auf seinem Stuhl dann wohl sanft eingeschlafen. Eigentlich schade.“

„So wird Hartmut sicher nicht gedacht haben.“

„Es war doch sowieso alles verkorkst: Der Bann- und der Stammführer als Ehrengäste sahen stur geradeaus auf uns, sonst hätten sie sich über die erbärmlich minimale Anteilnahme der Bevölkerung geärgert. Und als es zu Ende war, dankte der Bannführer Hartmut mit kurzen Worten – er sprach dabei von ‚Leistung', was ziemlich komisch klang –, und Hartmut flüsterte kopfschüttelnd, mit saurer Miene, ein paarmal: ‚Nein!'"

„Ich kann mein Gedicht noch", sagte ich nach einer Weile.

Wir standen auf dem Holzplatz zwischen den Lagerschuppen neben der Verladestraße, wo an diesem Nachmittag nichts los war. Ich hätte geradezu Lust gehabt, es hier noch einmal auszusagen; ich hätte dabei auch nicht viel weniger Zuhörer gehabt als meine Kameraden in Beckens Saal.

„Laß man gut sein, Heinz", sagte Willi Boll, als ich dies Begehren äußerte.

„War auch nur so eine blöde Idee."

„Wir brauchen es nicht mehr. Weißt du, was der Bannführer zum Stammführer sagte, als sie gingen? Ich stand dicht bei ihnen am Ausgang. Er schlug vor", und hier versuchte Willi die schnarrende Stimme des Bannführers nachzuahmen, „er schlug tatsächlich vor: ‚Ich denke, das Beste ist, wir lösen das ganze Fehnlein auf.'"

„Eigentlich schade", wiederholte ich Willis Einwurf von eben.

„Wie man's nimmt", erwiderte Willi.

„Und ‚Fehnlein' hat er gesagt, mit ‚e'?"

Solche Aussprache klang für unsere Ohren nach Großstadt und vornehmem Getue, und Willi und ich benutzten sie noch einige Zeit, wenn wir von der Jungvolk-Einheit unseres Dorfes sprachen. Unser „Fehnlein" blieb bestehen, erholte sich aber von seiner Schlappe erst allmählich. Hartmut gab seinen Posten auf, und ein Elternabend dieser Art wurde bei uns nie wieder durchgeführt.

(Weitere Erinnerungen dieses Autors finden Sie im Band „Jugend 1933–1939" der Reihe **ZEITGUT***.)*

Heinrich und Helmut gehen zum Heimabend. Unterwegs treffen sie Horst und Werner. Von weitem sehen sie an dem Maste die Flagge mit dem Hakenkreuz. Sie treten ein und rufen „Heil Hitler!“

Nun sitzen sie um den Tisch. Zuerst lernen sie ein neues Lied.

Dann liest Hermann eine Geschichte vor: Ein Pimpf hat Adolf Hitler auf dem Obersalzberg gesehen.

Sonnabend und Sonntag soll ein Marsch gemacht werden. In der Herberge werden sie übernachten.

Hitlerjugend. Unsere Heimat, unsere Helden.
Mit Herz und Hand, für Haus und Hof.

65

H – wie Hitlerjugend, Hakenkreuz, Helden, Heimabend …
Aus der „Fibel der Provinz Hannover“, 1937.

[Hamburg;
1937]

Lotte Werner

Meine erste Lehrerin

Mit fünf Jahren wurde ich in die Volksschule am Schleidenplatz in Hamburg eingeschult. Da ich unbedingt zur Schule gehen wollte, obgleich ich das Alter dazu noch nicht hatte, wurde ich versuchsweise aufgenommen, durfte bleiben und war somit immer die Jüngste in der Klasse. Darauf war ich stolz.

An den Tag der Einschulung entsinne ich mich sehr genau. Ein überfülltes Klassenzimmer mit vielen Kindern und Erwachsenen, die die Schultüten im Arm hielten. Als Fräulein Harms den Raum betrat, wurde es sofort ruhig. Sie war eine beeindruckende Erscheinung: eine mittelgroße, sehr schlanke ältere Dame mit schneeweißem, etwas naturkrausem, vollem Haar, das hinten zu einer dicken Außenrolle frisiert war. Über ihrem dunkelblauen Kleid trug sie einen weißen, langärmligen Kittel, dessen Bänder, durch einen kleinen Schlitz in Taillenhöhe gesteckt, auf dem Rücken lose gebunden waren. Ihre schlanken Fesseln schauten unter dem Kittel hervor, und ihre ebenso schmalen, kleinen Füße steckten in zierlichen und sehr eleganten, lackähnlichen, schwarzen Schuhen. In der Hand trug sie einen kleinen, ebenfalls lackähnlichen, schwarzen Stadtkoffer mit silbernen Verschlüssen, den sie auf das vorn stehende Pult stellte.

Fräulein Harms war im wahrsten Sinne des Wortes schon von ihrem Äußeren her eine Dame. Mich beeindruckte sie derart, daß ich Mühe hatte, darauf zu achten, was sie zu uns sagte. Auch später im Unterricht erging es mir oft so. Man mußte sie einfach ansehen!

Sie war nicht streng, aber auch nicht zu verbindlich, kurzum, sie hielt uns auf Distanz, aber vielleicht liebten wir sie deshalb alle so sehr, denn ich merkte schnell, daß es vielen meiner Mitschülerinnen so erging wie mir.

Auf Disziplin und Ordnung hielt sie sehr viel. So lernten wir gleich am Anfang, daß wir leise sein müßten und unsere Hände gefaltet oder nebeneinander auf dem Tisch zu liegen hätten, wenn sie ins Klassenzimmer käme. Auch ermahnte sie uns, in der Pause und nicht während der Stunde auf die Toilette zu gehen. Einmal konnte ich es nicht einhalten!

Wenn einige Mädchen zu laut darum baten, auf ihre Frage antworten zu dürfen, dazu noch von ihren Plätzen aufstanden, nach vorne liefen und mit erhobenem Finger schnippsend „Fräulein Harms, ich, ich!“ riefen, dann konnte es schon passieren, daß sie böse wurde, ein etwas gerötetes Gesicht bekam und diesem oder jenem vorlauten Mädchen drohte, ein Pflaster auf den Mund zu kleben oder bei zu großer Unartigkeit auch am Platz festzubinden. Das mit dem Pflaster auf dem Mund erlebte ich öfter. Aber ehe es soweit kam, hatte Fräulein Harms die betreffenden Mädchen schon vielmals verwarnt, und wir sahen es niemals als ungerecht oder schlimm an, was sie tat.

Schreiben lernen. Sütterlinschrift. Zuerst auf der Schiefertafel mit dem Griffel – wie das quietschte! Im Holzrahmen der Tafel war rechts in der Mitte ein Loch zum Befestigen eines Bandes, daran ein Schwamm oder der Griffel. Der Griffelkasten war aus Holz mit Deckel zum Auf- und Zuschieben. Eine schwarze, blanke Schwammdose mit kleinem, feuchtem Schwamm diente zum Reinigen der Schiefertafel.

Später das Schreiben in Heften mit Tinte und Federhalter. Der Federhalter aus Holz, farbig lackiert, in den man die Stahlfeder stecken mußte. Es gab Federn zum Dünn- und zum Dickschreiben, letztere mit einem winzigen Kreis an der Spitze. Die Feder in das Tintenfaß eintauchen, etwas abstreifen und los geht es! Tintenkleckse an den Fingern und auf dem Papier. Zuhause wird mit der Rasierklinge versucht, die Kleckse fortzubekommen. Das Ergebnis ist oft ein Loch im Heft. Die Feder mit einem kleinen Lederläppchen abwischen, die saubere Feder in einen kleinen Behälter legen...

Von vielen meiner etwa 30 Mitschülerinnen weiß ich noch Vor- und Zunamen, sehe sie vor mir, aber zwei sind mir besonders deutlich in Erinnerung geblieben. Diese beiden Mädchen hatte Fräulein Harms sehr in ihr Herz geschlossen. Sie saßen nebeneinander und waren mit allem ausgestattet, was sich ein Mensch nur wünschen konnte – jedenfalls sah ich es als Kind damals so –, mit Schönheit und Klugheit.

Die eine hieß Rosemarie, die andere Margarete. Rosemarie hatte dicke, blonde Zöpfe, die ihr bis zur Taille reichten, und die sie oft mit einer nur ihr eigenen Bewegung nach hinten warf, so daß die Flechten auf ihrem Rücken lagen. Zudem sprach sie mit einem süddeutschen Akzent, so daß sich alles sehr nett und weich anhörte.

Margarete hatte fast schwarze, dünnere und kürzere Zöpfe und sehr große, dunkle Augen. Ich glaube, von beiden war sie die Klügere, denn oft schnellten ihre Finger schon in die Höhe, wenn Fräulein Harms eben erst eine Frage gestellt hatte. Dann beugte sie sich zu Rosemarie hinüber, flüsterte ihr etwas zu, und schon hatte auch Rosemarie den Finger oben. Im Zeichnen war Margarete überdurchschnittlich begabt. In den Pausen malte sie oft mit dem Bleistift ein Portrait von einer Mitschülerin, und wir konnten gar nicht genug über die Ähnlichkeit staunen.

Und wie wunderschön waren beide immer zur Schule angezogen! Eben wie Großstadtkinder. Schottenkleidchen mit weißem Kragen und Manschetten an den Ärmeln oder Dirndlkleider mit goldenen und silbernen Trachtenknöpfen und glänzenden Seidenschürzen, die Bänder hinten zu einer imposanten Schleife gebunden. Weiße Kniestrümpfe mit Lackschuhen.

Ach, man mußte immerzu die beiden, von Fräulein Harms Auserkorenen, anschauen. Wie sollte die Lehrerin sie auch nicht besonders mögen, diese wunderschönen und klugen Mädchen? Sie waren jeden Tag Mittelpunkt des Interesses. Was hatte man dem entgegenzusetzen?

Die Gefühle wechselten zwischen Bewunderung und dem Wunsch, so zu sein wie sie. Im Alter von fünf Jahren hat man noch die Möglichkeit, in der Phantasie eine eigene Welt entstehen zu lassen. Es brauchte nur eine alte Gardine, die

Meine Mutter und ich. Auf dem Foto bin ich sieben Jahre alt und trage ein Hängerkleid aus rotem Kattun mit weißen Punkten und Puffärmeln.

man sich über das Haar legte, um eine wunderschöne Braut zu sein! Oder man hängte sich irgendeine Decke um die Schulter und schritt wie eine Königin majestätisch daher! Wie oft ertappte ich mich dabei, daß ich meine Zöpfe mit derselben Geste wie Rosemarie nach hinten warf, – und schon fühlte ich mich so wunderschön wie sie. Ich muß meine Mutter oft zur Verzweiflung gebracht haben, denn ich bat sie immer wieder, mir doch zu erlauben, daß ich im Sonntagskleid und mit Sonntagsschuhen zur Schule gehen darf.

So manches Mal stand ich vor dem großen Spiegel, wiederholte eine Frage von Fräulein Harms und gab ganz schnell, genauso wie Margarete und Rosemarie, die richtige Antwort. Dabei stellte ich mir das erstaunte Gesicht meiner so sehr geliebten Lehrerin vor, ihre Verwunderung darüber, daß ich diese schwierige Frage so schnell herausbekommen hatte. Wie glücklich machte mich das!

Eines Tages wurden die neuen Fibeln verteilt. Man kann sich das heute gar nicht mehr vorstellen, was das damals für uns Kinder bedeutete: Ein nagelneues Buch mit Bildern und Buchstaben, das man ganz für sich allein haben durfte! Es war mein erstes eigenes Buch überhaupt. Ich strich mit der rechten Hand über den Einband, roch an dem Papier, besah mir die bunten Bilder und die Buchstaben, schlug die Fibel wieder zu und wiederholte das Ganze von vorne. Ich mußte sie zu Hause unbedingt gleich meiner Mutter zeigen! Wie freute ich mich darauf, dieses wunderschöne Buch mit ihr in Ruhe anzuschauen.

Als die Schule endlich aus war, rannten wir Kinder aus dem Klassenzimmer. Wenn man das Schulgebäude verlassen wollte, mußte man zuerst eine große, schwere Holztür öffnen, dahinter war in einer Art Vorhalle eine steinerne Treppe mit vielen Stufen, und dann kam noch eine große Außentür.

Die Mütter, die anfangs ihre Kinder, wenn der Schulweg sehr weit war, von der Schule abholten, warteten im allgemeinen vor dem Gebäude. Da es an diesem Tag aber regnete, standen sie nun auf der Steintreppe, einige auch hinter der großen, schweren Holztür, was man von innen nicht sehen konnte.

Ich war die erste, die jetzt mit großem Schwung die schwere Tür aufstieß. Dabei fiel eine Frau, die wohl unmittelbar hinter der Tür gestanden hatte, rückwärts die Steintreppe hinunter. Darüber erschrak ich dermaßen, daß ich schnell wegrannte. Nach Hause, nur nach Hause! Ich glaubte, die Frau sei tot. Ich wollte mich bei meiner Mutter ausweinen und mich trösten lassen.

Beim Nachhauselaufen kullerten mir die Tränen nur so die Wangen hinab. Meine Mutter hörte sich geduldig alles an, was ich ihr unter Schluchzen erzählte. Schnell zog sie sich einen Mantel über und lief mit mir zur Schule zurück.

Als wir dort ankamen, lag die Frau nicht mehr am Boden. Wie froh war ich darüber, daß ich die vermeintlich Tote nicht mehr sehen mußte. Meine Mutter ging mit mir direkt zu Fräulein Harms, und die sagte uns dann, daß der Frau nichts Schlimmes passiert sei. Sie strich mir sogar über den Kopf, denn sie merkte, wie aufgeregt ich war. Dann gab sie uns noch die Adresse der Frau, und meine Mutter und ich gingen dorthin und entschuldigten uns, das heißt, ich tat es.

Ja, und dann konnte ich mit meiner Mutter zu Hause endlich meine Fibel anschauen. Wie glücklich war ich!

Wir hatten schließlich lesen gelernt. Jetzt wollte ich aber unbedingt auch einmal die Aufmerksamkeit von Fräulein Harms auf mich lenken. Als ich dran war, las ich fließend und schnell, ohne Punkt und Komma, nur um nicht unterbrochen zu werden.

„Stopp! Stopp!“ rief Fräulein Harms dann, und ich bekam ein Lob.

Als braves Kind saß ich nach der Pause oft als erste mit auf dem Tisch gefalteten Händen still in der Bank. Auch dafür wurde ich gelobt.

An einen Klassenausflug im Sommer erinnere ich mich auch noch sehr gut. Wir fuhren nach Ahrensburg, einem Vorort Hamburgs, wo Fräulein Harms in einem großen, weißen Haus mit Säulen wohnte, umgeben von einer weiten Wiese, auf der wir spielen und toben durften. Wie herrlich!

Als dann auf Hamburg die ersten Bomben fielen, fuhr unsere geliebte Lehrerin mit einer Klasse älterer Mädchen zur Kinderlandverschickung. Wie traurig waren wir, und wie sehr vermißten wir sie.

Ich habe Fräulein Harms nie wieder gesehen. In meiner Kinderseele hat sie aber einen bleibenden Eindruck hinterlassen. Es heißt, die Kindheit könne man mit einem Bienenstock vergleichen, in den viele Bienen ihren Honig geben. Süßen und manchmal auch bitteren.

(Weitere Erinnerungen dieser Autorin finden Sie in den Bänden „Kindheit 1939–1945“ und „Kindheit 1945–1950“ sowie „Jugend 1945–1950“ der Reihe **ZEITGUT***.)*

[Altenburg, Thüringen;
1937]

Maria Kühl

Balduin, der Puppenspieler

Wenn es draußen ungemütlich wurde, tagelang regnete und der Sturm durch die Bäume fegte, wenn es merklich kühler wurde und wir Kinder lieber in der warmen Stube spielten, fragte bestimmt irgendeiner von uns: „Na, wetten, daß Balduin bald kommt?“

Balduin war ein Landstreicher, der jeden Herbst kam, um bei uns zu „überwintern“. Für uns Kinder bedeutete das eine herrliche Abwechslung in diesen grauen Herbst- und Wintertagen, denn Balduin war Puppenspieler.

Das ganze Jahr über zog er durchs Land und spielte in Thüringen auf Dorffesten. Sein „Ensemble“ trug er im Rucksack. Er benötigte nur ein paar Puppen, um sein Publikum zu begeistern. Über eine lange Leine spannte er ein dunkelrotes, fettiges Samttuch, das er mit Klammern befestigte. Das war „Balduins Puppentheater“. Wenn er hier den Winter verbrachte, führte er für uns und unsere Freunde aus der Nachbarschaft Stücke auf. Ich empfand es immer als eine Ehre, daß dieser große, dunkle Mann, der aus einer anderen Welt zu kommen schien, nur für uns Kinder spielte.

Er hatte etwas Fremdländisches an sich, etwas Rätselhaftes, er war mir ein bissel gruselig, was meine Phantasie und meine Neugier auf Geschichten und Märchen noch mehr anregte. Er verzauberte uns mit seinen Puppen, ließ sie singen und tanzen, sich beschimpfen und prügeln, aber zuletzt wurde immer alles gut. Balduin stellte Begebenheiten dar, die sich irgendwo auf einem Dorf oder in einer kleinen Stadt in etwa so zugetragen hatten. Und damit ließ er uns teilhaben an der großen, weiten Welt.

Wenn er dann endlich hier ankam, hämmerte er gewaltig an unsere Haustüre, weil er wußte, daß er erst eine bestimmte Prozedur über sich ergehen lassen mußte: Großmutter und Mutter schrien dann: „Balduiiin! Draußen bleiben!"

Und er blieb vor der Tür stehen. Vater brachte ihn in die Werkstatt. Dort mußte Balduin seine total abgewetzten und von Flöhen und Wanzen besiedelten Klamotten ausziehen, sie wurden sogleich verbrannt. Mutter rannte in die Waschküche, ließ Wasser in den großen Kessel ein und zündete darunter ein Feuer an. Auch der kleine Badeofen wurde angeheizt. In der Werkstatt bekam Balduin vom Vater einen Mantel, dann mußte er sich in der Badewanne abschrubben, rasieren und von meinem Vater die Haare stutzen lassen.

Dieses Badevergnügen war für uns Kinder schon eine Extra-Vorstellung. Wir lagen vor der Waschküche auf der Lauer und warteten darauf, bis er erst leise, dann immer lauter zu singen begann. Da unsere Badestube ein Gewölbe hatte, klang es vortrefflich. Und es waren bestimmt keine anständigen Lieder, denn mich schauderte es immer sehr. Aber natürlich wollte ich das alles genauso miterleben wie meine Brüder. Ich war gerade sechs Jahre alt.

Dann kam ein total rotgesichtiger, völlig entstellter Balduin aus der Badestube heraus. Ohne Bart, mit kurzem Haar, sauberem Hemd, sauberen Hosen, frischen Socken und Holzpantoffeln. „Na, Frau Meestern, gefall'sch Euch?"

Ich weiß noch genau, wie er meine Mutter angrinste mit seinen funkelnden, dunklen Augen. Dann setzte er sich an den gedeckten Tisch und aß, aß und aß. Ganz langsam, ganz bedächtig mahlte er mit den Backenknochen, wobei er lustig um sich blickte. Wir Kinder standen am Tisch und wunderten uns nur, was dieser Mensch alles in sich hineinstopfen konnte. Nach diesem ausgiebigen Essen verschwand Balduin in der Gesellenkammer über der Werkstatt und schlief stundenlang. Meine Brüder hatten ihn da oben neben der Leistenkammer belauscht und kamen zurück mit der Bemerkung: „Der schnorcht soo sehre, da biechen sisch de Balken!“

In Balduin hatten wir Kinder einen Verbündeten, und es begann wie in jedem Jahr eine unvergeßliche Zeit. Balduin konnte alles. Wir legten ihm die kaputten Spielsachen hin, er besah sich den Schaden, und mit seiner tiefen, brummigen Stimme meinte er dann: „Das mach‘sch.“

Alles, was das Jahr über in Küche, Garten und in der Werkstatt verbogen oder entzweigegangen war, reparierte Balduin fein säuberlich. Er schliff die Scheren, Messer und Werkzeuge, fettete die Gartengeräte ein und versah sie mit neuen Stielen. Die Schweine bekamen neue Tröge, die Kanichenstalldrähte wurden erneuert, ein neues Hundekörbchen geflochten und Mutters Nähmaschine geölt, so daß sie wieder flott schnurrte. Wir staunten, als er mit seinen riesigen Händen mit der Nähmaschine sogar Puppenkleider anfertigte.

In diesen Monaten waren wir Kinder wohl recht „pflegeleicht“. Morgens standen wir schnell auf, gingen ohne Murren zur Schule, machten flink unsere Hausaufgaben, um dann Balduins Nähe zu suchen. Tagsüber hatte er weniger Zeit für uns, aber abends wurde viel erzählt.

Vater hatte Balduin wahrscheinlich auf seiner Gesellenwanderschaft kennengelernt, denn sie schwärmten beide vom Rheinland, von Koblenz und den Weinbergen. Vom Ulmer Münster, wie hoch es sei, und vom Münchner Hofbräuhaus. Sie sprachen von Holland, wo die großen Windmühlen stehen, von Meistern und Gesellen, die sie kannten. Aber auch von „verflixten Weibern“, und dabei schmunzelten die drei, der Großvater, der Vater und der Balduin. Diese „verflixten Weiber“ beschäftigten meine Phantasie damals gewaltig, weil Mutter und Großmutter sich so sehr empörten, daß die Männer „sowas“ vor uns Kindern sagten. Ich spürte genau, da ist etwas, was wir nicht wissen sollten. Diese Abende endeten immer mit Musik. Mutter ging zum Klavier, Vater holte die Geige, Balduin nahm seine Mundharmonika aus der Hosentasche, und wir stimmten alle mit ein.

Balduins Spiel-Puppen bekamen neue Kleider, das dunkelrote, fettige Samttuch wurde gewaschen. Sogar der riesengroße, alte Rucksack hing eines Tages auf der Leine, als ich aus der Schule kam. Heulend lief ich zu Mutter, weil ich dachte, Balduin wollte gehen. Aber sie beruhigte mich: „Der bleibt über Weihnachten, wie jedes Jahr.“ Da war meine Welt wieder in Ordnung.

Die Adventszeit kam. Jeder von uns mußte Weihnachtsgeschenke für Vater, Mutter, Großvater und Großmutter selbst machen, dazu ein Gedicht lernen und am Klavier das Stück für Weihnachten einüben. Balduin half uns dabei. In diesen Tagen verschwanden Spielsachen, und wir merkten es nicht einmal. Abends saßen wir um den großen Tisch, und jeder bastelte irgendetwas. Vater schnitzte an seinen Engeln, Balduin an neuen Puppenköpfen. Mutter nähte. Aber keiner verriet, was es werden sollte. Die Großeltern sahen von der Ofenbank aus zu. Als Abschluß wurden Adventslieder gesungen, nur Adventslieder. Darin war meine Mutter eisern: Es war eben noch nicht Weihnachten.

Dann ging wie in jedem Jahr das Großreinemachen los. Oma Tetzler, eine liebe, ältere Frau aus dem Dorf kam, um uns zu helfen. Wir Kinder hatten sie ins Herz geschlossen. Sie war klein, ihre Haut war weich und duftete lieblich nach Veilchenparfüm. Balduin und Oma Tetzler mochten sich. Sie spielten uns mit den Handpuppen Märchen vor, aber so, als würde alles jetzt geschehen. Wir hatten ein richtiges Puppentheater mit kleiner Bühne und Vorhang.

Unsere Möbel wurden in den Wochen vor Weihnachten mit einem Gemisch aus duftendem Bienenwachs und Firnis eingerieben und mit einer Bürste poliert. Das durfte ich machen. Darauf war ich stolz! Dieser Bienenwachs-Firnis-Geruch gehört bis heute zu meinen Erinnerungen an die Vorweihnachtszeit, ebenso wie der Duft von Holz, Backgewürzen und frischen Plätzchen, die wir mit Oma Tetzler und Balduin buken. Dabei konnten wir unsere Phantasie spielen lassen. Wir formten Engel, Sterne, Weihnachtsmänner und Tannenbäume und verzierten alles mit Liebesperlen, Rosinen und Mandeln. Meine Mutter lobte uns immer wieder und legte Holzscheite in den Herd nach.

Eines Nachts, kurz vor Weihnachten, hatte es geschneit. Mutter, die ein Morgenmensch war, hatte schnell alle Vorleger und Teppiche vor's Haus geschleift und mit der „guten Seite" nach unten in den frischen Schnee gelegt. Damals kam in früher Morgenstunde kaum jemand durch unsere stille Straße. Dann war sie ins Haus zurückgegangen und hatte die Fußböden saubergemacht. Als sie später die Teppiche und Läufer ausklopfen wollte, waren sie weg! Mit großem Geschrei lief Mutter durchs Haus, weckte Vater, der an diesen Teppichklau nicht so ganz glauben wollte und sie beruhigte.

Was war geschehen? Balduin, der die Teppichaktion meiner Mutter beobachtet hatte, war aus seiner Bude gekommen, hatte alle Teppiche säuberlich ausgeklopft, zusammengerollt und zum Trocknen in die Werkstatt gebracht.

Dann kam Weihnachten. Ein Glöckchen läutete, und wir durften endlich in die gute Stube! Bei uns war es Sitte, daß wir Kinder am ersten Weihnachtstag gemeinsam mit dem Vater den Tannenbaum schmückten. Der riesige Baum trug jetzt Kerzen und wunderschöne, bunte Kugeln. Davor ein großes Puppenhaus! Für mich gab es ein neues, kleines Puppenschlafzimmer mit blauem, bemaltem Schrank, mit Stühlchen und zwei Bettchen. Und in jedem Zimmer des Puppenhauses brannten niedliche, kleine Lämpchen. Dank Balduin waren alle Spielsachen und Puppen wieder wie neu.

Der Weihnachtsmann kam, das war natürlich Balduin, was ich erst später begriff, weil er so viel über mich und meine Brüder wußte, unsere Streiche kannte, uns aber auch lobte.

Zu Weihnachten bekam ich ein neues, kleines Puppenschlafzimmer mit blauem, bemaltem Schrank, mit Stühlchen und zwei Bettchen.

Am zweiten Weihnachtsfeiertag kamen Verwandte und Freunde meiner Eltern zum Kaffeetrinken und Stollenessen. Wir Kinder mußten unsere Weihnachtsgedichte, die wir Heiligabend vor dem Weihnachtsmann aufgesagt hatten, nun vor den Gästen wiederholen. Und es wurden kleine Musikstücke gespielt, die wir mit den Eltern eingeübt hatten.

Dann kam das große Puppenspiel: Darin ließ Vater jedesmal Revue passieren, was sich das Jahr über an Lustigem oder auch Traurigem in der Familie abgespielt hatte. Und in diesem Jahr stand der „Teppichraub“ auf dem Spielplan. Wie immer spielten Vater und Balduin.

Ich bekam einen Schreck, als mein schönes, funkelnagelneues Puppenbettchen, von Vater gearbeitet und von Mutter mit rotkariertem Bettzeug ausgestattet, als Requisit auf der Bühne erschien! Eine Puppe, die meinen Vater darstellen sollte, lag darin, eine andere, die ein Kopftuch trug, kam immer wieder ans Bett, gestikulierte dabei wild mit einem Klopfer und schrie: „Meine schönen Teppiche! Wo sind meine schönen Teppiche?“ Und aus dem Bett brummte es: „Die kommen schon wieder!“

Daraus wurde ein langes Spiel. Alle Puppen in Aktion, jede suchte die Teppiche. Nachbarn kamen, brachten Essen und Trinken und trösteten Vater, der einfach im Bett blieb. Der Schutzmann verwarnte Mutter, weil sie die Teppiche arglos auf die Straße gelegt hatte, was man ja nicht tun durfte. Der Pastor tröstete Vater. Alle um das Bett Versammelten aßen und tranken und erzählten sich Witze. (Mein Vater sammelte aktuelle politische Witze.) Zu guter Letzt schleppte der Räuberhauptmann, der die Gesichtszüge von Balduin hatte und einen von Motten durchlöcherten, uralten Kittel trug, alle Teppiche heran, warf sie über die Kante des Puppentheaters und rief: „Hurra, hurra, de Debb'sche sin wieder da!" – Donnernder Applaus war die Antwort.

Wenn die Sonne wieder höher stand, es draußen nach Frühling roch, wenn Großmutter und Mutter in den Garten gingen, weil die Erde nicht mehr an den Schuhen kleben blieb – dann verschwand Balduin. Er war einfach nicht mehr da. Wir wußten, daß er nicht „Ade" sagen konnte.
Er kam noch ein paarmal. Dann sahen wir ihn nie wieder.

Neben den vielen, schönen Erinnerungen an den Puppenspieler ist uns dieser geschnitzte Räuberhauptmannskopf mit den Gesichtszügen von Balduin geblieben.

[Möbisburg bei Erfurt;
1937 / 1938]

Hans Döpping

Konfirmationsschuhe

Da ist die kleine, eiserne Bogentür zu den Eingeweiden des Kirchturms. Und sie öffnet sich schleifend und quietschend zu der Geister Verlies. An allen Sonn- und Feiertagen eines Jahres, zu den Hochzeiten auch werde ich die Balken des Blasebalgs für die Orgel treten und durch diese Tür schlüpfen.

Ich bin vom Kirchenvorstand privilegiert worden, für etwa 75 Stunden den Atem für das Orgelbrausen zu spenden bei einem Lohne von 12 Reichsmark oder etwa 16 Pfennigen pro Stunde. Ich werde 1939 konfirmiert werden. Nun darf ich als Dreizehnjähriger mein erstes Geld verdienen. Und am Ende meiner „Dienstzeit" wird es mir vom „Rendanten", Herrn Huldreich Hose, ausgezahlt werden. Ich habe einen Posten bekommen, um den ich von manch einem Kameraden beneidet werde.

Der Organist wird mir durch sein Glockenzeichen befehlen, in ruhigem Rhythmus die Balken mit den Füßen zu drükken, als müßte ich ein Fahrrad mit riesiger Übersetzung bewältigen.

Und ich bin ganz alleine in der steinernen Gruft. Es wird um mich schleifen, saugen, stöhnen und knarren. Es riecht nach Moder und Mäusearmut durch alle Jahreszeiten. Meinen Atem werde ich gegenüber in die Buckelquader stoßen. Und so wird es vom Blasebalg und aus mir rauschen: Pfffft!

– Ffffft! – Pffffft! – im Rhythmus, wie die Balken sich ächzend heben und senken.

Der Gottesdienst wird wie ein leises Echo zu mir klingen. Während der Predigt steht das Balkenmahlwerk still. Da wende ich mich der kleinen zugigen Luke zu, die mir in meinem Dienste das Licht vom Rücken her gibt. Wie durch ein Fernrohr werde ich in kleinen Bildern den Sonntag suchen und seinen Atem spüren von all den Fluren her, die ich so liebe: vom „Rosenbusch", vom „Teiche", von „der Aue", vom „Schleifweg", vom „Holze", von „Sträußchens Bach" und vom „Himmelreich" her.

Im Winter werde ich meinen Atem aus der Luke stoßen wie kleine Wolken. Und sie werden wie Vögel aus dem Turme fallen. Im Sommer jedoch wird das erregte Gackern der Hühner zu mir flattern wie eine bunt gefleckte Fahne.

Das also und vieles mehr wird mir bis in die Seele klingen in meiner kühlen Höhle...

Zwölf Reichsmark sind also ein Stundenlohn von 16 Pfennigen – und das Geld ist von meinen Eltern längst verplant für meine Konfirmationsschuhe.

(Weitere Texte dieses Autors finden Sie im Band „Lebenserinnerungen 1945–1950" der Reihe **ZEITGUT**.*)*

[Staßfurt, Sachsen-Anhalt;
1937 / 1938]

Kurt H. Müller

Die Zeit der Ratten

Das älteste Stadtviertel von Staßfurt, in dem wir die letzten Jahre vor dem Zweiten Weltkrieg hausten – ja, ich sage, hausten, genoß den denkbar schlechtesten Ruf in der ganzen Stadt. Im Viertel der Ärmsten, voll von zwielichtigen Figuren, Gestrauchelten, Dauerarbeitslosen und vielen kinderreichen Familien, wo es nur ums nackte Überleben ging, sobald sich die Sonne über die grauen, desolaten Häuser erhob, konnten die Menschen nur hausen.

Die Mieten waren niedrig. Das war auch der Grund, warum es viele hierher getrieben hatte. Entsprechend gering war auch der gebotene Komfort. Und es gehörte zum täglichen Ablauf, daß Wohnungen aufgegeben und sofort von einem neuen Mieter belegt wurden.

Obdachlose gab es – im Gegensatz zur heutigen Zeit – nicht. Dafür sorgte Vater Staat mit aller Hingabe. Wer noch weniger als wenig besaß, hatte Aussicht auf eine Bleibe im Armenhaus. Von Amtswegen war alles unter Kontrolle. Auch die Armut...

Arbeit war knapp. Das bekamen auch mein Vater und wir, seine Familie, seit Jahren täglich zu spüren. Eitel Sonnenschein herrschte immer dann, wenn er ab und an zu Notstandsarbeiten herangezogen wurde. Und es war nur allzu verständlich, daß er eine saure Miene machte, wenn er daran dachte, daß er gelernter Former war und statt dessen vollbeladene Kipploren auf Feldbahnschienen zu einem Rückstandsberg schieben mußte. Andererseits waren 50 Pfennige pro Schicht nicht zu verachten. Eine sauer verdiente halbe Mark, die die Familie vor dem Verhungern bewahrte.

Einen Liter Milch für die Jüngsten und für den Rest der Familie einen Henkeltopf voll Brühe, ein paar eingelegte Heringe, einige Zwiebelringe oder Gurkenscheiben – dazu Pellkartoffeln. Extravaganzen wie neue Schuhe oder ein anderes Kleidungsstück für uns Kinder oder für unsere Mutter waren ausgeschlossen.

Ein langer Monat, wenn es darum ging, viele hungrige Mäuler zu stopfen. Und wiederum zu kurz empfunden, wenn der Vermieter süffisant lächelnd und mit dem zerfledderten Mietbuch wedelnd in der Tür stand.

„Er müßte uns noch Geld bringen", schimpfte meine Mutter immer wieder, wenn sie die Tür hinter ihm schloß.

Unsere Bleibe, zwei kleine, feuchte Löcher, deren Verputz nicht mal den billigen Anstrich aus Wasserfarbe trug und die ständig naß waren, auch wenn draußen die Sonne schien, war keine Wohnung, sondern eine Zumutung.

Doch wie alles im Leben, relativ und nicht für die Ewigkeit gemacht, kam endlich Bewegung in unser stumpfsinniges und tristes Dasein. Der neue Machthaber, Adolf Hitler, versprach nicht nur, sondern holte die Arbeitslosen tatsächlich von den Straßen. Als Segen empfunden, fand er in der arg geschundenen Arbeiterschaft eine willige Plattform für seine größenwahnsinnige Politik. Wohin sie führen sollte, stellte sich erst später heraus. Im Moment zählte nur eines: der Arbeitsplatz und ein geregelter Verdienst. Nichts wog mehr und mehr wollte auch niemand wissen...

Jetzt konnte auch mein Vater zeigen, was er gelernt hatte. Eine neue Fabrik, über Nacht in unserer Stadt aus dem Boden gestampft, wurde sein Betätigungsfeld. Die IG-Farben, wie sie bis zuletzt hieß, bevor sie von den Sowjets 1945 demontiert und, in Einzelteile zerlegt, an Rußlands Landstraßen verrottete, waren ein kriegswichtiger Betrieb. Nach außen deutete nichts darauf hin.

So banal es klingt, es ging „nur“ um die Aluminiumherstellung. Daß es letztlich aber um den Flugzeugbau und den Aufbau einer Luftwaffe ging, mit deren Hilfe Hitler den bevorstehenden Krieg gewinnen und den Völkern Tod und Verderben bringen wollte, war keineswegs banal, sondern ungeheuerlich! Das aber hielt man geheim.

Hier nun schaffte mein Vater mit Fleiß und Umsicht in zwölfstündiger Arbeitszeit und half aktiv mit, daß Aluminium produziert wurde und die Luftwaffe Nachschub erhielt.

Wer konnte es ihm verdenken, daß er sich als unpolitischer Mensch so verhielt wie Tausende andere auch: keine unliebsamen Fragen stellte, der „Deutschen Arbeitsfront“ beitrat und widerspruchslos seine Pflicht tat. Daß er dafür seiner Ansicht nach fürstlich wie noch nie in seinem Leben entlohnt wurde, trug dazu bei, die Augen vor allen anderen Realitäten zu verschließen. Ein Übriges taten die Hochrufe auf den geliebten Führer, der seinem Volk Raum versprach, die arische Rasse zur Staatsräson erhob und sich selbst zur Übernahme der Weltherrschaft berufen fühlte.

Wie konnte es anders sein, die geschundene Volksseele nahm die großspurigen Versprechungen an, sog sie auf wie Balsam. Die Gewißheit auf ein geregeltes, auskömmliches Leben machte blind. Mehr zählte nicht. Und mehr, so schien es, wollte keiner wissen...

Wie schnell sich der Mensch von wenigem an mehr gewöhnen kann – was umgekehrt weit schwieriger ist, – bewies der Wandel, der in meiner Mutter vor sich ging. Der nun regelmäßig zur Verfügung stehende Verdienst meines Vaters und die sonstigen Vergünstigungen aus der Betriebskantine am Tage der Restlohnzahlung brachte sie auf immer neue Ideen.

So war es nicht verwunderlich, daß sie plötzlich Forderungen stellte, die sie vorher nicht auszusprechen gewagt hätte: „Wir brauchen eine größere, eine neue Wohnung! Ich will (endlich?) raus aus diesem Jammertal!“– Nicht ahnend, daß ihr heißer Wunsch schneller in Erfüllung gehen sollte als erwartet.

Dafür sorgte der nächste peinliche Vorfall. Mein Vater geriet diesmal so in Rage, daß er meiner Mutter befahl: „Wenn ich morgen abend von der Arbeit heimkomme, bist du auf dem Wohnungsamt gewesen! Hast du mich verstanden?“

Es war Hochsommer. Durch das kleine Fenster mit Butzenscheiben, die, vom Alter stumpf geworden, wenig Licht durchließen, kündigte sich ein neuer Tag an.

Ein markerschütternder Schrei riß mich aus dem Schlaf. Verängstigt zog ich die Decke über den Kopf und lauschte den Geräuschen. Durch einen Luftspalt zwischen dem Bettzeug versuchte ich zu ergründen, wer so laut geschrien hatte. Obwohl mir die Umgebung vertraut war, kam sie mir gespenstisch vor. Mein Herz klopfte bis zum Hals.

Wieder gellte ein Angstschrei durch die engen Räume. Jetzt wagte ich mich wieder hervor, als ich die Stimme meiner Mutter erkannte: „Konrad, Konrad, wach auf!“ schrie sie in höchster Not. „Eine Ratte sitzt unter den Betten!“

Schlagartig setzten Vaters Geschnarche und sein fauchender Atem aus. „Was ist denn nun schon wieder?“ brummte er wütend, drehte sich auf die Seite und stimmte wieder sein Konzert an. Meine Mutter verlegte sich aufs Bitten: „Nun komm doch schon, ich habe Angst!“

Als sich nichts rührte, nur die bekannten Schnarcher zu hören waren, wurde sie fuchsteufelswild und steigerte sich bis zum Diskant. „Wenn du nicht gleich kommst, brülle ich das ganze Haus zusammen!“

Das half. Die knarrenden Geräusche der altersschwachen Matratzen und die patschenden Laute von nackten Füßen auf rohen Dielen verrieten, daß er sich endlich entschlossen hatte zu helfen.

„Jetzt wird es spannend!“ dachte ich, als das Licht anging. Geblendet schloß ich die Augen und wagte mich noch weiter hervor. Leises Geflenne kam aus dem Bett herüber, in dem meine Brüder Rolf und Günter zu zweit schliefen.

Da hörte ich meinen Vater in der Küche verärgert sagen: „Nun komm schon runter von deinem hohen Roß! Ich brauche meinen Schlaf ... das ist doch nicht das erste Mal...“

Neugierig und kühn zog ich die Decke zurück und schlich auf blanken Sohlen in die Küche. In diesem Moment hatte ich keine Angst und mußte sogar lachen, als ich meine Mutter sah.

„Mutti, was machst du denn auf dem Tisch?“

Im Nachthemd, mit angstgeweiteten Augen und die Arme zum Schutz über den Kopf verschränkt, schrie sie, als sie mich erblickte: „Marsch ins Bett!“ und deutete mit den Händen die Größe des Untiers an, wonach es sich nur um den Stammvater dieser Plage handeln konnte.

Ich zog es vor, schleunigst wieder in mein Bett zu verschwinden. Schließlich konnte man nicht wissen, wozu die Ratte fähig war. Mit wenigen Sätzen war ich drin und zog eilig die nackten Füße nach.

Indessen kramte mein Vater fluchend in der Kohlenkiste neben dem Herd. Endlich schien er gefunden zu haben, was er suchte. Im Nachthemd, mit Handfeger, Kehrblech und einem Feuerhaken bewaffnet, war er bereit, dem unerwünschten Eindringling den Garaus zu machen. Doch bis das geschehen war, würde sich meine Mutter nicht dazu bewegen lassen, vom Tisch herabzusteigen.

Der Feuerhaken, ein schweres, schmiedeeisernes Instrument, den er eigenhändig angefertigt hatte und mit dem man sich zweifellos anderer Gegner erwehren konnte als einer Ratte, sollte nun über Leben und Tod entscheiden!

Dann begann die Jagd.

Der Ausgang war bereits vorprogrammiert, denn die Waffen waren zu ungleich verteilt. Einem kräftigen und wütenden Mann, der sich um seine kostbare Nachtruhe gebracht sah, bewaffnet mit dem todbringenden Eisenstab, standen nur vier flinke Beine und zwei scharfe Augen gegenüber.

Während wir Kinder mit hellwachen Augen dem Geschehen folgten, spürte unser Vater die Langgeschwänzte in jedem Winkel auf und jagte sie keuchend. Es war nur eine Frage der Zeit, wann es ihm gelingen würde, dem Leben der Ratte ein Ende zu bereiten.

Die Ratte setzte auf ihre Schnelligkeit und huschte lautlos von einer Ecke zur anderen, jede Möglichkeit nutzend, den wütenden Schlägen zu entgehen. Ihre Geschicklichkeit reizte ihn bis zur Weißglut.

Mal schlich er wie ein Indianer auf Kriegspfad um die Betten, geschickt die knarrenden Dielen meidend, um plötzlich aus dem Stand heraus in das Tempo eines Sprinters zu verfallen. Dabei wurde seine Wut durch die ständigen Quengeleien unserer Mutter, die es auf dem Tisch nicht mehr aushielt, noch mehr angefacht. „Konraaad, hast du das Biest schon erwischt?"

„Das Luder hält mich doch glatt zum Narren!" fluchte er immer wieder. „Sei endlich still!" Zu allem Überfluß fingen meine Brüder zu kreischen an. Das Chaos war perfekt.

Doch dann geschah es: Der Versuch der Ratte, einen Ausfall in Richtung Küche zu wagen, wurde ihr zum Verhängnis. Tödlich getroffen, lag sie zu Vaters Füßen.

Noch immer keuchend, völlig außer Atem, rollte er das tote Tier mit dem Handfeger auf das Kehrblech. Es kam mir so vor, als bereute er plötzlich, was er getan hatte, als ich ihn murmeln hörte: „Tut mir leid, aber es mußte sein!"

Da begann der Wecker laut zu rasseln...

Noch im Nachthemd trug mein Vater seine zweifelhafte Beute über den Hof und leerte das Kehrblech direkt unter dem Fenster des Hauswirts.

„Hier, Herr Palkowsky", rief er dabei laut, „hier bringe ich Ihren Sonntagsbraten!"

Palkowsky, gerade dabei, die Rollos vor dem Fenster hochzuziehen, hatte gut verstanden, denn er schrie nun von drinnen, wobei er sich drohend gebärdete: „Ich rate Ihnen, sehen Sie sich ganz schnell nach einer anderen Wohnung um, bevor ich Sie eigenhändig rauswerfe!"

Das brachte meinen Vater wieder in Rage: „Nach einer anderen Wohnung, ja!, aber nicht nach einem Rattenloch!" warf er Palkowsky an den Kopf. „Es ist eine Riesensauerei, Wohnraum zu vermieten, unter dem sich die Klärgrube befindet, statt eines Kellers."

Was der Ehrenwerte noch von sich gab, ging unter im Krachen der wurmstichigen Eingangstür, die mein Vater so heftig hinter sich zuwarf, daß sich die restlichen Teile des verwitterten Anstrichs endgültig lösten.

Nach diesem Vorfall mehrten sich die Kontroversen. Palkowsky scheute sich nicht und machte auch öffentlich davon Gebrauch, unsere Familie zu verunglimpfen. Schließlich waren wir nur Habenichtse und er der Herr Hausbesitzer. Leicht zu erraten, wem mehr geglaubt wurde...

Die Zeit der Ratten, wie mein Vater die Jahre bezeichnete, in denen wir auf der Suche nach einer menschenwürdigen Bleibe von Straße zu Straße zogen, lag hinter uns.

Und als ich drei Wochen später meinen siebten Geburtstag beging, erschollen aus unserer neuesten Errungenschaft, einem Volksempfänger, die euphorischen Siegesmeldungen von der Front. Hitler hatte sein Volk in einen verheerenden Krieg gestürzt.

Es vergingen nur wenige Jahre zwischen Hoffen und Bangen, dann brummten über unseren Köpfen die feindlichen Flugzeuge und luden ihre tod- und verderbenbringende Last über unserer Stadt und ihrem kriegswichtigen Betrieb ab.

Ich verstand damals noch nicht, was mein Vater damit meinte, als er sich in letzter Minute – die amerikanischen Bomber-Pulks zogen schon über uns hinweg – zwischen uns drängte und in Richtung auf den anwesenden Luftschutzwart Örtel, der ängstlich neben der schweren Kellertür hockte, sagte: „Jetzt erwischt es uns, jetzt sind *wir* die Ratten. Nicht wahr, Herr Maier?“

Heute weiß ich, daß Vater hämisch auf die großspurige Erklärung Hermann Görings, des einstigen Chefs der Luftwaffe, anspielte, der behauptet hatte: „Ich will Maier heißen, wenn jemals ein feindliches Flugzeug über Berlin erscheint!“

Wir hatten Glück. Heil und unbeschadet erlebte unsere ganze Familie das Kriegsende. Unser Vater mußte nicht an die Front. Als Stammarbeiter eines kriegswichtigen Betriebes wurde er immer wieder zurückgestellt.

Unserem ehemaligen Vermieter, Herrn Palkowsky, war das Schicksal weniger hold. Er mußte sich an der Ostfront bewähren, wo er ein Bein verlor. Er hatte sich an einer Kriegerwitwe vergangen, die sich nach unserem Auszug einquartiert hatte. Er konnte auch nicht beim Löschen helfend einspringen, als der Dachstuhl seines Hauses nach einem Bombenangriff in hellen Flammen stand.

[Allenstein*), Ostpreußen;
1938]

Anemone Brandenburg

Der Fußball, der keiner war

Unser Schulhof war über einem ehemaligen Pest-Friedhof angelegt worden. Wenn wir den Biologieraum betraten, stand nahe der Tür – zu meinem stets neuen Schrecken – ein menschliches Skelett. Natürlich hielt ich es für echt und aus Pestzeiten stammend.

Wie bewunderte ich Ilse und Annemarie, die mutig auf den „armen Skeletterich" zugingen, ihm die Knochenhand schüttelten und riefen: „Na, Alter, wie geht's? Gut drauf heute?" Oder: „Siehst schlecht aus, altes Haus!"

Da bekam ich weiche Knie.

Es sollte schlimmer kommen! Später als sonst, die Schule war schon leer, die Straße auch, machten meine Freundin und ich uns auf den Heimweg. Wir überlegten gerade, bei wem heute die Hausaufgaben dran waren. Lag Chemie an, dann bei ihr, der große Bruder half auch bei Französisch, und beim Tonleitersingen war meine Schwester die ideale Unterstützung. Während wir so nachsannen, kickten wir – mal sie, mal ich – mit einer erdigen Kugel, die ein bißchen klapperte, sich aber leicht bewegen ließ.

Urplötzlich ertönte ein Schrei: „Aufhören! Ist euch denn gar nichts heilig?"

Wir erstarrten. Hinter uns stand „der kleine Teufel", der Herr Direktor. Er war kaum größer als wir Elfjährigen, hatte buschige Brauen, unter denen Feueraugen rollten.

*) heute Olsztyn in Polen

Er deutete auf unseren Fußball, von dem durch das Rollen schon eine Menge Erde abgegangen war. Und plötzlich bemerkten wir – ja, was denn?

„Aufheben!“ brüllte der Direktor.

Klar doch. Ich bückte mich rasch. So schnell ich ihn gegriffen hatte, so schnell ließ ich ihn aber wieder fallen – den Totenschädel! Igittigitt!

„Aufheben!“, tönte es erneut mit jaulender Stimme.

Die Freundin, dick und groß, beugte sich behäbig nach unten und hob die Kugel auf. Dabei schrie sie vor Schreck laut auf.

„Nicht so pomadig!“ schnauzte der Herr Direktor.

Demütig schielend blickten wir von der Seite zu ihm hin. Er zückte sein Taschentuch, reinigte beflissen die Augenhöhlen des Fußball-Kopfes und sprach dabei voll Inbrunst: „Ein Kinderkopf, oh Herr!“ – Das stimmte wohl. – Und dann wieder wütend: „Banausen, die Jugend von heute!“

So geschehen vor 60 Jahren in Allenstein, dem damaligen Ostpreußen.

[Leipzig – Dumzin bei Belgard*);
1933–1938]

Loni Krause

Eine unruhige Zeit

Zu Beginn des Hitlerregimes war ich fünf Jahre alt. Meine Eltern wohnten mit meinen drei Geschwistern und mir in einem Hinterhaus im Osten von Leipzig. Es gab weder Strom noch Gas. Wasserleitung und Plumpsklo befanden sich für alle Mieter im Treppenhaus. Die Wohnung war sehr klein, und wir mußten zu zweit in einem Bett schlafen.

Im Vorderhaus war ein Bierlokal, in dem es oft hoch herging. Manchmal war es so laut, daß wir Kinder abends nicht einschlafen konnten. Wenn in unserem Hof keine Wäsche hing, durften wir Kinder dort spielen. Sonst mußten wir auf die Straße. Oft wurden wir auch da weggejagt.

Da unser Vater arbeitslos war, fehlte es der Familie natürlich an Geld. Um uns alle satt zu bekommen, ging Muttel zu reichen Leuten Wäsche waschen. Trotz aller Sorgen und Nöte gab sie uns Kindern immer Liebe und Geborgenheit. Vater verdiente durch Gelegenheitsarbeiten ebenfalls etwas zum Lebensunterhalt hinzu.

1934 wurde ich eingeschult. Meine Eltern konnten leider keine Feier mit der Verwandtschaft ausrichten. Aber eine Zuckertüte, ein hübsches Schulkleid mit Schürze, eine neue Schiefertafel sowie einen leider schon gebrauchten Schulranzen bekam ich. Nun war auch ich ein Schulkind wie meine zwei älteren Geschwister.

Die Schule befand sich in einem Arbeiterviertel. Wir waren

*) heute Białogard in Polen

in unserer Klasse 37 Mädchen. Die meisten kamen wie ich aus armen Familien. Drei Mitschülerinnen waren jüdischer Abstammung. Schon damals wurden sie anders behandelt. Sie mußten ganz hinten sitzen und durften nicht mit uns zur Hofpause gehen. Wenn wir Religionsunterricht hatten, standen sie die ganze Stunde vor der Tür. Wir waren aber noch zu klein, um zu verstehen, was da geschah.

In der Schule gefiel es mir. Wir bekamen, ohne etwas dafür bezahlen zu müssen, jeden Tag Kakao und Knäckebrot. Unsere Lehrerin, Fräulein Mahmacher, brachte uns mit viel Geduld das Rechnen, Lesen und Schreiben bei. Ehe wir uns versahen, war das erste Schuljahr vorbei. Und auf mein erstes Zeugnis konnte ich stolz sein!

Leider bekamen wir ab dem zweiten Schuljahr einen strengen Klassenlehrer. Am Jackettaufschlag trug er ein Hakenkreuzabzeichen. Er brüllte uns oft an, wir hatten Angst vor ihm. Von jetzt ab mußten wir mit „Heil Hitler" grüßen.

Eines Tages kamen die drei jüdischen Mitschülerinnen nicht mehr zum Unterricht. Wahrscheinlich hatten ihre Familien Deutschland verlassen. Genaues erfuhren wir nie.

Inzwischen schrieben wir das Jahr 1936. Vater bekam endlich bei der Firma Lampen-Schneider, den späteren Hasag-Werken, eine feste Anstellung. Sein Wochenlohn betrug 40 bis 45 Reichsmark. Muttel ging weiterhin Wäsche waschen, und auch mein großer Bruder verdiente sich nach der Schule bei einem Händler mit Botengängen und dem Auspacken von Waren ein paar Groschen. Es ging uns nun schon ein wenig besser. Kam der Eismann durch unsere Straße, durften wir uns auch mal für zehn Pfennige eine Waffel mit Eis kaufen.

Es war für uns alle eine große Freude, als wir am Stadtrand einen kleinen Schrebergarten pachten konnten. Wenn es die Zeit erlaubte, waren wir mit unseren Eltern dort. Natürlich mußten wir Kinder auch schon mithelfen. Zu tun gab es immer etwas. Aber es machte auch Spaß, sich an der frischen Luft zu bewegen. Später hielten wir dort Kaninchen.

1936: Als einziges Mädchen zwischen lauter Jungen auf dem Hinterhof. Wenn keine Wäsche hing, durften wir dort spielen. Neben mir, ohne Schuhe, steht Hansi Jauche. Er war als Vollwaise Pflegekind bei einer fast blinden Frau. Neben ihm Karl-Heinz Winkler in der Hitlerjugend-Uniform. Sein Vater hat das Foto gemacht. Karl-Heinz ist 1943 im Krieg gefallen. Ganz links mein Bruder Horst, später Matrose, und davor mein kleiner Bruder Olaf.

Meine ältere Schwester Marianne und ich gingen besonders gern zu den Kindernachmittagen ins Pfarrhaus der Markuskirche. Auch an den Kindergottesdiensten nahmen wir teil. Es gehörte damals einfach dazu. In der Adventszeit sangen wir in Altenheimen Weihnachtslieder und verschenkten kleine selbstgebastelte Strohsterne.

In den Sommerferien 1937 kam ich durch die Kinderlandverschickung für vier Wochen zur Erholung auf ein Rittergut bei Belgard in Pommern. Da ich sehr dünn war, hatte der Schularzt mich ausgewählt.

Mit einem kleinen Koffer, einer Brottasche und einem Namensschild um den Hals ging die Reise los. Mein Vater verhandelte mit dem Zugschaffner, der mich freundlicherweise ins Dienstabteil einsteigen ließ. Vater hatte ihm Zigaretten zugesteckt. Der Schaffner war sehr nett. Nach einigen Stunden Fahrt übergab er mich am Zielbahnhof einer Magd und einem Knecht vom Rittergut. Mit einer Kutsche und zwei Pferden davor ging es weiter bis nach Dumzin. Dort wurde ich von den Bewohnern des Gutes liebevoll empfangen.

Hier war es einfach herrlich! Dichte Wälder, in denen kleine Bäche flossen. Und die vielen Tiere! Für ein Kind aus der Großstadt eine ganz andere Welt. Ich hatte ein Zimmer nur für mich allein, mit allem, was man brauchte. Und ich durfte so viel essen und trinken, wie ich wollte. Ich brauchte nicht zu arbeiten, nur mein Zimmer in Ordnung halten und manchmal der Köchin das Geschirr abtrocknen.

Auf dem Gut waren viele Leute beschäftigt. Sie haben mir alles gezeigt und erklärt. Der Sohn der Gutsleute war in Stettin im Internat. Obwohl keine Kinder zum Spielen da waren, hatte ich nie Langeweile. Oft nahm mich der alte Kutscher mit zur Mühle oder wir fuhren zu den Pferdekoppeln oder Kuhweiden. Die Kühe wurden gleich dort gemolken, nur bei schlechtem Wetter mußten sie in den Stall. Hin und wieder durfte ich mich auf ein zahmes Pferd setzen und wurde herumgeführt. Das war ein großes Erlebnis.

Mit dem Schäferhund Hasso hatte ich mich gleich angefreundet. Sobald er mich sah, wedelte er mit dem Schwanz und wich nicht von meiner Seite. Ins Haus durfte er nicht mit. Aber mit ihm lief ich ohne Angst durch den Wald oder wir saßen im Gras an einem kleinen Bach.

Oft war ich in den Ställen und habe beim Füttern zugesehen. Angst hatte ich sonst ja nicht, nur vor dem bösen Gänserich. Sicher konnte er mich nicht leiden! War ich in seiner Nähe, kam er mit lautem Gezeter auf mich zu. Zum Glück konnte ich mich immer rechtzeitig in Sicherheit bringen.

Mittags nach dem Essen mußte ich eine Stunde ins Bett. Ich sollte doch an Gewicht zunehmen! Geschlafen habe ich selten. Meistens habe ich gelesen oder in den Büchern gestöbert, die in einem Regal in meinem Zimmer standen.

Abends durfte ich bis gegen 20 Uhr noch mit bei den Gutsleuten im Vorbau oder im Wohnzimmer sein. Sie wollten viel über meine Familie und Leipzig wissen. Beim Gute-Nacht-Sagen steckten sie mir immer ein kleines „Betthupferl" zu. Sie waren wirklich lieb zu mir. Doch wenn ich dann im Dunkeln im Bett lag, machte sich das Heimweh bemerkbar.

Ich hatte schnell ein paar Pfund zugenommen. Nach vier Wochen ging es schließlich nach Hause. Die Gutsleute Brendel packten als Geschenk für meine Eltern einige Würste mit in den Koffer. Wiederum bekam ich ein Schild um den Hals und ein Schaffner kümmerte sich unterwegs um mich.

In Leipzig standen meine Eltern am Bahnhof. Glücklich schlossen sie mich in die Arme. Mein Vater schrieb den Rittergutsleuten und bedankte sich, daß sie mich so nett betreut hatten. Sie antworteten auch und schickten zweimal ein Paket mit Wurst und Schinken. Dann riß der Kontakt leider ab, unsere Post kam mit dem Vermerk „Nicht zustellbar" zurück. Wir wußten nicht, warum.

1938, als ich zehn Jahre alt war, wurde ich in den „Jungmädelbund" aufgenommen. Wir Mädchen wurden in Gruppen eingeteilt und bekamen eine BDM-Führerin zugewiesen, die über uns bestimmte. Die Gruppennachmittage waren Pflicht. Es wurde viel Sport getrieben, gesungen und gebastelt. Oder wir bekamen den Auftrag, Buntmetall, Papier und Knochen bei den Leuten zu sammeln. Auch um Spenden für das Winterhilfswerk mußten wir bitten.

Eine unruhige Zeit war angebrochen. Die SA marschierte durch die Straßen. Es gab Hausdurchsuchungen, Leute wurden verhaftet. An den jüdischen Geschäften stand groß das Wort „Jude". Alle Juden, auch die Kinder, mußten an der Kleidung einen Judenstern tragen.

Wie andernorts, so wurden auch in Leipzig in der Nacht vom 9. zum 10. November 1938 die Synagogen und die jüdischen Geschäfte zerstört. Am nächsten Tag ließ uns Muttel nicht aus der Wohnung. Wir konnten aber hören, wie SA-Männer grölend durch die Straßen zogen.

Für uns ging das Leben dennoch wie gewohnt weiter. Wir Kinder besuchten die Schule, Vater machte sich jeden Morgen auf den Weg zur Arbeit in die Hasag-Werke, nur daß dort jetzt keine Lampen mehr hergestellt wurden, sondern Munition.

Am 12. Dezember 1938 mußten wir vier Kinder sehr zeitig zu Bett gehen. Wir konnten aber nicht einschlafen, weil in der Wohnung reges Treiben herrschte. Gegen 22 Uhr hörten wir im Nebenzimmer ein Baby schreien. Nachdem wir ziemlich lange gewartet hatten, ging die Tür auf. Wir durften kommen. Im Körbchen lag ein kleiner, süßer Junge. Muttel weinte still vor sich hin, Vater aber strahlte. Jetzt waren wir fünf Geschwister. Bald wurde unserer Familie eine bessere Wohnung zugewiesen.

Wir hatten schwere Zeiten hinter uns. Noch viel schlimmere standen uns bevor. Ich war elfeinhalb Jahre alt, als mit dem Überfall auf Polen der Zweite Weltkrieg begann.

(Weitere Erinnerungen dieser Autorin finden Sie in dem Band „Wir wollten leben. Jugend in Deutschland 1939–1945" der Reihe ***ZEITGUT****.)*

[Hittenkirchen, Oberbayern;
1939 / 1940]

Kaspar Stanislaus Eberwein

Feuer und Wasser

An zwei von vielen anderen Streichen habe ich eine besonders gute Erinnerung, da sie mit Gefahr verbunden waren und trotzdem alles gut ging. Ich war damals 13 Jahre alt, mein Bruder Bartl elf.

An einem Sommertag in der Früh, es waren Ferien, sagte die Mutter: „Buam, geht's as Holz aussi und schaugt's, daß etliche Schwammerl find's. I brauchert für Mittag a netla zo da Suppen."

Die Freude war nicht sehr groß, jeden Tag in den Wald gehen zu müssen und Pilze zu sammeln. Da hatte ich gleich etwas anderes im Kopf. Nicht weit vom Dorf entfernt stand ein Holzhäuschen, in dem die Böllerkanone nebst Pulver aufbewahrt wurde. Unbemerkt schob ich mir eine Schachtel Zündhölzer in die Hosentasche, und Bartl nahm noch eine Zeitung mit, die wir zu unserem Vorhaben brauchten.

Als wir beim Schießhüttl, so wurde es benannt, anlangten, machten wir vom Häuschen ein Brett locker – und schon war ich drin. Ich nahm ein Päckchen Schwarzpulver, und schnell verschwanden wir im Wald. Dort trafen wir den Hans, das war der Bub vom Schuhmacher, der auch beim Pilzesuchen war, und ich sagte zu ihm: „Gehst mit uns, wir möchten was ausprobieren, heut?"

Doch er fragte: „Was is nachat des, wos do macha mechts?"

„Des sigst scho, wenn's so weit is" war meine Antwort.

Da willigte er ein und ging mit uns. Das Ziel war ein Baumstumpf, in den der Specht ein großes Loch gemeißelt hatte. Diesen hohlen Stumpen wollten wir sprengen. Wir hatten zwar keine Ahnung, wie das vor sich gehen sollte, aber wir wollten eine Probe machen.

Also stopfte ich Papier in das Loch, schüttete das Pulver hinein – es war nicht ganz wenig, ein halbes Pfund – und oben drauf kam der Rest von der Zeitung. Dann sagte ich zum Hans: „Da kniest dich jetzt nieder und nachat, wenn i okennt ho, leicht eini blosen, daß das Feier net ausgeht."

Es dauerte nicht lange, da gab's eine große Stichflamme und zugleich einen fürchterlichen Schrei. Der Hans sprang auf und lief hinunter zum Bach, mein Bruder und ich hinter ihm her. Nun sah ich, was ich wieder vollbracht hatte: die Haare vom Hans waren halb weggesengt, die Haut von Stirn und Nase war verbrannt und das ganze Gesicht schwarz wie von einem Schornsteinfeger.

Als sich der erste Schreck gelegt hatte und der Hans jammernd nach Hause gehen wollte, drohte ich ihm noch: „Wenst du a da Mutter oder dem Vater sagst, durch was des passiert is, nachat werst no richte droschen. Du sogst: do homa a Wespennest ausbrennt und do bist ausgrutscht und min Gsicht ins Feier eini gflogn."

So tat er auch, und die Sache ging gut aus für uns, selbst mit der Erfahrung, wie gefährlich Pulver ist.

Dann wurde es Winter, und wir waren vorerst von der Pflicht des Pilzesammelns befreit. An einem Sonntagnachmittag trafen sich mein Freund, der Raschl Sepp, mein Bruder Bartl und ich, um unsere Künste im Forellenfangen mit der Hand auszuprobieren, wie wir es hin und wieder taten. Die Zeit war sicher nicht die beste, da es ein sehr, sehr kalter Tag im Januar war.

Als wir an den Bach kamen, den wir uns ausgesucht hatten, war die Enttäuschung groß, da er vollkommen mit Eis bedeckt war. Und so folgten wir dem Bächlein bis es in die

Prien mündete. Die Prien ist ein Flüßchen, das in den Bergen droben am Spitzstein seinen Ursprung hat und um diese Jahreszeit meist nicht viel Wasser führt. An dieser Stelle war eine Wehrmauer, auf der wir rübergehen wollten.

Da sah ich in einem Altwasserarm eine sehr große Forelle stehen – gerade so eine wollten wir doch! Aber wie sollten wir sie bekommen? Ich suchte mir einen großen Stein, den ich von oben, auf der Mauer stehend, auf den Fisch werfen konnte. Der Wurf hatte Erfolg, denn die Forelle trieb sofort nach oben und zeigte die helle Bauchseite. Aber zu unserem Schreck gelangte sie noch in das schnellfließende Wasser.

Ohne lange zu überlegen, sprang der Sepp, trotz der eisigen Kälte, in den Fluß und holte die Forelle von gut fünf Pfund aus dem Wasser. Da er fast bis zum Bauch in dem nassen Element gestanden hatte, gab es jetzt nur noch eins: so schnell wie möglich nach Hause! Denn die Wegstrecke war ungefähr drei Kilometer.

Nach der Hälfte des Weges blieb der Sepp plötzlich stehen und sagte: „Jetzt ist ganz was verrekts passiert – meine Hose ist bei den Knien abgebrochen!“

Durch den strengen Frost war das nasse Bekleidungsstück, das zu dieser Zeit, Anfang des Krieges, aus purem Zellstoff bestand, steif geworden wie ein Brett und auch wie ein solches gebrochen.

„Da wird die Mutter schon etwas zwieder sei, wenn ich nach Hause komme,“ fürchtete der Sepp, „denn die Hose habe ich erst zu Weihnacht als Geschenk bekommen.“

„Das ist doch wurscht, du hast dafür eine Forelle wie wir noch nie eine hatten und auch nicht mehr bekommen werden. Die gehört dir. Du host as ja außa aus’n Wossa“, sagte ich zu ihm.

„Recht host scho, aber mei neie Keilhosn is trotzdem hi.“

[Böhringen, Schwäbische Alpen, Württemberg; 1938]

Gisela Schoon

Als „Ferienkind“ in Württemberg

Der Omnibus war vollbesetzt. Wir kamen alle aus dem Nordosten Deutschlands. Hinter uns lag die nächtliche Bahnfahrt. Jetzt saßen wir völlig übermüdet, aber aufgeregt im Bus, der uns zu unseren württembergischen Gastfamilien bringen sollte. Kinderlandverschickung hieß das damals. Erwartungsvoll und etwas bange sah ich dem entgegen, was da auf mich zukommen würde. Ich war 12 Jahre alt. Nie zuvor war ich von zu Hause so weit fort gewesen.

Der Bus hielt, ein freundliches Gesicht schaute herein.

„Ich nehme das Mädel, dem dieser Koffer hier gehört!“ übertönte eine klare Stimme das Getuschel ringsum. Mein Name und meine Adresse wurden aufgerufen.

„Ich! Das bin ja ich!“ Erschrocken stolperte ich in Richtung Ausstieg. Eine stattliche Frau lächelte mir aufmunternd zu und nahm mich herzlich in die Arme. Sie führte mich durch einen Park einem Schloß entgegen. Mein Herz klopfte zum Zerspringen. Sollte ich wirklich in diesem prachtvollen Märchenschloß wohnen? Konnte das wahr sein? Auf dem Schild, das ich um den Hals trug, stand doch „Bürgermeister Rau, Böhringen“ geschrieben.

Beklommen stieg ich die steinernen Stufen des Portals empor. Ein großer, fürstlicher Herr reichte mir kühl die Hand. Ich wurde dem Vater der Gutsherrin vorgestellt. Fasziniert schaute ich in der Empfangshalle auf das überlebensgroße

Gemälde, auf dem er, wie ich später erfuhr, als junger Hofmarschall in prachtvoller blau-goldener Uniform abgebildet war. Breite Eichentreppen führten in die Salons und in die ehrfurchtgebietende Bibliothek. Die zahlreichen großen, in Gold gerahmten Gemälde der Familie und ihrer Vorfahren beeindruckten mich stärker als die erlesenen Möbel und Teppiche in den hohen Räumen. Mein Zimmer lag im obersten Stock. Ich sollte mich erst einmal ausruhen.

„Zum Abendessen um 18 Uhr ruft ein Gong." Die Anordnung noch im Ohr, legte ich mich erst einmal aufs Bett. Den Gong würde ich schon hören.

Als ich erwachte, sah ich auf dem Nachttisch ein riesiges Butterbrot und ein Glas Milch. Ich stand auf und trat neugierig ans Fenster. Von dort hatte man einen sehr schönen Ausblick zum Schloßpark. Durch die Baumkronen hindurch entdeckte ich an einem Giebel eine große Uhr mit grünem

Ein langgehegter Wunsch ging endlich in Erfüllung. Nach fast 60 Jahren gab es ein Wiedersehen mit Schloß Aglishardt, wo ich als Zwölfjährige im Sommer 1938 unvergeßliche Ferien verlebte.

Ziffernblatt. Die goldenen Zeiger standen auf 6 Uhr! So schnell ich konnte, tastete ich mich am Geländer die vielen Treppen hinunter. Es war alles so finster und fremd. Das Knarren der Treppenstufen verstärkte meine Furcht.

„Bischt di Gischela? Wo willscht denn hi? Stehst immer so früh auf? D'Herrschafte schlafe noch." – Eine junge, blonde Frau schaute mich verständnislos an und nahm mich mit in die Küche. „Schlafwandelscht?" – Mir wurde mit einem Schlag klar, ich hatte den Rest des gestrigen Tages und die Nacht durchgeschlafen. Es war 6 Uhr in der Früh.

Es folgten sechs wundervolle Ferienwochen. Baronin von Vischer war warmherzig und eine Frohnatur. Immer wieder versicherte sie mir, wie sie sich freue, mir, dem Kind vom flachen Land, die Berge zu zeigen, beeindruckende Wasserfälle und unheimliche Grotten. Wir besuchten alte Städte und Burgen. Sie überließ mir ihre Kinderbibliothek, die in einem Erkerzimmer untergebracht war, zur freien Verfügung. Welch eine Wonne für eine Leseratte wie mich!

Ihr Vater flößte mir Respekt ein. Er stand dem „Ferienkind" wohl skeptisch gegenüber und wollte auf keinen Fall in seinem Tagesablauf gestört werden. Als ich am ersten Nachmittag vom Gong zum 5 Uhr-Tee gerufen wurde, hörte ich durch die geöffnete Tür Stimmen: „Warum kann sie denn nicht pünktlich sein?"... „Vater, sie beeilt sich doch, ich höre sie. Schneller kann sie die vielen Treppen von oben nicht schaffen." Ich las Unmut in seinem Blick. Fortan fand ich mich immer eine Viertelstunde vor der Zeit im Salon ein und setzte mich still wartend auf einen Stuhl neben der Tür.

Der anfangs so zurückhaltende Herr Hofmarschall wurde mir gegenüber zunehmend freundlicher. Ja, er überließ mir sogar den Triumph, beim Halma-Spiel zu gewinnen.

*(Weitere Erinnerungen dieser Autorin finden Sie in den Bänden „Wir wollten leben. Jugend in Deutschland 1939–1945" und „Kindheit 1914–1933" der Reihe **ZEITGUT**.)*

[Mühlbock*), Kreis Züllichau – Schwiebus;
1937–1939]

Alfred Bartsch

Steinkohle im märkischen Sand

Sommerferien 1938. Großvater meinte, man „könne ja morgen mal wieder los“. Mein Vater nickte wohlgefällig, und ich freute mich auf die Schatzgräberei. Andernmorgens beluden wir den Handwagen mit Säcken, Spaten, Hacke, Harke, zwei Körben und einer kleinen Schaufel; nicht zu vergessen, einiges gegen Hunger und Durst.

Großvater und ich zuckelten los. Zunächst ging's die Chaussee entlang, von der wir in einen sandigen Feldweg einbogen, der sich alsbald zum Waldweg wandelte. Rechts begleitete uns älterer Kiefernbestand, links mit Birken durchmischter Jungwuchs. Als der Weg endete, hatten wir nach einer reichlichen halben Stunde unser Ziel erreicht.

In einiger Entfernung zog sich ein geradliniger Wasserlauf mit nackten, schräggeneigten Sandufern hin, dem man seine Entstehung in jüngster Vergangenheit ansah und der, wie sich noch zeigen wird, in ursächlichem Zusammenhang mit unserem Vorhaben stand. Selbiges war auf ein etwa fußballplatzgroßes, reifen- und raupenkettenzerfurchtes Terrain gerichtet, das im ansonsten fahlgelben Sand einen schwärzlichen Farbton darbot.

Da wir uns hier schon auskannten, standen wir alsbald „vor Ort“. Hier und da hatte ein kürzlicher Gewitterguß, den Großvater sicher ins Kalkül gezogen hatte, schwarze, mitunter glänzende Stücke von etwa Kastanien- bis Faust-

*) heute Ołobok bei Świebodzin in Polen

größe halb vom Sande befreit: Steinkohle! Steinkohle im märkischen Sand – Objekt und Ziel unseres Unternehmens.

Allmählich füllten sich unsere Körbe, wobei ich meinem Großvater möglichst in Menge und Tempo vorauseilte. Mit meinen achtjährigen Beinen konnte ich von Fundstück zu Fundstück springen und war denn doch flinker als mein immerhin genau zehnmal so alter und schon etwas stakelbeiniger Großvater. Er wußte aber auch, schon um mich anzuspornen, diesen Vorteil zu steuern und zu nutzen, indem er mich auf besonders große Brocken aufmerksam machte, die ihm „außer Reichweite“ lagen.

Häuften sich die Stücke an einzelnen Stellen merklich, lohnte sich ein Vorstoß unter die Sandoberfläche. Zuvor aber stärkten wir uns an Stullen und Braunbier. Großvater leistete sich einen neuen Priem, der alte verschwand in einer Blechschachtel, die schon mehrere seinesgleichen barg.

Als ich später in der Schule Gottfried August Bürgers „Schatzgräber“ zu lernen hatte, stand mir unser Tun lebhaft vor Augen: „Mit Hacke, Karst und Spaten ward der ‚Sandberg‘ um und um gescharrt ...“

Wir förderten manch’ dicken Brocken zutage und auch viel Kleinzeug, das ich aus dem Sand harkte. Am späten Vormittag hatten wir die beiden Säcke prall gefüllt, und es ging heimwärts. Das gestaltete sich zum beschwerlichsten Teil des ganzen Unternehmens, denn die hölzernen, eisenbereiften Handwagenräder versanken zunächst einige Zentimeter im Sand des Feldweges. Erst auf der Chaussee, die zum Dorf hin sogar leichtes Gefälle aufwies, rollte unser Gefährt besser. Mein Vater, der uns von zu Hause aus mit dem Fernglas erspähen konnte, kam uns mitunter zu Hilfe, und zum Mittagessen waren wir wieder zu Hause.

Nachmittags entleerten wir unsere schwarzen Schätze und freuten uns, wie der schon herangeschaffte Bestand anwuchs. Es mögen so an die 20, 30 Zentner gewesen sein, die wir in jenem Sommer im „Tage- und Tiefbau“ gewonnen hatten.

Bislang kannten wir Steinkohle nur beim Dorfschmied; alle anderen im Dorf heizten mit Braunkohlenbriketts und Holz. Ich erinnere mich lebhaft, wie die richtige Steinkohlendosierung für unsere Stubenöfen im Winter erst erprobt werden mußte. Als anfangs die gußeisernen Ofentüren rotglühend zu leuchten begannen, wurden selbst Vater und Großvater nervös; sie fürchteten, unsere Kachelöfen gingen aus den Fugen, und mein kräftiges Dagegenspucken war der wortwörtliche „Tropfen auf den heißen Stein“. Schließlich ergab sich ein praktikables Mischungsverhältnis von Braun- und Steinkohle mit einem Glutbett, auf dem am nächsten Morgen weitergeheizt werden konnte.

Mein Vater errechnete fürs laufende Jahr ein dickes Plus im Kohlenbudget, das zu Neujahr die Sparbucherträge für meine Schwestern und mich nicht unerheblich ansteigen ließ. So weit, so gut.

Wie aber war es möglich, daß wir unter geologisch gänzlich unmöglichen Gegebenheiten Steinkohle fanden?

Unser märkisches Dörfchen liegt inmitten der bekannten „Streusandbüchse“, darüber nachzulesen bei Fontane oder auch bei Schmidt von Werneuchen sich lohnt. Die Eiszeit hinterließ eine sanftgewellte Moränenlandschaft mit nicht gerade fruchtbaren, vornehmlich sandigen Böden. Eingestreut darin liegen zahlreiche kleine und größere Seen, rund um unser Dorf allein vier: Czernok-, Nieschlitz-, Tibor- und Galgensee, bis auf letzteren im Namen wendische Geschichte verratend. Wasserläufe verbinden, Wiesen und Ackerland durchschlängelnd, die Seen; die Wiesen wiederum sind durchzogen von entwässernden Gräben. Nicht zu vergessen sei der umfangreiche Waldbestand, den Bodenbedingungen gemäß dominiert die brandenburgische Kiefernheide.

Mittendrin liegt also unser Ort, ein Straßendorf, gegründet in Zeiten deutscher Ostkolonisation, die Hauptstraße etwa einen Kilometer lang, von der wenige kurze Nebenstraßen rechtwinklig abzweigen. Die etwa 700 Einwohner sind zumeist Bauern, Handwerker, Gastwirte, Kaufleute. Damals gab es eine von evangelischen Schwestern geleitete Haushaltungsschule, in der Mädchen nach Volksschulabschluß das Haushaltführen erlernen konnten.

Mein Großvater trug hinter seinem Nachnamen eine römische Eins, denn zufälligerweise gab es drei Einwohner desselben Vor- und Nachnamens im Ort, die also nach I, II und III unterschieden wurden. Klar, daß mein Großvater auch dieser Rangordnung wegen für mich ganz obenan stand. Als Tischler und Wassermühlenbauer kam er dereinst viel im Lande herum. Ein wenig Glück bescherte ihm das Leben insofern, als er für den Deutsch-Französischen Krieg 1870/71 noch zu jung und für den ersten Weltkrieg schon zu alt war.

Etliche unserer Möbel hatte mein Großvater gebaut, und seine kleine Werkstatt war ein Eldorado für mich. All meine Beziehungen zum Holz und viele Fähigkeiten in der Holzbearbeitung verdanke ich meinem Großvater und der Werkstatt. Aber sie barg viel mehr: Kisten und Schachteln füllten die Regale, und nur ich durfte darin herumkramen. Was kam da nicht alles zum Vorschein! Als ich allerdings zwei uralte Trommelrevolver samt Munition fand, verschwanden sie anschließend auf Nimmerwiedersehen.

Oma nahm ich zumeist weniger wahr. Sie sprach nicht viel, streichelte mal mein Haar, besorgte den kleinen Haushalt der beiden alten Leute und saß ansonsten still in der Stube oder im Hof. Die Ruhe tat ihr wohl gut, immerhin hatte sie zwölf Kinder zur Welt gebracht, von denen allerdings mehr als die Hälfte in jungen Jahren gestorben war. Bei der treulichen Pflege der Gräber half ich ihr oft.

Mein Vater arbeitete als Schuhmachermeister in seiner Werkstatt unterm Dach und führte außerdem einen kleinen, auf dörfliche Verhältnisse zugeschnittenen Schuhladen. Mutter betreute die Kundschaft und unseren Haushalt. Neben mir gehörten noch meine Schwestern, eine ältere und eine jüngere, zur Familie. Obwohl schon zur „gehobenen Schicht“

des Dorfes zählend – immerhin saß mein Vater sonnabends mit unserem Lehrer, dem Kaufmann und dem Inhaber einer kleinen Baufirma beim Skat im Dorfgasthaus –, würde man uns aus heutiger Sicht wohl eher der Dorfarmut zuordnen.

Unsere Lebensbedingungen waren einfach: Die Großeltern und wir bewohnten je eine kleine Küche, ein Wohn-, gleichzeitig Schlafzimmer. Wir hatten noch eine unbeheizbare Bodenkammer, die mir jahrelang als Schlafzimmer diente. Ich lag auf einem Strohsack, winters bei Minusgraden, aber wenigstens mit einer Wärmflasche. Einen Teppich hatte ich mal in der „guten Stube" eines reicheren Bauern gesehen...

Mahlzeiten? Pellkartoffeln mit Quark und Leinöl oder Hering, Milchreis, Kartoffelpuffer, Kartoffelbrei mit Rührei, Gemüse-, Erbsen, Bohnen-, Graupensuppe. Sonnabends gab es stets Kartoffelsuppe, Fleisch zumeist nur sonntags. Getränke? Malzkaffee, Tee und Einfachbier, letzteres brachte der Bierwagen ins Dorf; es wurde mit der gleichen Menge Wasser verdünnt und auf Flaschen gezogen. Wasserversorgung? Pumpe auf dem Hof – „Plumpe", wie man bei uns sagte. Bad? Den ganzen Sommer hindurch im See. Toilette? Ein vom Großvater gebautes, geräumiges „Plumpsklo". Urlaub? Ferienreise? Fremdwörter.

Als Beispiel für Sparsamkeit mögen noch die gebrauchten Priemstücke aus Großvaters Blechschachtel herhalten. Er breitete sie auf der Fensterbank sorgsam zum Trocknen aus. Anschließend wurden sie zerkrümelt und zur Hälfte mit Krüllschnitt, billigstem Pfeifentabak, vermischt, um in Großvaters Tabakspfeife zu wandern.

Da sich die Dorfbevölkerung etwa je zur Hälfte aus Katholiken und Protestanten zusammensetzte, gab es zwei Kirchen und zwei Schulen, letztere natürlich einklassig. Die Schuljahre 1 bis 8 erhielten in einem Raum und von einem Lehrer zur selben Zeit Unterricht. Ein wahrer Virtuose der Pädagogik war unser Herr Lehrer Paul Wolle – von uns „Paulchen" genannt.

Unsere Verbindung zur „großen, weiten Welt“ bestand in einem Postauto, das zweimal täglich verkehrte und auch Fahrgäste zur Kreisstadt Schwiebus und zurück beförderte. Der Bahnhof einer Nebenbahn lag etliche Kilometer entfernt und wurde daher von uns wenig genutzt; Hauptfortbewegungsmittel war das Fahrrad.

Ganz und gar nicht unwichtig für die nachfolgenden Ereignisse war die geographische Lage unseres Dorfes. Wir finden es in einem der Kreise jenseits der Oder, die damals noch zur Mark Brandenburg gehörten, heute aber auf polnischem Gebiet liegen. Knapp 20 Kilometer ostwärts von uns begann der polnische Staat.

1936 hatten sich Landvermesser im Dorf einquartiert und einige hundert Meter westwärts eine emsige Tätigkeit entfaltet. Danach entstand etwas außerhalb unseres Dorfes ein Barackenlager des Reichsarbeitsdienstes, jener Organisation, in der alle jungen Männer ein Jahr dienen mußten, um Erd- und andere Bauarbeiten zu leisten. Dafür wurden sie mit 0,25 RM pro Tag entlohnt.

„25 Pfennig ist der Reinverdienst, ein jeder muß zum Arbeitsdienst, und dann zum Militär“, sangen die Arbeiter nach der Melodie vom „Schönen Westerwald“. Wir liefen nebenher und brüllten kräftig mit.

Ziemlich rasch verwandelte sich die Landschaft im vermessenen Gebiet vom Nischlitzsee im Norden bis weit nach Süden hinunter in eine riesige Baustelle. Neben den Männern des Arbeitsdienstes siedelte sich ein ganzes Heer von Bauleuten aller Art, vom Arbeiter bis zum Bauingenieur, in allerlei Unterkünften an. In unser verschlafenes Dorf wehte ein recht frischer Wind; Kaufleute, Gaststätten, Handwerker profitierten vom Baugeschehen; viele Leute verschafften sich durch das bis dahin völlig unbekannte Zimmervermieten erfreuliche Nebeneinkünfte. Also stimmte es, was der „Führer“ angekündigt hatte: Arbeit und Brot für alle – oder?

Für uns Kinder war’s natürlich eine besonders aufregen-

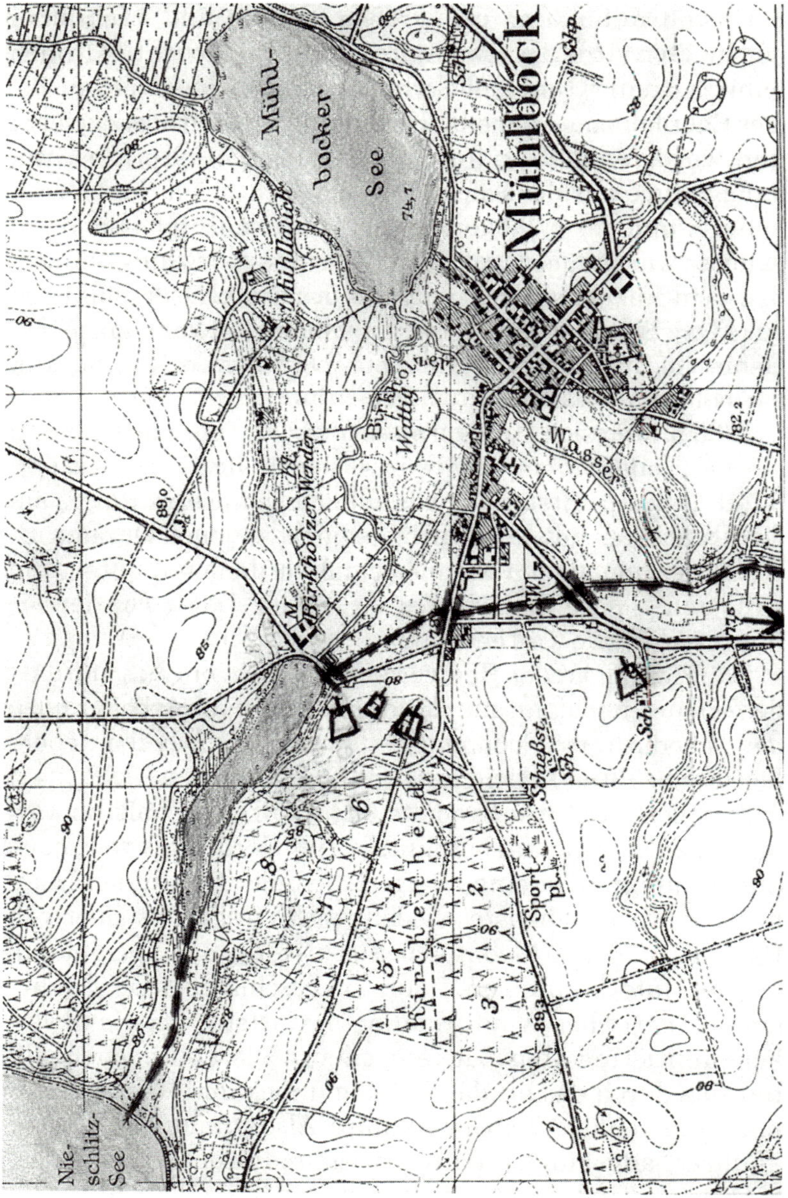
Mühlbock
Mühl-
bocker
See
Nie-
schlitz-
See
Wasser
Birkholzer Werder
Kirchenheide
Sport
pl.
Schießst.

de Sache, und trotz Geländeabsperrungen und wachsamen Fachleuten steckten wir unsere Nasen möglichst tief in alles hinein. Lauter Dinge, die wir bis dahin höchstens von Bildern her kannten, umgaben uns nun. Bagger fraßen sich ratternd, knirschend und qualmend durch Sand-, Kies- und Lehmschichten; kleine Feldbahnlokomotiven keuchten dampfend, Kipploren in langen Reihen ziehend, durchs Land und transportierten das ausgehobene Erdreich irgendwohin.

Fast alles bewegte sich damals noch mittels Dampfantrieb. Dazu brachten Lastkraftwagen ungeheure Mengen Steinkohle heran, die pausenlos von den Baggern, Feldbahnen und später auch Dampframmen verschlungen wurden.

Damit lüftet sich nun endlich das Geheimnis unserer späteren „Kohleförderung“. Dort, wo man die Kohle abkippte und von wo aus die Arbeitsmaschinen beschickt wurden, blieben beachtliche Reste zurück. Von Fahrzeugen und der Eigenschwere in den Sand gedrückt, teils auch mit Sand überschoben, bescherten uns diese Rückstände das kostenlose Brennmaterial. Aber so weit war es zunächst noch nicht.

Allmählich konnte man erkennen, wie ein geradliniger, tiefer Wasserlauf entstand – ein Kanal. Gemessen an unserem Fließ, so nannte man hier kleine Flüßchen, erreichte er mächtige Dimensionen. Wir erfuhren von ebensolchen Vorhaben andernorts, und es wurde deutlich, daß sich dieser Ka-

---

Links:
Der Festungsbau westlich von Mühlbock, etwa 70 km östlich von Frankfurt/Oder, von den Einheimischen auch „Ostwall“ genannt.
Auf der Topographischen Karte sind die Bauten eingezeichnet:

— — die gestrichelte Linie zeigt den neugebauten Kanal, der, vorhandene Seen und Wasserläufe einbeziehend, links oben bis zum Nieschlitzsee (Nieslysz-See) führt,

= die versenkbaren Brücken und

 die geschützbestückten Bunker,

↓ 500 Meter südlich des Pfeils lag unser „Kohlebergwerk“, dort gruben Großvater und ich Steinkohle aus dem Sand.

nal, vorhandene Seen und Wasserläufe einbeziehend, im Abstand von etwa 20 bis 30 Kilometern zur Grenze, von Nord nach Süd, durch unseren Kreis zog. Also eine Schiffahrtslinie? Weit gefehlt, doch sehen wir weiter!

An allen Stellen, wo Wege und Straßen den neuen Wasserlauf querten, tat sich hinter hohen, dichten Bretterzäunen besonders Geheimnisvolles. Behelfsbrücken daneben dienten zunächst dem normalen Straßenverkehr. Hinter den Brettern aber donnerten Dampframmen, mächtige Holzstämme und Profilstahlträger in den Boden drückend, arbeiteten Zementmischer und anderes Gerät. Schwerlaster brachten Eisenträger und andere Konstruktionsteile herbei. Als die Bretter schließlich fielen, bestaunten wir Brücken aus Stahl und Eisenbeton, wie sie bislang in unserer Gegend unbekannt waren.

Da der Kanal erheblich mehr Gefälle hatte als die in kleineren und größeren Bögen sich dahinschlängelnden Fließe, sorgten an jeder Brücke Staustufen für den notwendigen langsamen Wasserfluß. Eigenartigerweise schienen die Stauvorrichtungen über die Höhe der Straße reichen zu können. Die größte Attraktion lag für uns aber in der Tatsache, daß die Brücken versenkbar waren! Bei einer Funktionsprobe sahen wir die östliche Zufahrtseite sich schräg in die Luft erheben und alsdann den gesamten Brückenkörper westseitig in unterirdischen Betonräumen verschwinden.

All diese technischen Raffinessen, der mögliche Hochstau und mit Stacheldraht verbundene Pfähle im Winkel von Straße und Brücke, wiesen unverkennbar auf den Befestigungscharakter des Ganzen hin. Weitere Bauten, die ich bisher nicht erwähnt habe, erhärteten dies. Etwa jeweils einen halben Kilometer westlich der Brücken entstanden zur selben Zeit umfangreiche Anlagen, an Hügel gelehnt, fast völlig in der Erde versteckt. Erkennbar waren flache rundliche Bukkel und andere flache Bauten, getarnt mit auf alt getrimmten Brettern. Darunter verbargen sich Panzertürme und andere Geschützstellungen. Die Komplexe waren teilweise unterirdisch miteinander verbunden und von sehr breiten Gräben umgeben, die völlig mit großbogig ausgerolltem Stacheldraht gefüllt waren. Alles in allem – eine für damalige Verhältnisse recht starke Bunkerlinie, deren Vorfeld durch das Anstauen des Kanals breit überflutet und nach dem Einziehen der Brücken unpassierbar gemacht werden konnte. Sie zog sich von nun an westlich vom Dorf, von Norden nach Süden verlaufend, durch unsere Landschaft.

Auch die Panzerturmtransporte während der Bauperiode ließen darauf schließen, daß diese Linie nicht nur bei uns errichtet worden war. Sah mein Vater von seiner Dachstubenwerkstatt her einen Transport herannahen, rief er nach unten, daß „wieder einer kommt". Großvater und ich eilten dann vor's Hoftor. Von mächtigen Schleppern gezogen, rollte alsbald der etwa acht Meter hohe, mit Segeltuch abgedeckte Koloß auf einem viel- und breiträdrigem Tieflader durch das Dorf zu seinem Bestimmungsort. Es mögen so an die fünfzig dieser Ungetüme unseren Ort passiert haben.

Der „Führer" hatte, wie seine Parteigänger im Ort stolz verkündeten, der Ostgrenze des Reiches mit diesem Befestigungswerk sicheren Schutz angedeihen lassen.

Doch gab es auch andere Ansichten, die natürlich nicht laut werden durften und von denen mir meine Mutter viel, viel später erst erzählte. Zum einen wurde klar, daß unser Dorf im Ernstfall auf der „Feindseite" und im Feuerbereich der Bunker lag. Zum anderen fragten sich nicht wenige, ob dem relativ schwachen Polen gegenüber solch ein Aufwand nötig gewesen sei.

Im Frühjahr 1939 war die Bautätigkeit beendet, alle Spuren im Gelände weitgehend beseitigt. Rund um die Befestigungen und auf den Kanalböschungen begann Gras zu grünen, um erstere auch angepflanztes Gesträuch. Das Arbeitsdienstlager verschwand, die anderen Arbeiter ebenfalls; die dörfliche Idylle schien wiederhergestellt.

Einmal noch herrschte große Aufregung im Dorf – es hieß, der „Führer" samt Gefolge würde die Anlagen inspizieren! Niemand wußte jedoch genau, wann das sein sollte, und als wir eines Tages von der am entgegengesetzten Ortsende gelegenen Schule heimkamen, erfuhren wir, daß die ganze Kavalkade vormittags ohne großen Aufenthalt das Gelände passiert hatte. War das eine Enttäuschung!

Etwa zum Sommerbeginn geschah wieder etwas Interessantes für uns Jungen. An den Brücken verstärkte man die Stacheldrahtverhaue, und längs der Chaussee vor den Bunkern wurden neue Verhaue angelegt. Jede Brücke bekam eine Brückensicherung, bestehend aus etwa einem Dutzend Soldaten. Sie kampierten in Zelten. Natürlich freundeten wir uns bald mit ihnen an. Oft lagen wir in den Zelten, sahen zu, wie ein Gewehr auseinandergenommen wird, und durften es auch bald selbst probieren. Wir lernten auch scharfe Munition kennen, was mein Vater zunächst nicht recht glauben wollte. Seine Gespräche mit dem Großvater und anderen Leuten klangen zunehmend besorgter. Immer häufiger war von Polen die Rede.

Wir nervten inzwischen unsere Mütter. Da die Soldaten unregelmäßig verpflegt wurden, schickten sie uns los, ordentlich was zum Futtern ranzuholen. Dicke Wurst- und Speckstullenpakete vertieften unsere gegenseitige Sympathie.

Als die Sommerferien begannen, hatten wir tagein, tagaus unsere höchst interessante Beschäftigung. Die steigerte sich noch, als es im August Einquartierung gab. Eine Batterie 15-cm-Haubitzen zog ins Dorf. Auch unsere Bodenkammer beherbergte zwei Artilleristen. Nun reichten die Tage uns fast nicht mehr aus, um alles zu erkunden, angefangen von den mächtigen Raupenketten-Zugmaschinen über die Kanonen selbst bis hin zur Feldküche, aus der für uns gelegentlich ein Schlag abfiel.

Eines Tages rückte die Batterie ab – es war einer der letzten Augusttage des Jahres 1939.

[Berlin;
November 1938]

Günter Barth

Scherben auf der Straße

Um zur Schule zu kommen, mußte ich etwa drei Kilometer durch Berlin NO 55/Prenzlauer Berg laufen, ein Stadtteil, der damals ruhig und sauber, von der Existenz eines gutbürgerlichen Mittelstandes geprägt war. Ich war sieben Jahre alt. Und wie das so ist, bot die Welt für einen Jungen in diesem Alter viel Interessantes.

Nur daß an diesem Tag normale Neugier blitzschnell in furchtsame Überraschung überwechselte, als ich wie immer an den mir bekannten Geschäften vorbeilaufen wollte, aber verblüfft stehenblieb, bis man mich dann wegstieß. Ich sollte weitergehen! Wohlmeinende Menschen wollten mir sicher ein bleibendes Entsetzen ersparen.

Scherben auf der Straße, zerstörte Schaufensterscheiben, „Jude", „Judensau", „Rache für Grynszpan", „Juda verrekke" in weißer Schrift auf den Gehwegen und an den Häuserwänden. Menschen in grauen Mänteln und Arbeitsschürzen, die, wie Schläge fürchtend, hin- und herhuschten und weinend die Scherben zusammenfegten. Was da alles an Waren vor mir auf dem Boden lag, faszinierte mich. Was verstand ich als Kind schon von Schreibmaschinen, Unterwäsche, Lebensmitteln oder Schreibwaren en gros und en détail!

Ich weiß nicht mehr, wie der Unterricht an diesem Tag ablief. Natürlich war ich zu spät gekommen, aber Lehrer Frenzel – er gehörte später zu den Bombenopfern – der die

Aufruf zum Boykott jüdischer Geschäfte an einer Berliner Litfaßsäule. Foto: Landesbildstelle Berlin.

Güte in Person, aber auch sehr vorsichtig war, hatte mich nicht bestraft.

Auf dem Heimweg traf ich Großmutter. „Warum das alles?“ „Wer hat das gemacht?“ wollte ich wissen.

Eigentlich wäre es nicht notwendig gewesen, daß Mutter und Großmutter mich mit einem Mantel besonderer Fürsorge umhüllten. Das sollte wohl meiner Seele, die durch das Gesehene in Unruhe versetzt war, guttun. Aber Berlin war für einen munteren, an seiner Umwelt interessierten Jungen kein Ort, der für Ängste viel Platz ließ.

Meine Tante Käthe, 1,40 Meter im Quadrat, Ehefrau eines in „Schutzhaft“ befindlichen Journalisten, sprach hinter sorgsam verschlossenen Türen von „Banditen“ und „Verbrechern“. Dabei hatten sie vergessen, die Jalousien des die beiden Zimmer verbindenden Kachelofens zu schließen, was mich als Lauscher natürlich außerordentlich befriedigte. Nein, meine Bezugspersonen waren keine Widerstandskämpferinnen.

In der Schule wurde uns beigebracht, daß Juden „etwas Besonderes“ seien, das „nicht zu uns“ gehöre. Wobei „uns“ ein sehr weiter Begriff war. Herschel Grynszpan, ein „Strichjunge und Jude“, hatte in der Pariser Botschaft des Reiches den Gesandschaftsrat erstochen, daher das Ganze. Ein Vorwand?

Ein Junge von sieben Jahren kann noch nicht differenzieren, das können nur Erwachsene mit ihrem Wissen und ihren Lebenserfahrungen. Ich muß das Erlebte als singuläres Ereignis „abgehakt“ haben, wenngleich ich es schon für schlecht hielt, wenn Menschen verhauen wurden.

Einige Jahre später, ich registrierte es bereits mit gewissem Verstand, sollte es noch schlimmer kommen. Es war schon sehr nachdenkenswert, als viele Nachbarn „abgeholt“ wurden. Doch das ist ein anderes Kapitel.

[Landkreis Wegscheid;
1933–1941]

Volker Stutzer

Des Depperl-Sepperl Leben und Sterben

Als ich 1933 in die Schule kam, wohnte meine Familie schon seit Jahren in einem Haus außerhalb des Dorfes am Rand eines großes Waldes. Mitten darin war im Ersten Weltkrieg ein Graphitbergwerk angelegt worden, um das kostbare schwarze Mineral für die Waffenproduktion zu gewinnen. Unser Haus war für den Grubeningenieur gebaut worden, und mein Vater hatte es gekauft, weil es leerstand. Das Werk war nach Kriegsende geschlossen worden. Für die in Gruben und Aufbereitung eingesetzten kriegsgefangenen Serben, Franzosen und Russen waren neben den Schächten und Klärbecken Baracken entstanden, die nun auch frei waren. Sie wurden in Wohnungen aufgeteilt und an Männer billig vermietet, die von der Front heimkamen und nicht wußten, wohin mit ihren jungen Familien. Erst bekamen sie Arbeit beim Stillegen des Bergwerks und den Sicherungsarbeiten der Schächte und Stollen, dann mußten sie sich bei den Bauern oder Handwerkern verdingen. Es waren arme Leute.

Mit seiner jungen Frau Hedwig und dem neugeborenen Buben Sepp war auch der Ludwig in die Baracken eingezogen. Mein Vater beschäftigte ihn oft im Garten und meine Mutter holte die Hedwig zum Waschen und Bügeln. Deshalb wurden wir bald gut Freund mit den Nachbarn aus der Waldmitte. Und meine Eltern erfuhren, warum der kleine Sepp „so g'spaßig" war, wie seine Mutter in ihrer Mundart sagte.

Seine „G'spaßigkeit" bestand darin, daß er nicht richtig sprechen lernte, beim Gehen ungelenke Bewegungen machte und oft in tobende Wut verfiel. Er trat dann gegen die Wände oder auch auf Kröten oder große Käfer auf den Waldwegen.

Die Hedwig erklärte sich die Seltsamkeit ihres Sepperl damit, daß sie ihn als Baby auf dem Küchentisch hatte liegenlassen, um in das kleine Gärtchen bei den Baracken zu gehen und Salat abzuschneiden. Als sie wiederkam, war der Sepperl heruntergefallen auf den Fußboden und hatte eine offene Wunde am Kopf.

Die armen Leute in den Waldbaracken besaßen in den schweren Jahren nach dem Krieg kein Geld für einen Doktor. Und der nächste wohnte und praktizierte 20 Kilometer weit weg. Wie sollte man hingelangen? Deshalb hatte die Hedwig den Sepperl auf den Arm genommen und war durch den Wald und über sumpfige Wiesen eine Viertelstunde lang gegangen bis zur alten Mechthild. Diese lebte allein in einem schiefen Holzhaus ganz nah an der Grenze. Die Leute sagten von ihr, sie könne Krankheiten durch „ansagen" heilen, und deshalb war sie die „Osangerin".

Von der Mechthild wurden in drei Pfarreien Wunderdinge erzählt. Daß sie Warzen besprechen und damit wegzaubern konnte, war selbstverständlich und nicht der Rede wert. Daß sie für das „harte Husten" wirksame Salben, für offene Beine Umschläge aus gekauten Blättern hatte, nahmen die Leute gern an. Geredet wurde aber viel über ihre Kuren mit schimmeligem Brot für eiternde und schlecht heilende Wunden. Und daß sie einen offenen Knochenbruch mit einem Verband aus alten saftgetränkten Tabakbeuteln und Haselnußstöcken als Schienen tadellos geheilt hatte, nahm ihr nur der Doktor übel. Die alte Osangerin besaß noch eine Kunst, die vor allem junge Mädchen und allzu geplagte Mütter in Anspruch nahmen. Sie mischte ein Tränklein, das man verwendete, war man nicht der Meinung des Pfarrers, viele Kinder seien ein Segen.

Die Baracken im Wald, wo der Depperl-Sepperl und seine Eltern lebten. Heute wuchert dort Gestrüpp, die Gebäude sind längst abgerissen. (Foto: Volker Stutzer)

Meine Mutter redete über so etwas, wenn sie meinte, wir Kinder seien außer Hörweite. Aber sie unterschätzte uns, wie alle Mütter es tun. Deshalb wußten wir auch, daß die alte Mechthild Mohnbrei zubereitete und in kleinen Leinenbeutelchen billig verkaufte. In allen Familien mußten die Frauen und Mütter mitschuften und wenn es nur beim Seegrasraufen für den Polsterer oder beim Pilze- und Beerensuchen war. Deshalb steckten sie ihren Babies die praktischen Beutelchen der Osangerin als „Ditzl" in den Mund und fanden die lästigen Bamsen dann beim Heimkommen sehr tief schlafend vor.

Die Mechthild hatte sich den Sepperl sehr lange angeschaut und dann zur Hedwig gesagt, er stirbt nicht, aber er bleibt ein Depperl sein Leben lang und niemand kann etwas daran ändern. „Das Hirn hat's ihm 'prellt!"

Damit mußte die Familie zufrieden sein und zog den Depperl-Sepperl so gut und liebevoll auf, wie es nur ging. Er wurde nicht zurückgesetzt gegenüber seinen nachkommenden Geschwistern und auch nicht mehr geschimpft und gehauen als die. Wie es eben der Brauch war.

Meine Eltern hatten sehr festgefügte Vorstellungen von dem, was ein praktizierender Christenmensch zu tun und vor allem zu lassen hatte. Deshalb holten sie den Sepperl ebenso wie die anderen Kinder meines Alters an unseren Tisch, wenn die spielende Bande in den Garten gekommen war. Meine Mutter wollte Tischmanieren unters Volk bringen, veranstaltete Orgien des Händewaschens und manchmal gelang es ihr sogar, die Hälse mit einzubeziehen. Sie hatte mit Porzellan und Silberzeug gedeckt und, obwohl mein Vater meinte, sie ginge zu weit, lehrte sie die Kinder, sich rings um den Tisch an den Händen zu fassen und „gesegnete Mahlzeit“ zu wünschen. Sie war auch emsig beim Lehren des Gebrauchs von Messer und Gabel, verstieg sich mitunter zu Servietten – kurzum, sie richtete Verheerungen in den Gemütern meiner Spielkameraden an. Was die zu Hause erzählten und taten, weiß ich nicht. Nur sagte meine Mutter manchmal von dieser oder jener Frau aus den Baracken, sie schaue sie beim Kirchgang sehr seltsam an. Die meisten Mannsbilder dagegen lachten mit meinem Vater, wenn sie ihn trafen. Er war im Arbeitsamt für sie zuständig. Niemals aber wurde einem Kind verboten, zu uns zu gehen. Auch dem Sepperl nicht.

An dem erlebte meine Mutter aber ihr Waterloo. Der Sepperl lernte und lernte es nicht! Er war willig, aber wie mein Vater sagte, hatte wohl der Fall vom Küchentisch nicht nur das Sprachzentrum gestört, sondern auch im übrigen Hirn ein paar Schrauben und Federn durcheinandergemischt. Er hielt uns die alte Taschenuhr vor's Ohr und sagte, auch der Sepperl ticke nicht richtig. Darauf müsse man Rücksicht nehmen. Die Leute sagten, er sei ein Depperl. Und nahmen es einfach hin. Wir Kinder auch, ohne weiter zu fragen.

Der Sepperl war zwei Jahre älter als ich, groß und stark,

denn am Appetit fehlte es ihm nicht. An die seltsamen Bewegungen seiner Gliedmaßen hatten sich er und wir gewöhnt, und seine nuschelnde, langsame Redeweise wurde ohne Probleme verstanden. Der Sepperl und ich wurden so etwas wie Freunde. Denn ich war weder kräftig noch ein Held, und der Spielkamerad sah darin eine unausgesprochene Herausforderung, mich bei Raufereien zu schützen und herauszuhauen. Er war mein williges Zugpferd, er schleppte mich in einem kleinen, hölzernen Leiterwagen die Sandstraße entlang, wurde auch nicht böse, wenn ich ihm die Schnur der selbstgemachten Peitsche um die nackten Waden schnalzte. Das Depperl war „voll integriert", aber niemand redete davon.

An eines konnte ich mich allerdings nie gewöhnen. Der Sepperl strömte einen starken Geruch aus. Er stank. Bei ihm zu Hause war weder Zeit noch Gelegenheit zu römischem Badeluxus. Wasser mußte aus einem tiefen Brunnen mühsam gepumpt werden, Seife war teuer und die Hedwig war sehr abgehärtet gegen den Mief durch den Umstand, drei Ziegen in einem Verschlag hinter dem Haus zu halten. Die Tiere machten sich öfter einmal selbständig, kamen in die Küche, schauten sich neugierig um und, die vom Ludwig selbstgebaute Sitzbank ohne Lehne als Zwischenstation benützend, sprangen sie auf den Tisch und standen dann zusammen mit ein paar Hühnern meckernd und gackernd darauf. Was die Hedwig dazu brachte, einen großen, hölzernen Kochlöffel zu schwingen und die Tiere unter dem Ruf: „Enk lern i a Büldung!" (Euch werde ich Manieren beibringen!) hinauszujagen.

Im Jahr 1933, als Hitler und seine Partei die Macht übernahmen, kamen der Depperl-Sepperl und ich in die Schule. Er wäre ja schon eher darangewesen, das „Fräun", wie die Schulleiterin allgemein genannt wurde, ohne Rücksicht auf ihren Familienstand, stellte ihn jedoch immer wieder zurück.

Wir Kinder hatten das, was damals die „Kampfzeit" hieß, aus unserer Zwergenperspektive wohl wahrgenommen. Ich besonders, denn da mein Vater das einzige Radio weit und breit besaß, kamen viele Männer aus der Nachbarschaft vor angekündigten Hitlerreden zu uns, stellten ihre Holzschuhe vor der Tür ab und setzten sich nach Räuspern und Entschuldigungen auf die altväterlichen, hochlehnigen Stühle um den großen Speisetisch. Dann hörten sie andächtig zu, was ihnen so laut und in so vielen Variationen versprochen wurde und wollten gern daran glauben, denn es ging ihnen allen schlecht.

Ich aber hockte unter dem Tisch und kitzelte die Männer durch ihre großen Socken an den Fußsohlen. Sie zuckten und wetzten, sagten aber aus Respekt vor meinem Vater kein Wort und litten bis zum Ende. Das ist die Ursache dafür, daß in meinem Bewußtsein seitdem Hitlerreden verbunden waren mit dem Geruch schweißiger Arbeiterfüße, dem Kribbelkratzen selbstgestrickter Schafwollsocken und dem Rühren und Zappeln vieler Beine unter einem großen Tisch.

Kaum war der Frühling 1933 gekommen, da wollten die Erwachsenen in meiner kleinen Welt den Fackelzug zur Machtübernahme nachholen, den ihnen ein scharfer Winter am 30. Januar vermiest hatte. Es wurde lange vorher darüber geredet, und die Väter im und am Wald gaben nur zu gern dem Drängen ihrer Buben nach. Deshalb standen wir alle am Straßenrand und sahen den Uniformierten zu, die, schrecklich falsch singend, durch den Ort zogen und Fackeln trugen, deren herabtropfendes Pech ihnen die Hände versengte.

Ein paar Tage später winkte mir der Sepperl sehr dringend aus einem Haselnußgebüsch heraus, in dem er sich versteckte, wenn er sich wegen eines angerichteten Unfugs nicht heimtraute. Ich lief hin, und er zeigte mir zwei Fackeln. Er hatte sie gestohlen. Denn zu den von meinem Vater diagnostizierten durcheinandergeratenen Schrauben und Federn in seinem Hirn gehörte auch ein fehlendes Unterscheidungsvermögen von Mein und Dein.

Der Sepperl hatte immer Zündhölzer einstecken und er forderte mich auf, mit ihm im dichten Unterholz zu verschwinden und dort die Fackeln auszuprobieren. Das taten wir beiden Dummköpfe denn auch: Der Sepperl strich ein Hölzl nach dem anderen an, bis es ihm gelungen war, die Fackeln anzuzünden. Wir paradierten hin und her und grölten dazu. Und dann fingen die dürren Äste an zu brennen!

Der Sepperl schrie: „Oh mei, oh mei, da Vatta haut mi!“, warf die brennende Fackel auf den Waldboden und rannte mit Armen und Beinen schlenkernd davon. Einen Augenblick lang war ich versucht, es ihm nachzutun, dann gewann aber doch die Vernunft die Oberhand und es fiel mir ein, was mein Vater immer gesagt hatte: „Steh’ zu dem, was du tust!“

Ich lief, die brennende Fackel hoch emporgereckt und damit weitere dürre Äste anzündend, aus dem Unterholz auf die große Wiese vor dem Haus. Dazu kreischte ich wie ein verwundetes Tier. Mein Vater wurde aufmerksam, hatte mit einem Blick die Lage erfaßt und rannte mit zwei Eimern, aus denen Wasser schwappte, herbei. Er versuchte, das Feuer zu löschen, aber das ging nicht so einfach.

Da aber kam der Ludwig heran, riß einen großen Tannenast ab und schlug auf die Flammen ein. Er hatte den Sepperl heranhoppeln sehen und roch ihm die Untat an, und zwar buchstäblich, denn das brennende Fackelpech war dem Zündler über den Janker gelaufen und gloste noch. Mein Vater und der Ludwig löschten noch rechtzeitig vor dem Ausbrechen eines Forstfeuers die Flammen.

Ich wurde streng ermahnt, und mein Vater tat das, was er immer tat, er erklärte, warum man Fackeln nicht im Unterholz anzündet und wie man sie ablöscht, indem sie in den Boden gestoßen werden. Der Sepperl war dazugerufen worden und hörte mit offenem Mund zu. Aber er verstand, daß mein Vater den Ludwig davon abhielt, seinen Buben zu schlagen. Nachher fiel mir auf, daß der Sepperl meinen Vater immer mit einem seltsamen Blick anschaute, in dem sich Angst,

Respekt, Dankbarkeit und Verehrung mischten. Aber er hat meinen Vater nie angeredet und auf Fragen nur mit Kopfnicken oder -schütteln geantwortet.

Eigentlich war der Depperl-Sepperl für den Schulbesuch nicht geeignet. Er konnte weder auffassen, was gesagt wurde, noch konnte er antworten oder Aufgaben machen. Aber er hatte einen Ranzen, eine Tafel mit einem Schwamm daran und eine Griffelschachtel. Wir gingen jeden Tag gemeinsam zur Schule. Erst kam er aus dem Wald heraus zu meinem Elternhaus, vor dem ich schon wartete, und wenn nicht, stieß er eine Art Juchzer aus. Dann lief ich aus der Tür, und wir gingen gemeinsam. Wir redeten nach Kinderart allerhand daher, mir gegenüber war der Sepperl gesprächig, wenn auch nicht gerade brillant in seinen Ideen. Mir genügte es aber. Stecken schneiden, Angelhaken hämmern, Pfeiferl machen, Pfitzipfeile schnitzen, Geißelschnüre drehen, die „richtig schnalzten" – das waren seine Künste.

Wir wurden älter und spielten nicht mehr Roß und Fuhrmann, schusserten aber, und manchmal verführte mich der Sepperl zum Schwarzfischen. Er suchte sich am Ufer des Baches eine Stelle aus, wo sich Unterstände für die Forellen befanden, achtete sorgsam auf den Sonnenstand, um keinen Schatten auf's Wasser zu werfen, hielt die offene Hand hinein und wartete, ohne sich zu rühren, darauf, daß eine Forelle direkt darüber schwamm. Dann griff er geschwind zu und schleuderte den Fisch aufs Land. Er „nußte ihn ab", wie er es nannte und briet mir an einem Feuer, das er mit Geschick entzündete, die Forelle. Er hatte darin Routine und führte in einer kleinen, eigentlich für eine Uhr bestimmten Tasche im Jackenfutter loses Salz mit sich.

Daraus ist schon zu ersehen, daß das Depperl-Sepperl auf seine Weise lebenstüchtig war. Allerdings traf ich jetzt immer öfter den Ludwig in ernstem Gespräch mit meinem Vater an. Die Männer tauschten ihre Meinungen aus, was wohl aus dem Buben werden könne. Er blieb in der Schule immer in der gleichen Klasse, das heißt, „das Fräun“ hatte ihn in den dritten Kurs, wie wir es nannten, befördert, denn bei den Sechs- und Siebenjährigen konnte er denn doch nicht bleiben. Da der dritte Kurs in der Dorfschule zusammen mit dem vierten in einem Raum unterrichtet wurde und die Kinder bis 11 und 12 Jahre alt waren, paßte der Sepperl dazu, und „das Fräun“ konnte ihn immer im Auge behalten. Das erwies sich als nötig.

Es kam das Jahr 1938, und wir Kinder erlebten in ungeheurer Aufregung den Vorbeimarsch der deutschen Truppen, die ins nahe Österreich einrückten. Sie bewegten sich durch unseren Wald auf der schmalen Straße, die einmal für die Graphittransporte gebaut worden war. Wir rannten die marschierenden Kolonnen auf und ab, staunten die Geschütze und die vier oder sechs Pferde an, die sie zogen, und beobachteten ehrfürchtig die Offiziere mit ihren Ferngläsern vor der Brust, in Kübelwagen sitzend, die von Fahrern im Stahlhelm gelenkt wurden.

Es war um diese Zeit, daß ich an Sepperl eine mir unverständliche Veränderung bemerkte. Er wollte nicht mehr fischen gehen, er machte keine Pfeiferl mehr, und einmal ertappte ich ihn dabei, wie er ein Vogelnest ausnahm und die noch nicht flüggen Jungen mit einem Grinsen, das ich bis dahin noch nicht an ihm gesehen hatte, umbrachte. Ich schimpfte sehr mit ihm und weil er, statt wie sonst mit einer verzeihungsheischenden Geste zu antworten, nach mir schlug und böse brummte, bekam ich Angst und rannte heim.

Den Eltern fiel auf, daß der Sepperl fast gar nicht mehr kam und ich auch nicht mehr zu den Baracken rannte. Meine Mutter fing an, vage herumzureden und wollte wissen, ob etwas passiert sei, aber weil ich nicht verstand, was sie meinte, brachte ich endlich mühsam heraus, daß der Sepperl jungen Vögeln den Hals umgedreht hat.

Mein Vater redete sehr ernst mit dem Ludwig und der haute den Sepperl. Bald jedoch bekam er noch mehr Anlaß dazu, denn aus dem Dorf drang ein Gerede in den Wald, der Sepperl sei „dabei“ erwischt worden. Was dieses „Dabei“ war, konnte ich nicht herausfinden, es fiel mir aber auf, daß die Lehrerin die älteren Mädchen nach Schulschluß dabehielt und lange mit ihnen sprach. Sie waren dann ganz „damisch“, wie es in der Bubensprache hieß, und mehrere Wochen lang verdonnerte „das Fräun“ ältere Buben dazu, mit dem Sepperl aus dem Dorf und bis in den Wald zu gehen und ihn nicht mit den Mädchen allein zu lassen.

Dann kam ich ins Gymnasium, und weil es weit weg war, taten mich die Eltern in ein Internat. Ich verließ Volksschule und „Fräun“ und wurde „ebbs Bessas“, wie die Hedwig zu meiner Mutter sagte. Sie war vor Kummer um ihr Depperl ganz grau geworden.

Das neue Leben nahm mich gefangen. Kinder entwickeln sich schnell, und ich hatte die Baracken im Wald, die dort wie die Schwammerl heranwachsende große Kinderschar und den Sepperl fast vergessen, als ich im Jahr des Kriegsausbruchs plötzlich mit einer derart brutalen Erwachsenenwelt konfrontiert wurde, daß mir der Schock davon noch heute in den Knochen sitzt.

Ich kam im Dampfzug am Wochenende heim und traf in der Küche die Hedwig an. Es war der Bügeltag, und damals mußten die „Rutscherl“ genannten Bügeleisen noch auf dem Herd heiß gemacht, mit einem abnehmbaren Griff aufgehoben und mit spucke-nassem Finger auf die richtige Temperatur geprüft werden. Das tat die Hedwig auch wie immer, aber ihr Gesicht war tränennaß und sie schluchzte.

Die Hedwig und ich hatten seit Jahren ein besonderes Verhältnis zueinander. Sie liebte ihr armes Depperl-Sepperl und wollte nur Gutes für ihn. Und weil ich mich mit dem Buben verstand, ihn nie verspottete wie andere Kinder, ihn natürlich auch nicht haute, sondern mit ihm spielte und ihm etwas schenkte, liebte sie mich auch. Zwar wortlos, aber dafür um so inniger. Schimpfte mich meine Mutter einmal und hörte es die Hedwig, murmelte und grummelte sie vor sich hin. Offenbar wollte eine Verteidigungsrede fürs „Buarli“ aus ihr heraus, wurde durch den Respekt vor meiner Mutter aber am Verlassen der Lippen gehindert. Dafür jedoch nahm die Hedwig die nächste sich bietende Gelegenheit wahr und strich mir mit der Hand sanft übers Haar. Ich habe von keiner arbeitsharten, vom vielen Waschen roten Hand einer Frau je wieder eine so liebevolle Berührung erlebt.

Nun aber weinte die Hedwig, und als ich sie fragte, was sie hat, sagte sie fast unhörbar, daß der Sepperl gestorben sei. Es gab mir einen scharfen Stich ins Herz. Der Tod war mit bisher nur eine Geschichte in einem Buch gewesen. Nun hauchte er mich plötzlich eiskalt an.

Ich rannte weg und suchte meine Mutter. „Warum ist der Sepperl gestorben? Wann ist die Beerdigung?“

Meine Mutter schaute mich mit einem so ernsten, so steinernen Gesicht an, daß ich heftig erschrak. Sie kämpfte um Worte, und das war mir an ihr so ungewohnt, daß ich zu weinen anfing. Es schien etwas Entsetzliches passiert zu sein.

„Du lieber Gott, wie soll ich es dir denn sagen?“ fing meine Mutter nach einer peinlichen Pause an, zog mich neben sich auf das Sofa, schluckte ein paarmal und sagte dann: „Du bist vielleicht noch zu jung, um alles zu verstehen. Aber niemand kann es dir ersparen, deshalb sage ich es dir. Besser so, als es im Dorf von den Burschen zu hören. Aber gib mir die Hand darauf, daß du es als Geheimnis bewahrst!“

So etwas hatte meine Mutter noch nie zu mir gesagt. Deshalb gab ich ihr eine schweißnasse Hand und schaute sie ängstlich an. Und dann redete sie mit mir in einer betonten und damit verwirrenden Weise ruhig und sachlich von dem mir gut bekannten Umstand, daß der Bub von Ludwig und Hedwig von den Leuten der Depperl-Sepperl genannt worden sei, weil er nicht richtig im Kopf war, damisch halt, wie man es nannte. Ich nickte dazu, denn es war mir wohlbekannt und vertraut.

Meine Mutter gab sich dann Mühe, mir klar zu machen, daß die Menschen miteinander nur auskommen und leben können, wenn sie Gesetze und Regeln einhalten und jeder etwas Tüchtiges lernt und für sich selber sorgt. Und sie sagte, es sei mir doch klar, daß der Depperl-Sepperl dazu nie imstande gewesen sein wäre. Er war eine Last für die Allgemeinheit und wäre es immer geblieben. Und eine Gefahr außerdem. Er habe gestohlen und sei mit Zündhölzern in die Scheunen der Bauern gegangen, setzte meine Mutter fort, und er habe die Mädchen im Wald ausgezogen. Er war schon jetzt gefährlich und wäre mit den Jahren immer gefährlicher geworden ...

„Deshalb haben die Männer im Dorf über ihn Rat gehalten, haben die Kreisleitung eingeschaltet und darauf hingewiesen, daß der Sepperl für die Erbgesundheit des Volkes nicht gut sei, daß er nie heiraten dürfe und besser in einem Heim untergebracht und verwahrt sei als in den Baracken im Wald."

Was Erbgesundheit ist, war mir schleierhaft, aber die biologischen Tatsachen waren mir als Landkind wohlvertraut, und daß die Kinder nicht vom Storch gebracht werden oder, was unter den Kindern eine weit mehr verbreitete Legende war, aus dem Quelltobel gefischt wurden, war mir sichere Gewißheit. Den Sepperl als Vater konnte ich mir auch nicht gut vorstellen, und es wunderte mich deshalb nicht, daß er in ein Heim gebracht worden war. Sicher zu einer Zeit, als ich weg war. Niemand hatte es mir geschrieben. Aber warum war er tot?

„Die Hedwig hat einen Brief bekommen, und darin haben sie ihr geschrieben, daß sich der Sepperl nach einem Bad erkältet hat und an Lungenentzündung gestorben ist. Er ist nicht heimgebracht worden, und man beerdigt ihn auch nicht bei der Kirche wie die anderen Leute. Er ist verbrannt worden und seine Asche haben sie verstreut", sagte meine Mutter und fing zu meinem Schrecken zu weinen an.

Kinder haben mehr Einsicht in das Leben, als die Erwachsenen allgemein annehmen. Ich begriff, daß etwas geschehen war, was man vor mir verbergen wollte. Ich fühlte eine große Unsicherheit, es kam mir so vor, als ginge ich über das Moor am Ende des Waldes, dort, wo der Boden bei jedem Tritt schwankt und braunes Wasser zwischen Wollgras und Sonnentau hervorgurgelt. Aber ich sagte nichts mehr, und weil meine Mutter auch still war, ging ich einfach weg.

Ich rannte im Wald herum, an den Haselnußbüschen vorbei, die dem Sepperl die Angelruten lieferten, zum Bach mit den Forellen, wo ich, schon halb überwachsen, noch die Holzkohlenreste unseres Lagerfeuers sah. Ich ging am Wald entlang und linste zu den Baracken hinüber. Aber niemand war da, kein Erwachsener, kein Kind. Ich war ganz allein in einer schrecklichen Welt.

Je länger ich nachdachte, desto sicherer war ich mir, daß der robuste Sepperl nicht nach einem Bad gestorben war. Brachte man nicht jeden Menschen nach seinem Tod heim und beerdigte ihn mit Pfarrer und Glockenläuten und verbrennt ihn nicht einfach wie eine alte Pappschachtel und verstreut die Asche auf einer Wiese? Ich begriff, daß die Leute im Dorf Schufte waren und die gute Gelegenheit ergriffen hatten, sich die von Parteirednern oft zu hörenden, in der Zeitung stehenden und sogar in der Schule gelehrten Sprüche von der Erbgesundheit und dem lebensunwerten Leben zunutze zu machen, um einen lästigen und vielleicht gefährlichen Burschen loszuwerden. Sie hatten ihn abholen und in einer geschlossenen Anstalt verwahren lassen.

Wie sehr hatte der Depperl-Sepperl wohl geschrien, geweint und sich gewehrt? Wie hatte er aus Angst in die Hose gebieselt? Wie hatten sie ihn behandelt?

Was hatte die Hedwig getan, als sie den Buben wegschafften? Wie ging es ihr jetzt?

In Panik rannte ich heim und fand die Mutter des Sepperl noch immer beim Bügeln. Ich schaute sie an, sie schaute mich

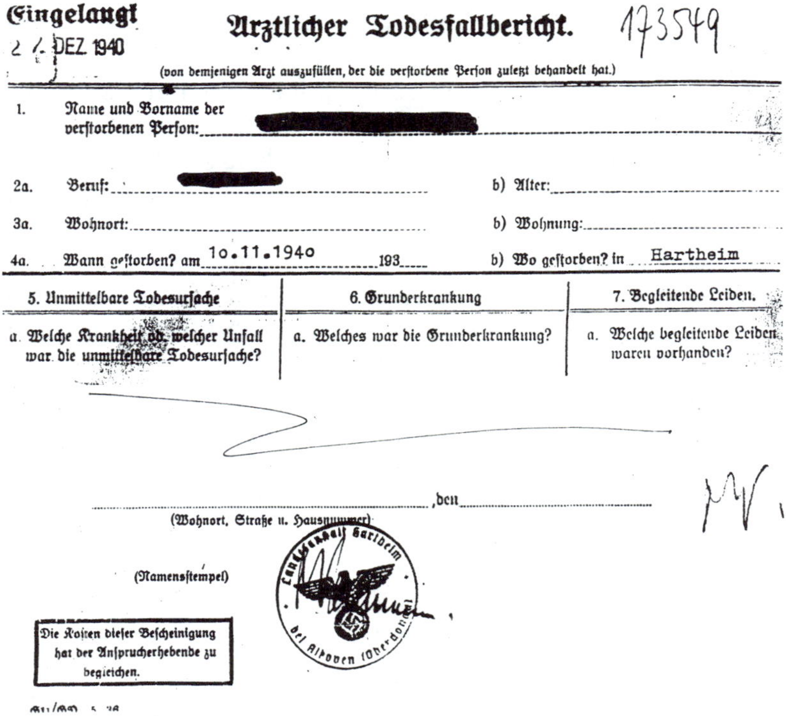

Eingelangt 2 / . DEZ 1940

Ärztlicher Todesfallbericht. 173549

(von demjenigen Arzt auszufüllen, der die verstorbene Person zuletzt behandelt hat.)

1. Name und Vorname der verstorbenen Person: [redacted]

2a. Beruf: [redacted] b) Alter:

3a. Wohnort: b) Wohnung:

4a. Wann gestorben? am 10.11.1940 193 b) Wo gestorben? in Hartheim

5. Unmittelbare Todesursache	6. Grunderkrankung	7. Begleitende Leiden.
a. Welche Krankheit od. welcher Unfall war die unmittelbare Todesursache?	a. Welches war die Grunderkrankung?	a. Welche begleitende Leiden waren vorhanden?

, den

(Wohnort, Straße u. Hausnummer)

(Namensstempel)

Die Kosten dieser Bescheinigung hat der Anspruchserhebende zu begleichen.

Ein Beispiel für die bürokratisch perfekte Abwicklung der Tötung „lebensunwerten Lebens" bietet dieser ärztliche Todesfallbericht vom Dezember 1940.
Als unmittelbare Todesursache wurden meist weit hergeholte Diagnosen sehr seltener Krankheiten oder Allerweltsleiden wie „Erkältung" eingetragen.
Die „Landesanstalt Hartheim/Oberdonaukreis" (nahe Linz/Oberösterreich) war die Tötungsanstalt, dorthin wurden auf Anweisung der Leiter der anderen bayerischen Anstalten die zu tötenden Kranken verlegt.
Der Todesfallbericht ging dann an die absendende Anstalt zurück und wurde auch den für den Wohnort des Getöteten zuständigen Parteidienststellen zugeleitet.

(Quelle: Zeitgenössisches Archivmaterial)

an, sie weinte, ich weinte. Sie nahm mich in die Arme und flüsterte mir ins Ohr: „Umbracht' ham's 'n, n'Sepperl, umbracht!“

Ich habe lange gebraucht zu verstehen und dann zu überwinden, was damals geschehen ist. Verziehen habe ich es nie.

Als erst der Ludwig und dann die Hedwig starben, war ich schon ein Mann in mittlerem Alter, aber ich fuhr heim und ging „auf'd Leich“, wie die Leute hier sagen. Der Hedwig warf ich einen Blumenstrauß ins Grab und hatte einen Zettel zwischen die Stengel gesteckt. Darauf hatte ich geschrieben: „Letzter Gruß vom Depperl-Sepperl!“ Aber ich achtete darauf, daß es niemand sah.

Die so sorgsam um die Erbgesundheit des deutschen Volkes bedachten Leute sind übrigens nicht zur Rechenschaft gezogen worden, und ich habe im Dorf nie mehr ein einziges Wort über den Depperl-Sepperl sagen hören.

Das „Gesetz zur Verhütung erbkranken Nachwuchses“, am 14. Juli 1933 verabschiedet und am 1. Januar 1934 in Kraft getreten, wurde als „gesunde nationalsozialistische Bevölkerungspolitik“ vorgestellt.
Bereits in „Mein Kampf“ hatte Adolf Hitler als „humanste Tat der Menschheit“ bezeichnet, „defekten Menschen die Zeugung ebenso defekter Nachkommen unmöglich zu machen“. 1939 wurden Pläne für eine „Kindereuthanasie“ ausgearbeitet und umgesetzt. Es sollten nicht nur Kinder in Anstalten den „Gnadentod“ (denn das heißt Euthanasie) erhalten, sondern auch alle, die daheim im Elternhaus lebten.
Ab 1941 erhielten die Amtsärzte die Befugnis, unter Drohung des Entzugs des Sorgerechts die Eltern zu zwingen, die Kinder in die sogenannte Kinderfachabteilung der Tötungsanstalten einzuweisen.
Nach wissenschaftlichen Forschungen sind zwischen 1939 und 1945 mindestens 5 000 Kinder auf diese Weise getötet worden.

(Weitere Beiträge dieses Autors finden Sie in dem Band „Wir wollten leben. Jugend 1939–1945“ der Reihe **ZEITGUT**.*)*

[Essen/Ruhr;
Sommer 1939–Juli 1943]

Gretel Hardeland

Meine jüdische Freundin

Meine Großeltern mütterlicherseits wohnten im ersten Stock eines Mietshauses in der Bismarckstraße 15 in Essen. Unter ihnen, im Parterre, hatte Familie Bernhauer eine schöne, große Wohnung mit Zugang zu einem winzigen, wilden Garten. Bis 1939 verbrachten meine Mutter, mein Bruder und ich alle großen Ferien bei den Großeltern, andere Reisen konnten sich meine Eltern nicht leisten.

Paul und Käte Bernhauer waren angesehene jüdische Bürger, sie hatten zwei Töchter. Die ältere, Edith, stammte aus der ersten Ehe Herrn Bernhauers und war etwa gleichaltrig mit meiner Mutter, die beiden waren gut befreundet. Hannelore, ein Kind aus der viel später geschlossenen zweiten Ehe, war knapp neun Jahre älter als ich.

Hannelore war für mich geradezu ein Idol, denn sie hatte und konnte alles das, was mir, wie ich damals meinte, fehlte. Ich bewunderte ihre langen, dunkelbraunen Haare – meine waren kurz, zippelig und blond – und ihre tolle Figur – ich war immer spindeldürr. Sie konnte fließend englisch sprechen, und lange, bevor ich zur Oberschule kam, beschloß ich, daß das mein Lieblingsfach werden sollte. Hannelore erhielt Ballettunterricht und lernte Spitzentanz. Und was das tollste war: Sie konnte Spagat!

Bei Bernhauers fand ich jederzeit Geborgenheit, wurde nicht ausgelacht, wenn ich mal eine Dummheit begangen hatte. Ich lernte nicht nur von Hannelore Englisch oder Spagat, ihr Vater nahm mich oft auf die Knie und erzählte mir tolle Geschichten oder sang mir etwas vor. Bernhauers wußten einfach immer das Richtige für einen Zappelphilipp wie mich und trugen nicht wenig dazu bei, daß ich mich in den Sommerferien im „Kohlenpott" immer prächtig erholte.

Meine Großeltern waren eng mit Bernhauers befreundet und hatten absolut nichts dagegen, daß ich so viel bei ihnen spielte. Warum auch?

Das sollte sich im Sommer 1939, den letzten Ferien vor Kriegsbeginn, ändern. Diesmal kam in den letzten 14 Tagen auch mein Vater nach Essen. Als ich nach seiner Ankunft wie gewöhnlich nach unten gehen wollte, verbot er mir das, zunächst ohne nähere Begründung. Er sagte nur etwas in der Art wie, das ginge eben nicht mehr.

Mutter und Großeltern versuchten zu vermitteln. Ihnen sagte mein Vater, es wäre unverantwortlich, mich mit dem Judenmädchen spielen zu lassen oder gar den alten Bernhauer an mich heranzulassen. Die Erwachsenen schwiegen betreten.

Ich wurde bei den Auseinandersetzungen zwar vor die Tür geschickt, bekam aber doch alles mit. Mit meinen zehn Jahren verstand ich bei Gott nicht, worum es eigentlich ging, ich begriff nur, daß ich nicht mehr zu Hannelore durfte!

Mein Opa nahm mich dann jeden Tag mit, er war Arzneimittelvertreter, aber Autofahren machte mir keinen Spaß. Ich bekam in jeder Apotheke Salmiak- oder Hustenbonbons geschenkt, doch davon wurde mir nur schlecht. Kurzum, die Ferien waren gelaufen.

Ich grübelte auch darüber nach, warum Hannelores ältere Schwester mit ihrem Jungen, der etwas jünger war als ich, in diesem Jahr nicht nach Essen kam. Sie wohnten in Brüssel. Ich hatte damals noch keine Ahnung, wo das liegt, aber er sprach Französisch, und auch das imponierte mir. Ich wußte ja nicht, daß Edith mit ihrer Familie schon frühzeitig vor den Nazis nach Belgien geflüchtet und im Sommer 1939 bereits auf dem Weg in die USA war.

An einem der letzten Ferientage gingen meine Eltern mit mir in die Essener Innenstadt. Es war Feierabendzeit, und am Hauptbahnhof kam uns in einer Menschenmenge Hannelore entgegen. Ich sah nur ihr Gesicht aufleuchten, rannte auf sie zu und stürzte mich in ihre Arme.

Mein Vater kam sofort hinter mir her, riß mich zurück und ohrfeigte mich. Er begann fürchterlich zu schimpfen, weil ich sein Verbot nicht befolgt und mich dem „Judenmädchen" genähert hatte. Was denn die Leute von uns denken sollten? Man dürfe Leute mit dem gelben Stern einfach nicht mehr beachten, und das gelte auch für mich.

Dabei hatte ich ihn nie bewußt wahrgenommen, diesen gelben Stern an Hannelores Kleidung, das war für mich so nebensächlich – zumal ich gar nicht wußte, was er bedeutete. Wenn ich ihn bemerkt und Hannelore oder ihren Vater danach gefragt hätte, ich bin sicher, sie hätten es mir erklärt. Und ich bin mir ebenso sicher, daß der Stern mich nicht hätte hindern können, Hannelore und ihre Eltern zu lieben.

Aber was sollte ich tun? Mein Vater war da und beobachtete mit Argusaugen jeden meiner Schritte.

Was ist aus den Bernhauers geworden?
Edith gelangte mit ihrer Familie noch vor Kriegsausbruch sicher in die USA. Hannelore konnte die allerletzte Möglichkeit überhaupt nutzen, aus Deutschland herauszukommen, und ging ebenfalls in die USA. Wie, weiß ich bis heute nicht. Ihr Vater starb bald darauf, wie meine Großmutter später erzählte, an gebrochenem Herzen. Er wußte sehr wohl, daß er seine Kinder nie mehr sehen würde, und konnte das nicht verwinden. Frau Bernhauer hatte dann nur noch meine Großmutter zur Seite.

Als es für Juden keine Lebensmittelkarten mehr gab, wurde unsere Omi zur Schwarzhändlerin. Sie verkaufte Stück

Meine Großmutter Lilly Schlegel mit mir und meinem Bruder Horst Anfang der vierziger Jahre. Ohne Rücksicht auf Verwarnungen und Verbote kümmerte sie sich bis zur Deportation 1943 als einzige um die jüdische Familie Bernhauer.

für Stück von Frau Bernhauers Schmuck, Silber und anderem und besorgte dafür Lebensmittel oder auch Lebensmittelkarten; überhaupt erledigte sie alles, was Frau Bernhauer nicht mehr tun durfte.

Erst Heiligabend 1944, als wir in Finsterwalde einen russischen und einen französischen Zwangsarbeiter heimlich zu Gast hatten, hat Großmutter uns erzählt, daß sie damals Kopf und Kragen riskierte.

Der NS-Blockleiter, ein Stammtischfreund von Großvater, habe sie eines Tages beiseite genommen. Er hätte längst bemerkt, was sie da machte und für wen das sei, es wüßten auch schon andere in der Straße. Sie müßte sich unbedingt zurückhalten und sollte auch Frau Bernhauer nicht mehr in den Luftschutzkeller mitbringen, er könnte sonst eines Tages nicht mehr für ihr Leben garantieren, auch wenn sie die Frau seines Freundes sei. Aber Omi machte weiter.

Doch eines Tages, es muß vor der Ausbombung im Juli 1943 gewesen sein, wurde Frau Bernhauer abgeholt. Ein langer Zug alter jüdischer Menschen wurde die Bismarckstraße entlanggetrieben. Meine Großeltern mußten es mitansehen. Nie haben sie vergessen, wie es unter ihnen Sturm klingelte, und die arme Frau Bernhauer mit Stöcken aus der Wohnung getrieben wurde. Sie kehrte nicht wieder.

Anfang der sechziger Jahre erhielt ich Post aus Amerika. Hannelore, die sich seit ihrer Flucht Harriet nannte, hatte uns über Umwege gefunden. Sie bat uns um Bestätigungen über ihren Besitz in Essen für sie und ihre Schwester, damit sie entschädigt werden konnten. Ich habe ihr nach und nach alles geschrieben, was sich nach ihrer Flucht in Essen und überhaupt in Deutschland ereignet hat.

Hannelore hat nie wieder ein Wort Deutsch gesprochen oder geschrieben. Sie hat ihre Muttersprache völlig verdrängt. Ich habe sie immer wieder gebeten, doch noch einmal nach Deutschland zu kommen, ich hätte ihr und ihrer Tochter zu gern gezeigt, daß vieles anders geworden ist, aber sie hat es nicht über sich gebracht. Ihre Tochter war übrigens das genaue Ebenbild von der Hannelore, die ich als Kind so verehrt und geliebt habe.

1979 hat Hannelore-Harriet nicht mehr auf meine Briefe geantwortet. Geblieben ist mir die Erinnerung an ein wildes Gärtchen hinterm Haus und eine liebenswerte Familie in Essen.

(Weitere Erinnerungen dieser Autorin finden Sie im Band „Wir wollten leben. Jugend 1939 – 1945" sowie im Folgeband „Jugend 1939–1945" der Reihe **ZEITGUT**.*)*

[Hemer – Bad Sassendorf;
Sommer 1939]

Hermann-Josef Geismann

Unser Fräulein Hedwig

Ich war damals neun Jahre alt. Wie in jedem Jahr wurde im Frühjahr der Urlaub geplant. Meine Eltern wollten im Schwarzwald Ferien machen und meldeten sich in einem Hotel in Herrenalb an. Mein Bruder und ich sollten in ein Kinderkurheim für Jungen nach Bad Sassendorf. Vater meinte, daß das Solewasser uns gut tun würde. Wir sollten es trinken und darin baden. Das würde Erkältungen fernhalten. Die Adresse des Kinderheimes bekam Vater von unserem Hausarzt Dr. Nuttebaum, der gleichzeitig Chefarzt unseres Krankenhauses war.

An einem Samstag im Mai 1939 fuhr uns ein Freund Vaters, der ein Auto hatte, nach Bad Sassendorf. Dort nahmen wir die Anmeldung vor. Fräulein Hedwig, die uns später auch betreute, zeigte uns das Haus: den großen Speisesaal, die Schlafsäle, die Bäder. Mein Bruder Hans, im Januar 1939 war er zwölf Jahre alt geworden, lästerte über die Baderäume. Es waren dunkle Keller mit Holzwannen. Fräulein Hedwig erklärte: „Holzwannen müssen es schon sein, weil es sich um Salzwasser handelt.“

Vater bekam auf eine entsprechende Frage die Antwort: „Alle Jungen behalten ihr Badehöschen an und werden ständig beobachtet!“ Zum Schluß der Besichtigung unterschrieb unser Vater einen Vertrag und bekam einen Zettel mit, auf dem Hinweise und Richtlinien standen. Unser Aufenthalt dort sollte sechs Wochen dauern, also die ganzen großen Ferien lang.

Zuhause wurden die Vorbereitungen zu unserem Kuraufenthalt getroffen: Mutter kaufte für uns Unterwäsche, Strümpfe und Badehosen. Alle Sachen mußten mit den Anfangsbuchstaben unserer Namen versehen werden. Abends saß Mutter auf dem Balkon und nähte Namensschildchen ein. Als Vater näher hinsah, meinte er zu ihr: „Trautchen, du hast alles falsch gemacht!“

„Wieso?“ fragte Mutter. Meine Eltern waren damals schon 13 Jahre verheiratet. Mutter hatte dennoch falsche Namensschilder gekauft: statt H. G. und H. J. G. war sie nach ihrem Mädchennamen – Jansen – H. J. und H. J. J. gegangen. Sie mußte alle Stoffschildchen aus den Bündchen der Leibwäsche wieder heraustrennen, neue kaufen und einnähen.

„Wie konnte mir das nur passieren?“ fragte sie sich.

Am dritten Ferientag fuhr uns Vaters Freund nach Bad Sassendorf. Wenige Tage später reisten die Eltern nach Herrenalb. Sie blieben dort drei Wochen. Wir sollten ihnen erst eine Karte schreiben, wenn sie wieder zu Hause seien, hatten sie uns geraten. Die großen Ferien reichten damals bis in den September hinein.

Mein Bruder Hans und ich, zum ersten Mal ohne Eltern verreist, fühlten uns wohl. Wir kannten kein Heimweh, auch dann nicht, wenn eine Karte der Eltern kam. Sie waren ja auch weit weg, im Schwarzwald. Wir fanden schnell Spielkameraden und machten ohne Murren das gesamte Programm mit. Der Tagesablauf war so: morgens um 6 Uhr wurden wir geweckt, es folgte ein langes Morgengebet, dann Baden, Ruhen, Frühstück. Vormittags wanderten wir, nach dem Mittagessen war wieder Ruhen angesagt. Später spielten wir meistens Fußball. Nach dem Abendessen mußten wir schon um 19 Uhr zu Bett. Dabei war es draußen doch noch hell. „Viel zu früh!“ urteilten Hans und ich.

Im Schlafsaal wurde, wenn Fräulein Hedwig nach dem

Abendgebet gegangen war, lauter dummes Zeug gemacht. Die etwas älteren Jungen schliefen nie sofort ein. Sie krochen auf dem Fußboden von Bett zu Bett und erschreckten die kleinen. Einer holte ein Glas kaltes Wasser aus dem Baderaum und steckte die Hand eines schlafenden Jungen hinein. Dieser Streich verfehlte seine Wirkung nicht: Der auf diese Weise Gekühlte machte sein Bett naß. Das gab Ärger mit Fräulein Hedwig. Sie kannte solche Späße! Am anderen Morgen stellte sie alle im Saal zur Rede: „Das darf nie wieder vorkommen!" Wir richteten uns danach.

Während einer Wanderung durch die Soester Börde fragte ich Fräulein Hedwig neugierig, ob sie einen Mann hätte? „Nein, ich habe noch keinen Mann", antwortete sie, „aber einen Freund. Der studiert in Münster Medizin, aber jetzt mußte er zu den Soldaten!"

Wir Jungen waren von der Art unseres Fräuleins ganz begeistert. Zwar hatten im Heim die alten Nonnen das Sagen, aber sie war unser Liebling. Mein Bruder Hans hatte schon für alle möglichen Anlässe Reime geschrieben. Hier in Bad Sassendorf dichtete er ein Marschlied, das wir alle kannten, zu Ehren von Fräulein Hedwig um. Wir schmetterten es mit großer Begeisterung immer wieder. Mir fällt leider nach so vielen Jahren nur noch der Refrain ein:

„Hollahi, hollaho, mit dem Käppi auf dem Haar,
steht sie ganz verwegen da, hollahi, hollaha ..."

Einmal wurde ich von einer Nonne in den Arm gekniffen, weil meine Ohren nach dem Baden nicht sauber waren. Beim Baden selbst war nur Fräulein Hedwig zugegen. Sie achtete darauf, daß wir uns nicht nackt sahen. Trotzdem passierte es. Es wurden dann dumme Bemerkungen gemacht.

Als eines Tages nach dem Fußballspielen aus irgendeinem Grund Fieber gemessen wurde, hatte mein Bruder 41°Celsius! Obwohl er entschieden meinte: „Ich bin doch nicht krank!" mußte er sofort ins Bett, sogar ohne Abendessen. Ich brachte ihm eine Schnitte mit Blutwurst in den Schlafsaal. Er war mir sehr dankbar. So trübten nur wenige Schatten unseren Kuraufenthalt, bis eines Tages mein Bruder Hans ziemlich aufgeregt mit der Nachricht auf den Spielplatz kam: „Es gibt Krieg!"

Ich fragte: „Woher weißt du das?"

„Als ich am Zaun war, hat es ein Mann zu mir gesagt!"

„Was sollen wir machen?"

„Ich schreibe ein Karte nach Hause!" beschloß Hans.

Als wir abends zu Bett gingen, war mein Bruder nicht da. Ich konnte nicht einschlafen. Ich wußte, daß wir das Haus nicht verlassen durften. Alle Karten und Briefe, die wir schrieben, wurden von den Nonnen gelesen. Ich betete: „Lieber Gott, gib, daß es meinem Bruder gelingt, die Post zu erreichen, die Karte zu schreiben, unsere Eltern zu benachrichtigen ... und gib bitte auch, daß er heil und ohne aufzufallen zurückkommt!"

Er kam zurück. Mit Fräulein Hedwig! Sie blieb an seinem Bett stehen, bis er ausgezogen war, den Schlafanzug anhatte und ins Bett kroch. Als sie gegangen war, sah er, daß ich noch wach war. Er sprang aus seinem Bett und erzählte mir, daß er mit Hilfe von Fräulein Hedwig das Heim verlassen hätte. Sie beide hätten gewartet, bis die Nonnen sich zum Gebet versammelten, dann seien sie zur Post geeilt. Die Postkarte hätte er von Fräulein Hedwig bekommen. Er habe sie geschrieben und eingeworfen. Sie hätten Angst gehabt, daß sie bei der hellen Abendsonne gesehen werden könnten.

„Von wem denn?" fragte ich.

„Von einer Nonne oder so!" antwortete Hans.

„Und was hast du geschrieben?"

„Ich habe nicht geschrieben, daß es Krieg gibt, aber ich habe oben ein SOS-Zeichen gemalt und Vater gebeten, daß er uns abholen soll, andere Kinder würden auch abgeholt." Ich fragte: „Woher weißt du das?" „Fräulein Hedwig hat es mir gesagt!" Sie habe neben ihm gestanden, als er die Karte schrieb. Sie sei eben ein feiner Mensch!

Am Sonntag darauf gingen wir wie üblich zur heiligen Messe. Eigentlich sollten alle Kinder nüchtern bleiben, weil viele während der Messe die heilige Kommunion erhielten. Ich bekam sie noch nicht. Wenn ich nüchtern in die Kirche ging, wurde mir vom Weihrauch immer schlecht. Das war mir sogar gleich am ersten Sonntag passiert, ich mußte rausgehen. Mein Bruder bat dann, daß ich vor dem Kirchgang ein Butterbrot essen durfte. An diesem letzten Sonntag reichte mir eine Nonne ein doppeltes Schinkenbrot und meinte dabei: „Junge, bete heute besonders für den Frieden!"

Ich versprach es. Die gleichen Worte sagte sie dann noch einmal vor der ganzen Jungengruppe. Als wir zum Kinderheim zurückkamen, war ein Fotograf da. Wir alle mußten uns auf der Gartentreppe aufstellen, und es wurde ein Erinnerungsfoto gemacht, das uns Fräulein Hedwig später zuschickte. Vater klebte es in mein Fotoalbum.

Ein paar Tage später stand plötzlich unsere Mutter im Eingangsbereich des Kinderheimes. Ich rannte auf sie zu. „Mutter, was willst du denn hier?" – „Ich will euch abholen!"

„Warum denn?" fragte ich.

„Es gibt Krieg!" entgegnete sie ziemlich erregt.

„Gegen wen?" wollte ich wissen. – „Gegen Polen!"

Meine lapidare Antwort: „Ach, diese Würmer!"

Draußen stand Vaters Freund mit seinem Auto. Es folgte ein herzzerreißender Abschied von Fräulein Hedwig und ein kalter von den Nonnen. Fräulein Hedwig rief uns noch zu: „Schreibt mal, ich antworte bestimmt!"

Wir fuhren von Bad Sassendorf über Werl, Unna, Menden nach Hemer zurück. Wir sahen nirgendwo unterwegs Soldaten, erst an unserem Bahnhof, wo Militärfahrzeuge und Soldaten verladen wurden. Wir winkten ihnen zu.

Linke Seite: Kinderkurheim Bad Sassendorf, 27. August 1939. Oben links steht Fräulein Hedwig, in der dritten Reihe von oben, ganz rechts, mein Bruder, daneben ich mit hellen, breiten Hosenträgern.

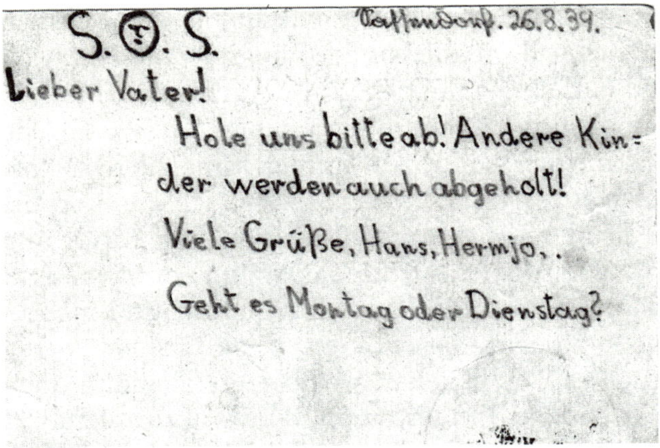
S.O.S.

Sassendorf. 26.8.39.

Lieber Vater!

Hole uns bitte ab! Andere Kinder werden auch abgeholt!

Viele Grüße, Hans, Hermjo, .

Geht es Montag oder Dienstag?

Der Hilferuf hatte gewirkt. Kurz darauf holte uns Mutter aus dem Kinderkurheim ab. Vater hat die Postkarte später als wichtiges Dokument in mein Fotoalbum geklebt, wo sie heute noch ist. Sie wurde am 26. August 1939 geschrieben und am selben Tag, um 18 Uhr, in Bad Sassendorf abgestempelt.

Ein paar Tage später – oder war es schon am nächsten Tag? – brach der Zweite Weltkrieg aus. Unser Vater, der im Ersten Weltkrieg Flieger gewesen war, meinte: „Dieser Krieg ist schon heute verloren. Jungens, das dürft ihr aber nirgendwo sagen!“

Mein Bruder schrieb einen langen Brief an Fräulein Hedwig. Er bekam auch eine Antwort. Sie bedankte sich, teilte uns mit, daß ihr Freund, der Mediziner, gefallen sei. Wir hatten ihn zwar nicht gekannt, aber wir trauerten mit ihr. Der Schluß ihres Briefes lautete: „Hoffentlich dauert der Krieg nicht so lange, daß auch Ihr noch Soldaten werden müßt!“

Hans wurde am 1. Mai 1943 Luftwaffenhelfer, 1944 kam er zum Reichsarbeitsdienst und danach wurde er Soldat. 1944 floh er aus englischer Gefangenschaft. Ich blieb von all dem verschont. Unser Fräulein Hedwig sahen wir nie wieder.

Verfasser

Backofen, Elsbeth, geb. Sperl
geb. 1927 in Unterschwaningen,
lebt in Soest, Nordrhein-Westfalen.
Beruf/Tätigkeiten: Hausfrau, früher Lehrerin.
Bisherige Veröffentlichungen: Beiträge in „Stöckchen-Hiebe. Kindheit in Deutschland 1914-1933“ und „Wir wollten leben. Jugend in Deutschland 1939-1945“. Reihe ZEITGUT. JKL Publikationen Berlin 1998.

Barth, Günter
geb. 1932 in Neustettin,
lebt in Brackenheim.
Beruf/Tätigkeiten: Kaufmänn. Geschäftsführer im Ruhestand.
Bisherige Veröffentlichungen: Zahlreiche journalistische Beiträge.

Bartsch, Alfred
geb. 1930 in Mühlbock, Kreis Züllichau - Schwiebus,
lebt in Wernigerode, Sachsen-Anhalt.
Beruf/Tätigkeiten: Biologielehrer und Wissenschaftlicher Mitarbeiter im Ruhestand.
Bisherige Veröffentlichungen: Botanische Beiträge in regionalen Periodika; naturkundliche Jahresberichte, Museum Heineanum Halberstadt; Jahreschrift „Der Harz“, Harzmuseum Wernigerode; Naturschutz naturkundliche Heimatforschung, Bezirk Halle und Magdeburg.

Blank, Ingeborg, geb. Gothe
geb. 1922 in Mühlhausen, Thüringen,
lebt in Steinheid, Thüringen.
Beruf/Tätigkeiten: Lehrerin im Ruhestand.

Bisherige Veröffentlichungen: Beiträge in „Stöckchen-Hiebe. Kindheit in Deutschland 1914-1933“, Reihe ZEITGUT. JKL Publikationen 1998.

Blaudow, Willi F.
geb. 1926 in Damgarten, Mecklenburg-Vorpommern,
lebt in Petersberg, Hessen.
Beruf/Tätigkeiten: Kriminalbeamter im Ruhestand.
Bisherige Veröffentlichungen: Erlebnisse hessischer Grenzpolizisten in Dörfern in der Rhön; Beitrag zur Geschichte der Zonengrenze in der Neuerscheinung „Grenzland Rhön“; Beitrag in Stöckchen-Hiebe. Kindheit in Deutschland 1914-1933", Reihe ZEITGUT. JKL Publikationen 1998.

Brandenburg, Anemone, geb. Golembiewski
geb. 1916 in Thorn/Westpreussen,
lebt in Karlsruhe, Baden-Württemberg.
Beruf/Tätigkeiten: Sprachlehrerin.

Brockmann, Walter
geb. 1925 in Niederholsten/Melle,
lebt in Bramsche, Niedersachsen.
Beruf/Tätigkeiten: Geschäftsführer einer AOK, jetzt im Ruhestand.
Bisherige Veröffentlichungen: Beiträge in Fachzeitschriften der Sozialversicherung; Chronik „100 Jahre AOK Bramsche“; Beiträge in Heimatbüchern und Zeitschriften, auch in niederdeutscher Sprache.

Cammann, Claus
geb. 1932 in Schwerin,
lebt in Einbeck, Niedersachsen.
Beruf/Tätigkeiten: Diplomkaufmann, Prokurist und Verwaltungsleiter (Finanzen, Personal), jetzt pensioniert, Amateurschriftsteller.
Bisherige Veröffentlichungen: „Johannisfeuer“ (Anth.), Wiesjahn-Verlag, Berlin 1997; Beitrag in „Nachkriegs-Kinder“, Kindheit 1945-1950, Reihe ZEITGUT. JKL Publikationen, Berlin 1998.

Döpping, Hans
geb. 1924 in Bischleben / Thüringen,
lebt in Freiensteinau, Hessen.

Beruf/Tätigkeiten: Lehrer im Ruhestand.
Bisherige Veröffentlichungen: Kurzgeschichten, Märchen und Gedichte im Selbstverlag; zwei religiöse Stücke für Erwachsene, die in Kirchen gespielt werden; Kritiken in der Presse; „Johannisfeuer“ (Anth.), Wiesjahn-Verlag, Berlin 1997.

Eberwein, Kaspar Stanislaus
geb. 1926 in Hittenkirchen, Oberbayern,
lebt in Hittenkirchen, Bayern.
Beruf/Tätigkeiten: bis 1992 Landwirt, jetzt Rentner und Mesner.

Eilers, Jan
geb. 1920 in Oldenburg i.O.,
lebt in Wardenburg, Niedersachsen.
Beruf/Tätigkeiten: Fernseh-Techniker, seit 1985 im Ruhestand.
Bisherige Veröffentlichungen: in Hochdeutsch und Plattdeutsch, in Tageszeitungen, Wochenzeitungen, Zeitschriften, Kalendern und Büchern; Kurzgeschichten und Artikel über Heimat, Kindheit, Persönlichkeiten, Technik und Luftfahrt; Beitrag in „Stöckchen-Hiebe“, Kindheit 1914-1933, Reihe ZEITGUT. JKL Publikationen 1998.

Ernst, Ilse, geb. Reinhold
geb. 1930 in Königsberg,
lebt in Ellhofen, Baden-Württemberg.
Beruf/Tätigkeiten: Hausfrau, Autorin.
Bisherige Veröffentlichungen: Roman: „Eine kurze Freundschaft“, Haag und Herchen Verlag, Frankfurt/Main 1996; „Lotti schreibt ihr erstes Buch“ Fouqué Literaturverlag, Egelsbach bei Frankfurt/Main 1998.

Friedrich, Hans Edmund
geb. 1923 in Hamburg,
lebt in Westergellersen, Niedersachsen.
Beruf/Tätigkeiten: bis 1997 Unternehmensberater und Dozent an Wirtschaftsakademien.
Bisherige Veröffentlichungen: „Mit Bildern verkaufen“, Verlag für Unternehmensführung, Baden-Baden 1963; „Mühsam ernährt sich das Eichhörnchen“, Roman eines Außendienstlers (unter dem Pseudonym Hans Edmund), Eigenverlag H. Friedrich1985; div. Fachartikel über Men-

schenführung und Marketing; zwei Beiträge in „Wir wollten leben. Jugend in Deutschland 1939-1945". Reihe ZEITGUT. JKL Publikationen Berlin 1998.

Geismann, Hermann-Josef
geb. 1930 in Hemer,
lebt in Hemer, Nordrhein-Westfalen.
Beruf/Tätigkeiten: Architekt, Dipl. Ingenieur.
Bisherige Veröffentlichungen: in Baufachzeitschriften, zeitgeschichtlichen Blättern: „Der Schlüssel", Blätter der Heimat für die Stadt Hemer 1956 bis 1996.

Gutzeit, Heinz
geb. 1922 in Berlin,
lebt in Hechingen, Baden-Württemberg.
Beruf/Tätigkeiten: Studium der Germanistik, Lehrer, später Schulleiter und Schulrat, 1960/61 im Auslandsschuldienst in Chile.
Bisherige Veröffentlichungen: „Reise ins Land der schwankenden Erde", „Auf das Komma kommt es an", „Notizen eines Scharlatans", „Auf dem Flug von Rio nach Frankfurt" (alle im Eigenverlag); „Wir wollten leben. Jugend in Deutschland 1939-1945". Reihe ZEITGUT. JKL Publikationen Berlin 1998.

Hardeland, Gretel, geb. Reinicke
geb. 1929 in Finsterwalde,
lebt in Schneverdingen, Niedersachsen.
Beruf/Tätigkeiten: bis 1957 Justizinspektorin; bis 1973 Fremdsprachenkorrespondentin; Beamtin (1974 bis 1991); seit 1991 Pensionärin.
Bisherige Veröffentlichungen: Zwei Beiträge in „Wir wollten leben. Jugend in Deutschland 1939-1945". Reihe ZEITGUT. JKL Publikationen Berlin 1998.

Holler, Helga, geb. Eifler
geb. 1927 in Neu-Ödernitz, Oberlausitz,
lebt in Bad Homburg, Hessen.
Beruf/Tätigkeiten: Abteilungsleiterin im Einzelhandel; Rentnerin.
Bisherige Veröffentlichungen: Artikel im „Muskauer Anzeiger".

Hünichen, Liesel, geb. Freisenhausen
geb. 1919 in Münster,
lebt in Norderstedt, Schleswig Holstein.
Beruf/Tätigkeiten: Sozialarbeiterin; Hausfrau; ehrenamtl. Tätigkeiten als Abgeordnete, Schöffin, in Vereinen und Verbänden; Sozialbeirat.
Bisherige Veröffentlichungen: kleine Kurzgeschichten.

Jockusch, Horst
geb. 1925 in Dresden,
lebt in Dresden, Sachsen.
Beruf/Tätigkeiten: Gebrauchswerber; ab 1956 Diplom-Grafiker; 1960-1990 Hochschul-Dozent. 1990 emeritiert.
Bisherige Veröffentlichungen: Artikel in der Sächsischen Zeitung am 31. März 1975: „Deutlicher begann ich zu sehen"; Elementare Übungen und Wege zur Plakatgestaltung (Hochschule für Bildende Künste, Dresden, 1968).

Kirch-Schuster, Elisabeth, geb. Stellberg
geb. 1928 in Frößeln, Gemeinde Wipperfeld,
lebt in Wipperfürth, Nordrhein-Westfalen.
Beruf/Tätigkeiten: Kontoristin; Stenotypistin im Ruhestand.

Kohlmann, Gerta, geb. Heyer
geb. 1928 in Lausen bei Leipzig,
lebt in Solingen, Nordrhein-Westfalen.
Beruf/Tätigkeiten: Rentnerin.
Bisherige Veröffentlichungen: Beiträge in der Leipziger Volkszeitung unter der Rubrik „Historisches aus der Region".

Komer, Ch. Tedd
geb. 1928 in Wiesbaden,
lebt in Pulheim, Nordrhein-Westfalen.
Beruf/Tätigkeiten: Dramaturg; Mediendozent, Publizist.
Bisherige Veröffentlichungen: Hörspiele: „Hölderlin", „Am Grab Dantes", „Bonhöffer", „Prozeß Nero"; Erzählungen: „Die Harfe zersprang"," Vom Schatten gefesselt"; Lyrik „Schreie vor dem Mond", „Lächeln auf der Guillotine", „Unhörbare Stimmen der Angst" u. a.; SWF, WDR, Deutsche Welle, Antenne 2, Edition CRÉACTIVE, 1975-1990.

Krause, Loni, geb. Buthig
geb. 1928 in Leipzig,
lebt in Leipzig, Sachsen.
Beruf/Tätigkeiten: Facharbeiterin für Datenbereitstellung im Ruhestand.
Bisherige Veröffentlichungen: „Wir wollten leben. Jugend in Deutschland 1939-1945“. Reihe ZEITGUT. JKL Publikationen Berlin 1998.

Kühl, Maria, geb. Bräunlich
geb. 1931 in Altenburg, Thüringen,
lebt in Hamburg.
Beruf/Tätigkeiten: Katechetin, Geschäftsfrau, Jugend-Sozialarbeiterin, Märchenerzählerin, im Ruhestand.

Lang, Ludwig
geb. 1927 in Bamberg,
lebt in Bad Kissingen, Bayern.
Beruf/Tätigkeiten: Kaufmann, Hotelier im Ruhestand.
Bisherige Veröffentlichungen: „Flüchtiges Leben“. Stimmungsbilder aus dem Alltag, Frieling Verlag Berlin; „Fünf Jahrzehnte meines Lebens 1927-1977“, Verlag Schachenmayer T.A., Bad Kissingen; Feuilletons in Tages-/Wochenzeitungen 1995 und 1996.

Loggen, Karl Wilhelm, Dr. phil.
geb. 1924 in Geseke, Westfalen,
lebt in Allendorf, Hessen.
Beruf/Tätigkeiten: Oberstudienrat im Hochschuldienst im Ruhestand.
Bisherige Veröffentlichungen: Auswahl aus Schriften, 1955, „Didaktische Phonetik des Englischen“, 1972; „Aus dem Steinbruch“, 1979; „Kanadische Jahreszeiten“, 1982; „Die Mangel“, 1984; „Englisch ohne Englisch“, 1986; „Intersum“, 1989; „Das Floß auf dem Dorfmeer“, 1991; „Erzählungen“, 1993; „Isa von Schwartz in ihren Briefen“, Hsg. 1995. (Buchveröffentlichungen seit 1989 im Verlag Karlheinz Stahringer, 35085 Ebsdorfergrund).

Meier-Limberg, Ursula, geb Limberg
geb. 1924 in Prenzlau, Uckermark,
lebt in Herford, Nordrhein-Westfalen.
Beruf/Tätigkeiten: Hausfrau.

Müller, Kurt H.
geb. 1933 in Staßfurt,
lebt in Staßfurt, Sachsen-Anhalt.
Beruf/Tätigkeiten: gelernter Maurer und Dachdecker.
Bisherige Veröffentlichungen: „Das Wünsche-Land - Geschichten für Kinder“ (Anth.), „Johannisfeuer“ (Anth.), beide Wiesjahn-Verlag , Berlin 1997.

Oldenettel, Johannes
geb. 1926 in Wiesedermeer, Kreis Wittmund, Ostfriesland,
lebt in Vechelde, Niedersachsen.
Beruf/Tätigkeiten: Realschullehrer im Ruhestand.
Bisherige Veröffentlichungen: „Tieden“, Gedichte, Lyrik und Prosa in Anthologien; Plattdeutsch in Jahresgaben der Claus-Groth-Gesellschaft; Lyrik im Selbstverlag.

Pätz, Trudi, geb. Schröder
geb. 1922 in Hamburg,
lebt in Hamburg.
Beruf/Tätigkeiten: im Ruhestand, vordem Behördenangestellte in der Staatlichen Pressestelle.
Bisherige Veröffentlichungen: Gedicht über Indien-Reise in „Reime, Riemels und Balladen“, hrsg. v. NDR-Hamburg; mehrere Kurzgeschichten und Gedichte in der Deutschen Multiple Sklerose Zeitschrift „Gemeinsam“; Beitrag in „Stöckchen-Hiebe. Kindheit in Deutschland 1914-1933“, Reihe ZEITGUT. JKL Publikationen 1998.

Qui, Betty (Pseudonym)
geb. 1928 in Bad Langensalza, Thüringen,
lebt in Maintal, Hessen.
Beruf/Tätigkeiten: Fremdsprachen-Sekretärin im Ruhestand.

Schmidt, Bruno
geb. 1922 in Ludwigshafen,
lebt in Göttingen, Niedersachsen.
Beruf/Tätigkeiten: Bildberichterstatter.
Bisherige Veröffentlichungen: zahlreiche Artikel in in- und ausländischer Presse, besonders über Flüchtlinge und politisch Verfolgte.

Schoon, Gisela, geb. Wendt
geb. 1926 in Konikow, Kreis Köslin,
lebt in Wiesmoor, Ostfriesland, Niedersachsen.
Beruf/Tätigkeiten: Lehrerin, Konrektorin am Schulzentrum Wiesmoor, im Ruhestand.
Bisherige Veröffentlichungen: „Wir wollten leben. Jugend in Deutschland 1939-1945“. Reihe ZEITGUT. JKL Publikationen Berlin 1998.

Schuster, Leo
geb. 1923 in Wachtl, Mähren-Schlesien,
lebt in Enger, Nordrhein-Westfalen.
Beruf/Tätigkeiten: Friseurmeister im Ruhestand.

Siemionow, Elisabeth, geb. Joël
geb. 1922 in Berlin-Charlottenburg,
lebt in Trier, Rheinland-Pfalz.
Beruf/Tätigkeiten: Buchhalterin und Deutsch-Lehrerin in Polen, jetzt Rentnerin
Bisherige Veröffentlichungen: Beiträge in „Stöckchen-Hiebe. Kindheit in Deutschland 1914-1933“ und „Wir wollten leben. Jugend in Deutschland 1939-1945“. Reihe ZEITGUT. JKL Publikationen Berlin 1998.

Sommer, Winfried Peter
geb. 1924 in Berlin-Wilmersdorf,
lebt in Karlsruhe, Baden Württemberg.
Beruf/Tätigkeiten: Ingenieur, Leitender Angestellter.
Bisherige Veröffentlichungen: Artikel in Fachzeitschriften.

Strohmeyer, Kurt
geb. 1933 in Northeim,
lebt in Günzburg, Bayern.
Beruf/Tätigkeiten: Sparkassendirektor im Ruhestand.
Bisherige Veröffentlichungen: Beitrag in „Gebrannte Kinder. Kindheit in Deutschland 1939-1945“, Reihe ZEITGUT. JKL Publikationen, Berlin 1998; Artikel in Tageszeitungen.

Stutzer, Volker
geb. 1927 in Ficht, Gemeinde Untergriesbach bei Passau,
lebt in Untergriesbach, Bayern.
Beruf/Tätigkeiten: Fotograf, Schriftsteller, Archivar, Redakteur im Ruhestand.
Bisherige Veröffentlichungen: Schlehreuther Geschichten, 1968; Land an drei Flüssen, 1971; Bunte Blätter, 1983; Neue Schlehreuther Geschichten, 1989; Teufelstritt und Seelenloch, 1990; Zwischen Delhi und Schlehreuth, 1992; Ein Passauer Skizzenbuch, 1994 (Verlag Passavia, Passau bzw. Neue Presse Buchverlag Passau; Heimatbücher der Gemeinden Sonnen, Wegscheid und Untergriesbach; Zahlreiche Beiträge in Zeitungen, Zeitschriften und Magazinen; Einzelbeiträge zu verschiedenen Fachpublikationen; „Wir wollten leben. Jugend in Deutschland 1939-1945“. Reihe ZEITGUT. JKL Publikationen Berlin 1998.

von der Wall, Heinz Johann
geb. 1923 in Oldenburg/O.,
lebt in Ankum, Niedersachsen.
Beruf/Tätigkeiten: Realschullehrer im Ruhestand.
Bisherige Veröffentlichungen: Über 20 Bücher, u.a.: „De Wartesaal“, Rhauderfehn 1980; „Das Projekt“, 1982; „KZ-Häftling Nr. 29373“; „Wo kummst du dor up?“, Mönchengladbach 1993; Hörspiele bei Radio Bremen, NDR, WDR, u.a.: „Van den Avend un van de Nacht“,1969, 1971 und weitere Wiederholungen; „Dat stille Kind“, 1978, „Judenskat“, 1979, „So een Dag“, 1982; Mitarbeit an Dokumentationen und Chroniken; Beiträge in Anthologien und Jahrbüchern.

Waidmann, Esther, geb. Höpfinger
geb. 1928 in Enzberg,
lebt in Neckarsulm, Baden Württemberg.
Beruf/Tätigkeiten: Gastronomin im Ruhestand.

Weiß, Heinz
geb. 1923 in Falkenberg,
lebt in Weßnig, Sachsen.
Beruf/Tätigkeiten: Tischler; Lehrer; jetzt im Ruhestand.
Bisherige Veröffentlichungen: Artikel über geschichtliche Themen in verschiedenen Zeitungen.

Werner, Lotte, geb. Braasch
geb. 1932 in Hamburg,
lebt in Zeven/Brauel, Niedersachsen.
Beruf/Tätigkeiten: Sekretärin, jetzt Hausfrau.

Westphal, Waltraut
geb. 1923 in Kannin, Kreis Schlawe, heute Polen,
lebt in Staßfurt, Sachsen-Anhalt.
Beruf/Tätigkeiten: Schwesternhelferin (DRK), Religionslehrerin, 1970 bis 1985 Heimleiterin, seit 1965 Glied der Bodelschwingh-Haus-Schwesternschaft Wolmirstedt, im Ruhestand.
Bisherige Veröffentlichungen: „Nur Opfer sollten das Recht haben, anzuklagen", Hallisches Tageblatt; „Meine Waldheimat in der Kanniner Heide"; „Sogenannte Feinde wurden zu Rettern", Januar 1994; „Dramatische Minuten während der Vertreibung"; „Vom Ei zum (ungeliebten) Küken", 30.8.96; „Überraschende Einschulung in Kannin", Mai 1998; „Einfaches Standardrezept besiegte den Husten" - alle in: Die Pommersche Zeitung, Lübeck/Travemünde.

Wortmann, Gertraude, geb. Matterne
geb. 1925 in Hermsdorf, Kynast im Riesengebirge, Schlesien,
lebt in Georgsmarienhütte, Niedersachsen.
Beruf/Tätigkeiten: Kauffrau im Ruhestand.
Bisherige Veröffentlichungen: Artikel in Tageszeitungen und Zeitschriften; Beiträge in „Gebrannte Kinder. Kindheit in Deutschland 1939-1945" und „Stöckchen-Hiebe. Kindheit in Deutschland 1914-1933", Reihe ZEITGUT, JKL Publikationen 1998.

Zech-Kormendi, Felicitas, geb. Zech
geb. 1929 in Leipzig,
lebt in Geilsheim, Mittelfranken.
Beruf/Tätigkeiten: Erzieherin, Jugendleiterin, Substitut Kindergarten Teacher in USA; Kindergartenleiterin; Pensionärin.

Bisher sind die auf den vorstehenden Seiten gezeigten Bände erschienen.

REIHE ZEITGUT

Bis Herbst 1999 erscheinen:

Schlüssel-Kinder
Kindheit in Deutschland 1950–1960
ISBN 3-933336-05-8

Gebrannte Kinder, 2. Teil
Kindheit in Deutschland 1939–1945
ISBN 3-933336-09-0

Nachkriegs-Jugend (Arbeitstitel)
Jugend in Deutschland 1945–1950
ISBN 3-933336-06-6

Getäuschte Jugend
Jugend in Deutschland 1933–1939
ISBN 3-933336-07-4

Erinnerungen an Deutschland 1939–1945
(Arbeitstitel)
ISBN 3-933336-08-2

Weitere Bände in Vorbereitung.

Jeder Band ca. 320 Seiten, 34,80 DM, Klappenbroschur mit vielen Abbildungen, Umschlag vierfarbig, matt cellophaniert